本项目由深圳市宣传文化事业发展专项基金资助

深圳学派建设丛书（第八辑）

城市创新体系理论与深圳实践

Theory of Urban Innovation System and
Shenzhen Practice

叶萍 庄保 肖文红 著

中国社会科学出版社

图书在版编目（CIP）数据

城市创新体系理论与深圳实践／叶萍，庄保，肖文红著. —北京：
中国社会科学出版社，2021.9

（深圳学派建设丛书. 第八辑）

ISBN 978 - 7 - 5203 - 9196 - 2

Ⅰ.①城⋯　Ⅱ.①叶⋯②庄⋯③肖⋯　Ⅲ.①城市经济—国家创新
系统—研究—深圳　Ⅳ.①F299.276.53

中国版本图书馆 CIP 数据核字（2021）第 186709 号

出 版 人	赵剑英	
责任编辑	马　明　　孙砚文	
责任校对	胡新芳	
责任印制	王　超	

出　　　版	中国社会科学出版社	
社　　　址	北京鼓楼西大街甲 158 号	
邮　　　编	100720	
网　　　址	http://www.csspw.cn	
发 行 部	010 - 84083685	
门 市 部	010 - 84029450	
经　　　销	新华书店及其他书店	

印　　刷	北京君升印刷有限公司
装　　订	廊坊市广阳区广增装订厂
版　　次	2021 年 9 月第 1 版
印　　次	2021 年 9 月第 1 次印刷

开　　本	710 × 1000　1/16
印　　张	17.5
字　　数	249 千字
定　　价	90.00 元

《深圳学派建设丛书》
编　委　会

总序：学派的魅力

王京生[*]

学派的星空

在世界学术思想史上，曾经出现过浩如繁星的学派，它们的光芒都不同程度地照亮人类思想的天空，像米利都学派、弗莱堡学派、法兰克福学派等，其人格精神、道德风范一直为后世所景仰，其学识与思想一直成为后人引以为据的经典。就中国学术史而言，不断崛起的学派连绵而成群山之势，并标志着不同时代的思想所能达到的高度。自晚明至晚清，是中国学术尤为昌盛的时代，而正是在这个时代，学派性的存在也尤为活跃，像陆王学派、吴学、皖学、扬州学派等。但是，学派辈出的时期还应该首推古希腊和春秋战国时期，古希腊出现的主要学派就有米利都学派、毕达哥拉斯学派、埃利亚学派、犬儒学派；而儒家学派、黄老学派、法家学派、墨家学派、稷下学派等，则是春秋战国时代学派鼎盛的表现，百家之中几乎每家就是一个学派。

综观世界学术思想史，学派一般都具有如下的特征：

其一，有核心的代表人物，以及围绕着这些核心人物所形成的特定时空的学术思想群体。德国 19 世纪著名的历史学家兰克既是影响深远的兰克学派的创立者，也是该学派的精神领袖，他在柏林大学长期任教期间培养了大量的杰出学者，形成了声势浩大的学术势力，兰克本人也一度被尊为欧洲史学界的泰斗。

其二，拥有近似的学术精神与信仰，在此基础上形成某种特定的学术风气。清代的吴学、皖学、扬学等乾嘉诸派学术，以考据为

---

* 王京生：国务院参事。

治学方法，继承古文经学的训诂方法而加以条理发明，用于古籍整理和语言文字研究，以客观求证、科学求真为旨归，这一学术风气也因此成为清代朴学最为基本的精神特征。

其三，由学术精神衍生出相应的学术方法，给人们提供了观照世界的新的视野和新的认知可能。产生于 20 世纪 60 年代、代表着一种新型文化研究范式的英国伯明翰学派，对当代文化、边缘文化、青年亚文化的关注，尤其是对影视、广告、报刊等大众文化的有力分析，对意识形态、阶级、种族、性别等关键词的深入阐释，无不为我们认识瞬息万变的世界提供了丰富的分析手段与观照角度。

其四，由上述三点所产生的经典理论文献，体现其核心主张的著作是一个学派所必需的构成因素。作为精神分析学派的创始人，弗洛伊德所写的《梦的解析》等，不仅成为精神分析理论的经典著作，而且影响广泛并波及人文社科研究的众多领域。

其五，学派一般都有一定的依托空间，或是某个地域，或是像大学这样的研究机构，甚至是有着自身学术传统的家族。

学派的历史呈现出交替嬗变的特征，形成了自身发展规律：

其一，学派出现往往暗合了一定时代的历史语境及其"要求"，其学术思想主张因而也具有非常明显的时代性特征。一旦历史条件发生变化，学派的内部分化甚至衰落将不可避免，尽管其思想遗产的影响还会存在相当长的时间。

其二，学派出现与不同学术群体的争论、抗衡及其所形成的思想张力紧密相关，它们之间的"势力"此消彼长，共同勾勒出人类思想史波澜壮阔的画面。某一学派在某一历史时段"得势"，完全可能在另一历史时段"失势"。各领风骚若干年，既是学派本身的宿命，也是人类思想史发展的"大幸"：只有新的学派不断涌现，人类思想才会不断获得更为丰富、多元的发展。

其三，某一学派的形成，其思想主张都不是空穴来风，而有其内在理路。例如，宋明时期陆王心学的出现是对程朱理学的反动，但其思想来源却正是前者；清代乾嘉学派主张朴学，是为了反对陆王心学的空疏无物，但二者之间也建立了内在关联。古希腊思想作为欧洲思想发展的源头，使后来西方思想史的演进，几乎都可看作是对它的解释与演绎，"西方哲学史都是对柏拉图思想的演绎"的极端说法，却也说出了部分的真实。

其四，强调内在理路，并不意味着对学派出现的外部条件重要性的否定；恰恰相反，外部条件有时对于学派的出现是至关重要的。政治的开明、社会经济的发展、科学技术的进步、交通的发达、移民的汇聚等，都是促成学派产生的重要因素。名震一时的扬州学派，就直接得益于富甲一方的扬州经济与悠久而发达的文化传统。综观中国学派出现最多的明清时期，无论是程朱理学、陆王心学，还是清代的吴学、皖学、扬州学派、浙东学派，无一例外都是地处江南（尤其是江浙地区）经济、文化、交通异常发达之地，这构成了学术流派得以出现的外部环境。

学派有大小之分，一些大学派又分为许多派别。学派影响越大分支也就越多，使得派中有派，形成一个学派内部、学派之间相互切磋与抗衡的学术群落，这可以说是纷纭繁复的学派现象的一个基本特点。尽管学派有大小之分，但在人类文明进程中发挥的作用却各不相同，有积极作用，也有消极作用。如，法国百科全书派破除中世纪以来的宗教迷信和教会黑暗势力的统治，成为启蒙主义的前沿阵地与坚强堡垒；罗马俱乐部提出的"增长的极限""零增长"等理论，对后来的可持续发展、协调发展、绿色发展等理论与实践，以及联合国通过的一些决议，都产生了积极影响；而德国人文地理学家弗里德里希·拉采尔所创立的人类地理学理论，宣称国家为了生存必须不断扩充地域、争夺生存空间，后来为法西斯主义所利用，起了相当大的消极作用。

学派的出现与繁荣，预示着一个国家进入思想活跃的文化大发展时期。被司马迁盛赞为"盛处士之游，壮学者之居"的稷下学宫，之所以能成为著名的稷下学派之诞生地、战国时期百家争鸣的主要场所与最负盛名的文化中心，重要原因就是众多学术流派都活跃在稷门之下，各自的理论背景和学术主张尽管各有不同，却相映成趣，从而造就了稷下学派思想多元化的格局。这种"百氏争鸣、九流并列、各尊所闻、各行所知"的包容、宽松、自由的学术气氛，不仅推动了社会文化的进步，而且也引发了后世学者争论不休的话题，中国古代思想在这里得到了极大发展，迎来了中国思想文化史上的黄金时代。而从秦朝的"焚书坑儒"到汉代的"独尊儒术"，百家争鸣局面便不复存在，思想禁锢必然导致学派衰落，国家文化发展也必将受到极大的制约与影响。

深圳的追求

在中国打破思想的禁锢和改革开放 40 多年，面对百年未有之大变局的历史背景下，随着中国经济的高速发展以及在国际上的和平崛起，中华民族伟大复兴的中国梦正在进行。文化是立国之根本，伟大的复兴需要伟大的文化。树立高度的文化自觉，促进文化大发展大繁荣，加快建设文化强国，中华文化的伟大复兴梦想正在逐步实现。可以预期的是，中国的学术文化走向进一步繁荣的过程中，将逐步构建中国特色哲学社会科学学科体系、学术体系和话语体系，在世界舞台上展现"学术中的中国"。

从 20 世纪 70 年代末真理标准问题的大讨论，到人生观、文化观的大讨论，再到 90 年代以来的人文精神大讨论，以及近年来各种思潮的争论，凡此种种新思想、新文化，已然展现出这个时代在百家争鸣中的思想解放历程。在与日俱新的文化转型中，探索与矫正的交替进行和反复推进，使学风日盛、文化昌明，在很多学科领域都出现了彼此论争和公开对话，促成着各有特色的学术阵营的形成与发展。

一个文化强国的崛起离不开学术文化建设，一座高品位文化城市的打造同样也离不开学术文化发展。学术文化是一座城市最内在的精神生活，是城市智慧的积淀，是城市理性发展的向导，是文化创造力的基础和源泉。学术是不是昌明和发达，决定了城市的定位、影响力和辐射力，甚至决定了城市的发展走向和后劲。城市因文化而有内涵，文化因学术而有品位，学术文化已成为现代城市智慧、思想和精神高度的标志和"灯塔"。

凡工商发达之处，必文化兴盛之地。深圳作为我国改革开放的"窗口"和"排头兵"，是一个商业极为发达、市场化程度很高的城市，移民社会特征突出、创新包容氛围浓厚、民主平等思想活跃、信息交流的"桥头堡"地位明显，形成了开放多元、兼容并蓄、创新创意、现代时尚的城市文化特征，具备形成学派的社会条件。在创造工业化、城市化、现代化发展奇迹的同时，深圳也创造了文化跨越式发展的奇迹。文化的发展既引领着深圳的改革开放和现代化进程，激励着特区建设者艰苦创业，也丰富了广大市民的生活，提升了城市品位。

如果说之前的城市文化还处于自发性的积累期，那么进入新世纪以来，深圳文化发展则日益进入文化自觉的新阶段：创新文化发展理念，实施"文化立市"战略，推动"文化强市"建设，提升文化软实力，争当全国文化改革发展"领头羊"。自2003年以来，深圳文化发展亮点纷呈、硕果累累：荣获联合国教科文组织"设计之都""全球全民阅读典范城市"称号，被国际知识界评为"杰出的发展中的知识城市"，连续多次荣获"全国文明城市"称号，屡次被评为"全国文化体制改革先进地区"，"深圳十大观念""新时代深圳精神"影响全国，《走向复兴》《我们的信念》《中国之梦》《永远的小平》《迎风飘扬的旗》《命运》等精品走向全国，深圳读书月、市民文化大讲堂、关爱行动、创意十二月、文化惠民等品牌引导市民追求真善美，图书馆之城、钢琴之城、设计之都等"两城一都"高品位文化城市正成为现实。

城市的最终意义在于文化。在特区发展中，"文化"的地位正发生着巨大而悄然的变化。这种变化不仅在于大批文化设施的兴建、各类文化活动的开展与文化消费市场的繁荣，还在于整个城市文化地理和文化态度的改变，城市发展思路由"经济深圳"向"文化深圳"转变。这一切都源于文化自觉意识的逐渐苏醒与复活。文化自觉意味着文化上的成熟，未来深圳的发展，将因文化自觉意识的强化而获得新的发展路径与可能。

与国内外一些城市比起来，历史文化底蕴不够深厚、文化生态不够完善等仍是深圳文化发展中的弱点，特别是学术文化的滞后。近年来，深圳在学术文化上的反思与追求，从另一个层面构成了文化自觉的逻辑起点与外在表征。显然，文化自觉是学术反思的扩展与深化，从学术反思到文化自觉，再到文化自信、自强，无疑是文化主体意识不断深化乃至确立的过程。大到一个国家和小到一座城市的文化发展皆是如此。

从世界范围看，伦敦、巴黎、纽约等先进城市不仅云集大师级的学术人才，而且有活跃的学术机构、富有影响的学术成果和浓烈的学术氛围，正是学术文化的繁盛才使它们成为世界性文化中心。可以说，学术文化发达与否，是国际化城市不可或缺的指标，并将最终决定一个城市在全球化浪潮中的文化地位。城市发展必须在学术文化层面有所积累和突破，否则就缺少根基，缺少理念层面的影响，缺少自我反省的能力，就不会有强大的辐射力，即使有一定的辐射力，其影响也只是停留于表面。强大而繁荣的学术文化，将最终确立一种文化类型的主导地位和城市的文化声誉。

深圳正在抢抓粤港澳大湾区和先行示范区"双区"驱动，经济特区和先行示范区"双区"叠加的历史机遇，努力塑造社会主义文化繁荣兴盛的现代城市文明。近年来，深圳在实施"文化立市"战略、建设"文化强市"过程中鲜明提出：大力倡导和建设创新型、智慧型、包容型城市主流文化，并将其作为城市精神的主轴以及未来文化发展的明确导向和基本定位。其中，智慧型城市文化就是以追求知识和理性为旨归，人文气息浓郁，学术文化繁荣，智慧产出能力较强，学习型、知识型城市建设成效卓著。深圳要大力弘扬粤港澳大湾区人文精神，建设区域文化中心城市和彰显国家文化软实力的现代文明之城，建成有国际影响力的智慧之城，学术文化建设是其最坚硬的内核。

经过40多年的积累，深圳学术文化建设初具气象，一批重要学科确立，大批学术成果问世，众多学科带头人涌现。在中国特色社会主义理论、先行示范区和经济特区研究、粤港澳大湾区、文化发展、城市化等研究领域产生了一定影响；学术文化氛围已然形成，在国内较早创办以城市命名的"深圳学术年会"，举办了"世界知识城市峰会"等一系列理论研讨会。尤其是《深圳十大观念》等著作的出版，更是对城市人文精神的高度总结和提升，彰显和深化了深圳学术文化和理论创新的价值意义。这些创新成果为坚定文化自信贡献了学术力量。

而"深圳学派"的鲜明提出，更是寄托了深圳学人的学术理想和学术追求。1996 年最早提出"深圳学派"的构想；2010 年《深圳市委市政府关于全面提升文化软实力的意见》将"推动'深圳学派'建设"载入官方文件；2012 年《关于深入实施文化立市战略建设文化强市的决定》明确提出"积极打造'深圳学派'"；2013 年出台实施《"深圳学派"建设推进方案》。一个开风气之先、引领思想潮流的"深圳学派"正在酝酿、构建之中，学术文化的春天正向这座城市走来。

"深圳学派"概念的提出，是中华文化伟大复兴和深圳高质量发展的重要组成部分。树起这面旗帜，目的是激励深圳学人为自己的学术梦想而努力，昭示这座城市尊重学人、尊重学术创作的成果、尊重所有的文化创意。这是深圳 40 多年发展文化自觉和文化自信的表现，更是深圳文化流动的结果。因为只有各种文化充分流动碰撞，形成争鸣局面，才能形成丰富的思想土壤，为"深圳学派"形成创造条件。

深圳学派的宗旨

构建"深圳学派"，表明深圳不甘于成为一般性城市，也不甘于仅在世俗文化层面上做点影响，而是要面向未来中华文明复兴的伟大理想，提升对中国文化转型的理论阐释能力。"深圳学派"从名称上看，是地域性的，体现城市个性和地缘特征；从内涵上看，是问题性的，反映深圳在前沿探索中遇到的主要问题；从来源上看，"深圳学派"没有明确的师承关系，易形成兼容并蓄、开放择优的学术风格。因而，"深圳学派"建设的宗旨是"全球视野，民族立场，时代精神，深圳表达"。它浓缩了深圳学术文化建设的时空定位，反映了对学界自身经纬坐标的全面审视和深入理解，体现了城市学术文化建设的总体要求和基本特色。

一是"全球视野"：反映了文化流动、文化选择的内在要求，体现了深圳学术文化的开放、流动、包容特色。它强调要树立世界眼光，尊重学术文化发展内在规律，贯彻学术文化转型、流动与选择辩证统一的内在要求，坚持"走出去"与"请进来"相结合，推动深圳与国内外先进学术文化不断交流、碰撞、融合，保持旺盛活力，构建开放、包容、创新的深圳学术文化。

文化的生命力在于流动，任何兴旺发达的城市和地区一定是流动文化最活跃、最激烈碰撞的地区，而没有流动文化或流动文化很少光顾的地区，一定是落后的地区。文化的流动不断催生着文化的分解和融合，推动着文化新旧形式的转换。在文化探索过程中，唯一需要坚持的就是敞开眼界、兼容并蓄、海纳百川，尊重不同文化的存在和发展，推动多元文化的融合发展。中国近现代史的经验反复证明，闭关锁国的文化是窒息的文化，对外开放的文化才是充满生机活力的文化。学术文化也是如此，只有体现"全球视野"，才能融入全球思想和话语体系。因此，"深圳学派"的研究对象不是局限于一国、一城、一地，而是在全球化背景下，密切关注国际学术前沿问题，并把中国尤其是深圳的改革发展置于人类社会变革和文化变迁的大背景下加以研究，具有宽广的国际视野和鲜明的民族特色，体现开放性甚至是国际化特色，融合跨学科的交叉和开放，提高深圳改革创新思想的国际影响力，向世界传播中国思想。

二是"民族立场"：反映了深圳学术文化的代表性，体现了深圳在国家战略中的重要地位。它强调要从国家和民族未来发展的战略出发，树立深圳维护国家和民族文化主权的高度责任感、使命感、紧迫感。加快发展和繁荣学术文化，融通马克思主义、中华优秀传统文化和国外学术文化资源，尽快使深圳在学术文化领域跻身全球先进城市行列，早日占领学术文化制高点。推动国家民族文化昌盛，助力中华民族早日实现伟大复兴。

任何一个大国的崛起，不仅伴随经济的强盛，而且伴随文化的昌盛。文化昌盛的一个核心就是学术思想的精彩绽放。学术的制高点，是民族尊严的标杆，是国家文化主权的脊梁骨；只有占领学术制高点，才能有效抵抗文化霸权。当前，中国的和平崛起已成为世界的最热门话题之一，中国已经成为世界第二大经济体，发展速度为世界刮目相看。但我们必须清醒地看到，在学术上，我们还远未进入世界前列，特别是还没有实现与第二大经济体相称的世界文化强国的地位。这样的学术境地不禁使我们扪心自问，如果思想学术得不到世界仰慕，中华民族何以实现伟大复兴？在这个意义上，深圳和全国其他地方一样，学术都是短板，理论研究不能很好地解读实践、总结经验。而深圳作为"全国改革开放的一面旗帜"，肩负了为国家、为民族文化发展探路的光荣使命，尤感责任重大。深圳这块沃土孕育了许多前沿、新生事物，为学术研究提供了丰富的现实素材，但是学派的学术立场不能仅限于一隅，而应站在全国、全民族的高度，探索新理论解读这些新实践、新经验，为繁荣中国学术、发展中国理论贡献深圳篇章。

三是"时代精神"：反映了深圳学术文化的基本品格，体现了深圳学术发展的主要优势。它强调要发扬深圳一贯的"敢为天下先"的精神，突出创新性，强化学术攻关意识，按照解放思想、实事求是、求真务实、开拓创新的总要求，着眼人类发展重大前沿问题，聚焦新时代新发展阶段的重大理论和实践问题，特别是重大战略问题、复杂问题、疑难问题，着力创造学术文化新成果，以新思想、新观点、新理论、新方法、新体系引领时代学术文化思潮，打造具有深圳风格的理论学派。

党的十八大提出了完整的社会主义核心价值观，这是当今中国时代精神的最权威、最凝练表达，是中华民族走向复兴的兴国之魂，是中国梦的核心和鲜明底色，也应该成为"深圳学派"进行研究和探索的价值准则和奋斗方向。其所熔铸的中华民族生生不息的家国情怀，无数仁人志士为之奋斗的伟大目标和每个中国人对幸福生活的向往，是"深圳学派"的思想之源和动力之源。

创新，是时代精神的集中表现，也是深圳这座先锋城市的第一标志。深圳的文化创新包含了观念创新，利用移民城市的优势，激发思想的力量，产生了一批引领时代发展的深圳观念；手段创新，通过技术手段创新文化发展模式，形成了"文化＋科技""文化＋金融""文化＋旅游""文化＋创意"等新型文化业态；内容创新，以"内容为王"提升文化产品和服务的价值，诞生了华强文化科技、腾讯、华侨城等一大批具有强大生命力的文化企业，形成了文博会、读书月等一大批文化品牌；制度创新，充分发挥市场的作用，不断创新体制机制，激发全社会的文化创造活力，从根本上提升城市文化的竞争力。"深圳学派"建设也应体现出强烈的时代精神，在学术课题、学术群体、学术资源、学术机制、学术环境方面迸发出崇尚创新、提倡包容、敢于担当的活力。"深圳学派"需要阐述和回答的是中国改革发展的现实问题，要为改革开放的伟大实践立论、立言，对时代发展作出富有特色的理论阐述。它以弘扬和表达时代精神为己任，以理论创新、知识创新、方法创新为基本追求，有着明确的文化理念和价值追求，不局限于某一学科领域的考据和论证，而要充分发挥深圳创新文化的客观优势，多视角、多维度、全方位地研究改革发展中的现实问题。

四是"深圳表达"：反映了深圳学术文化的个性和原创性，体现了深圳使命的文化担当。它强调关注现实需要和问题，立足深圳实际，着眼思想解放、提倡学术争鸣，注重学术个性、鼓励学术原创，在坚持马克思主义的指导下，敢于并善于用深圳视角研究重大前沿问题，用深圳话语表达原创性学术思想，用深圳体系发表个性化学术理论，构建具有深圳风格和气派的话语体系，形成具有创造性、开放性和发展活力的理论。

称为"学派"就必然有自己的个性、原创性，成一家之言，勇于创新、大胆超越，切忌人云亦云、没有反响。一般来说，学派的诞生都伴随着论争，在论争中学派的观点才能凸显出来，才能划出自己的阵营和边际，形成独此一家、与众不同的影响。"深圳学派"依托的是改革开放前沿，有着得天独厚的文化环境和文化氛围，因此不是一般地标新立异，也不会跟在别人后面，重复别人的研究课题和学术话语，而是要以改革创新实践中的现实问题研究作为理论创新的立足点，作出特色鲜明的理论表述，发出与众不同的声音，充分展现深圳学者的理论勇气和思想活力。当然，"深圳学派"要把深圳的物质文明、精神文明和制度文明作为重要的研究对象，但不等于言必深圳，只囿于深圳的格局。思想无禁区、学术无边界，"深圳学派"应以开放心态面对所有学人，严谨执着，放胆争鸣，穷通真理。

狭义的"深圳学派"属于学术派别，当然要以学术研究为重要内容；而广义的"深圳学派"可看成"文化派别"，体现深圳作为改革开放前沿阵地的地域文化特色，因此除了学术研究，还包含文学、美术、音乐、设计创意等各种流派。从这个意义上说，"深圳学派"尊重所有的学术创作成果，尊重所有的文化创意，不仅是哲学社会科学，还包括自然科学、文学艺术等，应涵盖多种学科，形成丰富的学派学科体系，用学术续写更多"春天的故事"。

"寄言燕雀莫相唣，自有云霄万里高。"学术文化是文化的核心，决定着文化的质量、厚度和发言权。我们坚信，在建设文化强国、实现文化复兴的进程中，植根于中华文明深厚沃土、立足于特区改革开放伟大实践、融汇于时代潮流的"深圳学派"，一定能早日结出硕果，绽放出盎然生机！

作于 2016 年 3 月

更于 2021 年 6 月

目　　录

第一章　城市创新体系是国家创新体系的核心支撑 …………（1）

  第一节　建设国家创新体系的理论渊源 ……………（1）

  第二节　城市创新体系在国家创新体系中的重要地位 ……（30）

第二章　深圳创新发展与城市创新体系的构建 ……………（59）

  第一节　建设城市创新体系的深圳实践 …………（59）

  第二节　深圳创新发展的历史进程 ………………（75）

  第三节　对深圳建设城市创新体系的理性思考 ……（94）

第三章　深圳茁壮成长的创新主体 ……………（112）

  第一节　活力十足的深圳企业群体 ……………（112）

  第二节　不断扩展的新型产业集群 ……………（128）

  第三节　深圳促进创新主体发展的主要经验 ……（137）

第四章　深圳日益丰富的创新资源 ……………（151）

  第一节　人才旺地筑起创新高地 ……………（151）

  第二节　科技创新平台强化创新实力 ……………（164）

  第三节　科技、金融的融合激发创新潜力 ……………（170）

  第四节　完善的科技服务体系是创新的助推剂 ……（182）

第五章　深圳不断优化的创新环境 ……………（192）

  第一节　鼓励创新的文化社会环境 ……………（193）

  第二节　支持创新的政策环境和制度环境 ……………（202）

第三节 多方互动、协同创新的大湾区区域环境 …………（220）

附录 深圳创新发展比较研究成果简介 ………………（246）

参考文献 ……………………………………………（254）

后 记 ………………………………………………（261）

第一章

城市创新体系是国家创新
体系的核心支撑

把科技创新摆在国家发展全局的核心位置，实施好创新驱动发展战略、坚持走中国特色自主创新道路，这是党的十八大提出的新时代的发展战略。2016年5月，党中央、国务院印发《国家创新驱动发展战略纲要》，再次强调要按照"四个全面"战略布局，将创新驱动作为国家发展的优先战略，坚持以科技创新为核心带动全面创新，"以高效率的创新体系支撑高水平的创新型国家建设，推动经济社会发展动力根本转换，为实现中华民族伟大复兴的中国梦提供强大动力"。①"高效率创新体系"概念的提出，深化了人们对构建国家创新体系的认识。而在国家创新体系中，城市创新体系又具有重要地位。因为城市特别是中心城市对经济可持续发展具有重要的辐射带动力，所以城市创新体系在国家创新体系中实际上也发挥着核心支撑作用。

第一节　建设国家创新体系的理论渊源

一　国家创新体系理论在国外的发展历程

"创新"一词来源于拉丁语，它本身包含三层含义：第一，更新；第二，创造新的东西；第三，改变。按照一般的说法，创新就

---

① 《中共中央　国务院印发〈国家创新驱动发展战略纲要〉》，《人民日报》2016年5月20日。

是人们在现有的物质条件和知识水平的基础上，为满足社会的需求或追求个人的理想，在特定的条件下通过对旧事物的改造从而创造出新的事物、新的方法、新的路径这样一种能够获得一定有益效果的行为。敢于突破旧的思维定式和常规戒律是创新的本质。因此，对新事物的不断追求、创造和完善是创新的根本途径，创新的实质也就是旧事物的灭亡和新事物的诞生，没有创新就没有真正意义上的发展。

创新就意味着发展，发展就必须依靠创新，这两者具有极为密切的内在联系。因此，尽管"创新"一词出现较晚，但如果从事物"发展"或者"改变"的语义上讲，那就不管是西方还是东方，创新思想都可以说是源远流长。三千多年前的古代中国，商代青铜器的铭文中就留下了"苟日新，日日新，又日新"这样的箴言，这三个"新"字的本义，就是指通过洗涤的办法来去掉肌肤上的陈旧污垢使身体焕然一新，古代儒家的代表人物则借此来激励自己必须时时刻刻在精神上除旧图新，很明显这已经蕴含着创新的本意。当然，从经济学理论的角度讲，西方经济学家才真正在科学的意义上创立了现代创新理论。

（一）西方早期创新思想的萌芽

虽然真正意义上的创新发展理论产生于 20 世纪，但早在 18 世纪英国古典经济学家那里，就有了创新发展思想的萌芽。1776 年 3 月，亚当·斯密出版了《国民财富的性质和原因的研究》一书，出版后引起了人们的广泛关注，除了影响到英国本地之外，还迅速扩散到整个欧洲大陆甚至远至北美洲。在该书中，亚当·斯密表达了这样一种思想，即劳动、资本和土地这三者的数量决定国家的产出。要增加任何社会的土地和劳动的总量，都只能采取两种方法：一是改进社会上实际雇佣的有用劳动的生产力；二是增加社会上实际雇佣的有用劳动量，而有用劳动的生产力的改进则取决于劳动者能力的改进和所用机械的改进。这里他所提到的"改进"是与技术进步相关的，因此也隐含着技术创新的因素。同时，他还认为，"在劳动生产力上的最大增进，以及运用劳动时所表现的更大的熟练、技巧和判断力，看起来都是分工的结果"。那么，为什么分工能提高生产力呢，他分析出有三个原因，其中之一就是"分工使人把注意力集中在单一事物上，更容易出现简化劳动和缩减劳动的机械的发明"①。由此可见，亚当·斯密虽然没有明确提出创新发展的概念，但机械的发明能简化劳动和缩短劳动时间，很显然这就是技术上的创新能提升生产力水平观点的最早论述。

　　值得指出的是，在美国经济早期的崛起过程中，其学派经济学家对美国的经济政策制定产生了巨大影响。18世纪末的美国尽管在政治上已经独立，但在经济上还是非常依赖于英国。为彻底摆脱英国的影响，美国学派经济学家开始对英国古典经济学进行认真的分析和批判，并以此为基础来探寻符合美国国情经济发展的理论和产业政策。英国古典经济学理论的核心观点认为资本积累是经济增长的根源，亚当·斯密虽把发明作为影响生产率的一个因素，但没有真正认识到其对经济增长所起到的关键作用。对此，美国学派的丹尼尔·雷蒙德认为，资本本身并不是生产性的，只有在充分运用劳动力特别是有一定发明创造能力的劳动力下才能实现真正的经济发展。另一位美国学派经济学家约翰·雷则最早强调了创新和技术变迁在经济发展中的重要作用，并指出政府的重要职责是应该引导货币从奢侈品消费流向对技术创新有着巨大推动效应的教育事业。他还分析了技术在美国赶超当时先进的英国中所起的重要作用，认为新技术所导致的不完全竞争促进了经济增长。他还强调发明和技术应该适应在不同产业和不同地方转移的需要，由于情况的变化，在新产业和新地方推广新技术会面临一些困难，因此需要不断学习。②这些情况表明，随着资本主义经济的发展，技术创新对生产力的推动作用开始受到西方经济学家的关注，在此历史条件下，创新发展理论的诞生也就指日可待了。

　　（二）技术创新理论和制度创新理论的形成③

　　奥地利经济学家约瑟夫·熊彼特对创新理论的诞生做出了开创

---

① 蒋青主编：《世界一流经济学名著精读》（上），新疆人民出版社2001年版，第34页。

② 贾根良、束克东：《19世纪的美国学派：经济思想史所遗忘的学派》，《经济理论与经济管理》2008年第5期。

③ 该小节的部分内容和未标明出处的引文来自《创新的概念》，2019年9月10日，MBA智库百科（http://wiki.mbalib.com/zh-tw/%E5%88%9B%E6%96%B0）。

性的贡献。他在 1912 年出版的《经济发展理论》一书中首次明确指出，资本主义发展的根本动力不是资本和劳动力而是创新。① 在他看来，"创新"实质上是将一种还没有出现过的生产要素和生产条件"新组合"引入生产体系中来，这样也就建立起一种新的生产函数。他还提出了具体五个方面的创新领域，即一种新产品的生产、一种新生产方法的运用、一个新市场的开拓、一个新供应源的获得、一种新的组织形式的建立，这样就将创新理论覆盖到技术创新、产品创新、组织创新和市场创新等诸多环节，从而为创新体系理论的形成开辟了道路。

虽然熊彼特提出的创新理论具有开创性的意义，但由于当时技术创新对经济发展的推动作用表现得并不十分明显，因此他的那些观点一开始并没有引起人们足够的重视。直到 20 世纪 50 年代之后，技术进步对人类社会和经济发展的影响已经越来越大，科学技术的迅猛发展推动着西方发达国家出现了长达 20 年的经济高速增长。在这种情况下，西方经济学家开始重新审视熊彼特的创新理论，并将其与现实中的经济增长更紧密地联系起来，从技术创新与推广和制度创新与变迁这两个角度出发，试图对经济发展的奥秘做出新的解读，从而发展为当代西方的创新经济学说。

从技术变革和技术推广的角度来认识和解读经济发展奥秘的叫技术创新理论学派，这一学派通过分析吸收熊彼特的创新思想理论体系，形成了更加完整的技术创新理论体系。该理论体系更加明确地界定了技术创新的概念和范畴，初步探讨并描述了自身的理论命题、研究对象和主要任务。1951 年，诺贝尔经济学奖获得者索洛在《资本化过程中的创新：对熊彼特理论的评价》一文，根据熊彼特提出的理论观点初步阐明了技术创新一定具备两个基本条件，一个是前阶段新思想的来源，一个是后阶段新技术的诞生和运用。1960 年，另一位经济学家罗斯托在《经济成长的阶段》中又提出了"经济成长阶段论"，将一个国家的经济发展划分为六个不同的阶段，即传统社会阶段、准备起飞阶段、起飞阶段、走向成熟阶段、大众消费阶

---

① 张蕾：《创新驱动：马克思主义社会发展动力理论的新阶段》，《东北大学学报》（社会科学版）2014 年第 4 期。

段和超越大众消费阶段，推动这些阶段不断进步的关键原因就是技术创新，从而肯定了"技术创新"在经济成长中的主导作用。

到 20 世纪 70 年代下半期，人们对技术创新的内涵又有了新的认识。美国国家科学基金会在《1976 年：科学指示器》的报告中，将技术创新定义为"将新的或改进的产品、过程或服务引入市场"，这样就明确把那些不需要引入新技术、新知识但是却对产品或服务有所改进的行为也划入了创新范畴。与此同时，弗里曼则从经济学的角度来界定，认为技术创新只是包括新产品、新装备、新系统、新过程、新服务等形式在内的新技术实现了向商业化的首次转化。①

技术创新学派虽然成功地证明了技术创新与经济发展之间的内在联系，但是却无法解释在同样的时代背景下，有些地方能够成功地实施重大的技术创新并推动经济迅速发展，有些地方却效果甚微。很显然，决定技术创新进度和成效的，除了技术、知识本身的积累程度和运行机制之外，还有其他方面的一些重要因素。实际上，当年熊彼特在用创新理论解释资本主义经济发展时，就涉及了不少与制度相关的问题，但他对此却没来得及开展进一步的探讨。20 世纪 70 年代，为弥补技术创新学派在这方面的不足，美国一些经济学家开始尝试从制度创新方面来揭示经济增长的内在规律。1970年和 1971 年，诺思和汤玛斯合作发表了《庄园制度的兴衰：一个理论模式》《西方世界成长的经济理论》两篇论文，明确提出这样一个论点：能够提供适当的对个人刺激有效的制度是经济增长的关键。但这种制度的形成必须付出代价，除非它带来的收益能大于付出的成本，否则它就不会出现。1971 年，诺斯又同戴维斯和道格拉斯合作出版了《制度变革和美国经济增长》一书，书中为制度创新定义为：能够使制度创新者获得追加或额外利益的对现存制度的变革，这种变革往往是采用组织形式或经营管理形式方面的一种新发明的结果。他们认为，有三种因素能够促进制度创新，一是市场规模的变化，二是生产技术的发展，三是由市场规模变化和生产技术

① 《创新》，2019 年 9 月 15 日，价值中国网（http：//www.chinavalue.net/Wiki/% E5%88%9B%E6%96%B0.aspx）。

发展引起的一定社会集团或个人对自己收入的预期的变化,这种变化意味着特定制度的收益和成本将会发生变化,这就促使某些人或集团产生对新制度的需求,于是制度创新便成为获得潜在利益的重要途径。他们还认为,制度创新需要有"第一行动集团"作为直接推动者和第一责任人,这个"第一行动集团",既可以由个人,也可以由合作团体或是政府来担任。他们经过论证得出的结论是,由政府担任"第一行动集团"来组织并推动制度创新,这是一种最为合理的方式。这是因为,一方面,如果制度创新受到私人财产权的阻碍,只有依靠政府的强制力量才能解决问题;另一方面,如果制度创新带来的潜在利益不归个别成员所有而是归全体社会成员所有,那就没有人愿意出来承担"创新费用",因此,这种"制度创新"只能由政府实行。

作为制度经济学的重要分支,制度创新理论冲破了传统经济理论将经济发展原因归结于天赋要素、技术和偏好这三大要素的束缚,以强有力的证据向人们表明制度创新在经济发展中的重要作用。因此,尽管他们仅仅把市场规模变动、技术发展及由此而引起的人们预期的变化这三个要素作为制度创新的根本原因,既没有认识到市场规模的扩大和技术进步的本身就意味着制度发生了变化,同时又忽视了社会制度变革的重要性,但是他们所提出的一系列重要观点,对于人们更加全面地认识技术创新对经济发展的重要推动作用以及更好地借助制度变革来促进技术创新,仍然有着十分重要的意义。特别是他们所提出的最好由国家担任制度创新"第一行动集团"的观点,预示着国家创新体系理论创立的历史必然性。

(三)国家创新系统理论的提出

从20世纪80年代后期开始,高新科技产业已经成为经济增长的主要动力,工业经济向知识经济的转变成为世界经济发展的新模式,促使人们不断加深对科学技术创新的动因和条件的研究,于是国家创新系统理论也随之应运而生。英国经济学家弗里曼于1987年率先提出"国家创新系统"这一概念。(也有学者认为"国家创新体系"这个概念是由丹麦经济学家朗德威尔在1985年出版的《产品创新:用户—生产者之间的相互作用》一书中最先提出来的,弗里曼和纳尔逊等人采用并进一步发展了这一概念。)① 弗里曼经过对日本经济快速发展原因的深入研究，认为日本实际上是在本身技术落后的情况下一方面坚持以技术创新为主导，另一方面又由政府制定赶超战略、强力实施制度和组织创新，这证明了在推动技术创新方面国家的重要作用，特别是落后国家要实现经济跨越，更需要将政府职能创新和技术创新结合起来，充分发挥政府在提供公共产品方面的职能作用，形成完整的国家创新系统，从而有效推动产业和企业的技术创新不断向前发展。

1993 年，美国学者纳尔逊在其主编的《国家创新系统》书中指出，现代国家的创新系统可以说是一种相当复杂的制度安排，这个系统中既有各种制度因素也有技术行为因素，同时还有从事技术知识研究开发的大学和科研机构及政府负责投资和规划的部门，也都对这个创新系统发挥重要作用。纳尔逊既强调了科学技术发展的必要性，又认为这种发展过程有着许多不确定性，制度结构必须不断调整以适应这种不确定性，因此要有灵活的发展战略，国家创新系统中的制度安排也应当具有弹性。在纳尔逊看来，每个国家都有其独特的国家创新体系结构，同时国家创新体系中不同主体所发挥的作用、所要解决的问题也是各不相同的。

自弗里曼等人提出"国家创新体系"这个概念之后，有关这方面的研究便迅速扩展到世界各地，特别是经合组织开展的国家创新体系研究，涉及数十个国家、前后历时五年以上，出版了大量的研究论文和分析报告。这些研究从不同层面拓展和深化了国家创新体系理论，其中重要的有三点：一是将国家创新体系进一步分解为区域创新体系，从而将国家创新体系的研究与区域经济学的研究结合起来；二是将国家创新体系与经济全球化联系起来，一些学者认为，由于存在着国家技术专业化的趋势，在不同的国家，那些不同机构的偏好和它们之间相互作用关系的强度都存在着巨大差异，因此，需要在日益增强的国际一体化框架内来研究国家创新体系问题；三是对国家创新系统专业化的研究，有学者认为，国家创新系统专业

---

① 王春法：《关于国家创新体系理论的思考》，《中国软科学》2003 年第 5 期。

化应该包括三个方面的内容，即科学专业化、技术专业化、贸易专业化，而生产率指标则说明了各国之间专业化程度的差异。①

简而言之，西方国家关于国家创新系统理论强调了政府在创新发展中的重要地位，并对政府在制定明确有效的创新发展战略、建立有利于创新的制度环境、重视对创新人才的培养、积极扶持中小企业的创新积极性、加大政府资金对技术创新的投入等多个方面所应该承担的责任和必须采取的措施都进行了认真的分析，同时又进一步将国家创新体系细分为区域创新体系，这些对我们如何构建好国家创新体系有着重要的借鉴作用。

二　马克思主义创新理论与中国创新发展

发展是马克思主义最关注的问题，共产党人的使命就是推动人类社会不断进步和发展。作为发展的主要途径，中国共产党人很早就意识到了创新的重要意义，并进行了长期艰苦的探索，为推动中国政治、经济、社会、文化和科技的全面创新做出了历史性的伟大贡献。

（一）马克思恩格斯有关创新的重要论述

马克思主义是我们党的指导思想。因此，在阐述中国共产党人对创新发展认识的深化过程时，首先必须简要地回顾以下马克思、恩格斯在这一方面的有关论述。

马克思、恩格斯虽然没有正式提出创新发展理论，但他们在研究客观世界发展规律、创立马克思主义的过程中，实际上对创新发展问题已经提出了不少重要的观点和论述。熊彼特尽管被人们视为"创新"理论的创立者，但他也认为自己的创新理论在一定程度上确实是受到了马克思相关理论的影响，自己的某些观点"同马克思的陈述更加接近"，而且"只包括他（马克思）研究领域中的一小部分"。弗里德曼也指出，创新思想的源头可以追溯到马克思在《资本论》关于自然科学在技术进步中的作用的论述。②

---

① 王春法：《关于国家创新体系理论的思考》，《中国软科学》2003 年第 5 期。
② 王辉：《论创新驱动发展战略思想的理论渊源》，《齐齐哈尔大学学报》（哲学社会科学版）2013 年第 3 期。

马克思主义既是18—19世纪科技创新和社会革命的产物，同时也对当代创新理论的诞生和发展做出了开拓性的历史贡献。这些贡献主要体现在两个方面：第一，马克思强调了科技创新（当时主要是指技术创新）对历史发展的巨大推动作用。创新发展的核心是科技创新。虽然还未来得及明确提出"科技创新"这一概念，但马克思在《资本论》中已经提出了"自然科学在技术进步中的作用"这一重要观点，同时在《剩余价值理论》和《1857—1858年经济学手稿》中也有不少关于"发明""技术变革"的提法，这些都已经揭示了科技创新的基本特征。他们将经济社会形态的发展理解为一种历史过程，指出在历史过程中最活跃、最革命的因素就是生产力，是生产力的发展推动着生产关系的变革和社会形态的更替。马克思、恩格斯将科学技术看作生产力，这就明确肯定了科技创新对历史发展的巨大推动作用。对于新技术、新发明在历史发展过程中所起到的重要作用，马克思曾指出："火药、指南针、印刷术——这是预告资产阶级社会到来的三大发明。"[1] 在他看来，是火药的运用把骑士阶层炸得粉碎，是指南针帮助西方开拓了世界市场并建立起范围巨大的殖民地，而印刷术则成为欧洲科学文艺复兴的重要手段、是人类精神发展的强大杠杆。所以重大科技创新成果往往是社会变革的前兆和最深层的原因，马克思甚至认为蒸汽、电力和自动纺纱机等先进的工具对社会变革的推动力并不逊于巴尔巴斯、拉斯拜尔和布朗基这样的革命家。正因为如此，恩格斯就指出，"任何一门理论科学中的每一个新发现——它的实际应用也许根本还无法预见——都使马克思感到衷心喜悦，而当他看到那种对工业、对一般历史发展立即产生革命性影响的发现的时候，他的喜悦就非同寻常了"[2]。马克思、恩格斯在把科技创新作为推动历史发展的巨大动力的同时，还将其视为一个系统性的概念，认为必须将科技创新放在整个社会系统中作为一个构成要素加以把握。马克思在《资本论》中论证了资本主义生产方式下，一方面，资本会"唤起科学和自然界的一切力量"，来推动技术进步与创新，从而促进生产力的全面

---

① 《马克思恩格斯全集》第47卷，人民出版社1979年版，第427页。
② 《马克思恩格斯选集》第3卷，人民出版社1995年版，第777页。

发展；另一方面，生产力作为资本产生财富的手段，能否提高剩余价值增殖是其唯一的目标，这就必然会导致对生产力源泉（劳动力与自然资源）的滥用与过度使用。为此，他进一步指出，要解决生产力与生产关系、经济基础与上层建筑的这种基本矛盾，就必须依靠制度创新来突破原有生产关系对生产力的束缚，建立起与生产力发展相适应的新的生产关系，经济体制的制度创新在发展劳动生产力的同时推动了经济社会的自我完善，生产关系又反作用于生产力。① 这就明确揭示了制度创新对科技创新和生产力发展的重要保障作用，也论证了科技创新和制度创新双轮驱动的必然趋势。

第二，揭示了创新与发展是辩证统一的关系。马克思、恩格斯从人类历史进步的角度不但阐释了创新的系统性内涵，而且揭示了创新与社会发展的辩证关系。首先，马克思、恩格斯阐明了发展的永恒性。恩格斯指出，在黑格尔辩证法面前，一切事物都是暂时的，不存在任何最终的、绝对的、神圣的东西，除了发生和消灭、无止境地由低级上升到高级的不断的过程，什么都不存在。他强调，"马克思接受并发展了黑格尔哲学中这一革命的方面"，指出任何新的革命性的理论都决不是"一成不变的、绝对的、神圣的东西"和"教条式的东西"。② 这就表明，发展和变化都是客观世界的普遍规律。其次，揭示了创新与发展之间的内在联系。在马克思看来，不管是理论创新还是科技创新，它们都既是人类社会发展和进步的先兆，又是推动事物发展动力与源泉。离开了创新，就没有发展；没有发展，创新也就失去了意义。因此，创新与发展是两个既相互区别又相互联系的概念。从区别来讲，创新更多地表现为某个事物或事物的某个方面的突破与超越；而发展则更多地体现为一种历史潮流或总体趋势，它比创新更具有普遍性，影响范围更广、作为事物的共性特征也更突出。从联系来讲，一方面，发展作为一种历史潮流或总体趋势，是创新的方向、目标和最终归宿；另一方面，创新

① 王聪、何爱平：《创新驱动发展战略的理论解释：马克思与熊彼特比较的视角》，《当代经济研究》2016 年第 7 期。

② 蔡劲松：《马克思主义的发展观是创新的理论基石》，《北京航空航天大学学报》（社会科学版）2003 年第 2 期。

作为生产力和生产关系变革的先导，是发展的源泉、动力和现实需要。创新和发展都是马克思、恩格斯对人类社会客观规律的科学总结，是认识世界、改造世界的有效方式与手段。任何事物的存在都既离不开发展，也离不开创新，当一个事物失去了创新和发展的属性，它也就走到了灭亡的边缘。创新与发展的紧密联系还体现为，它们都是事物运动变化的多样性、多向性与现实总体方向性的统一，是量变和质变两种变化过程的统一，是事物在运动中不断自我完善与向其他事物转化的统一，是新事物的产生和旧事物灭亡的统一。①这就是创新与发展两者之间的辩证统一关系，认识和把握好这一关系，对打造国家创新体系具有重要的理论意义和现实意义。

创新是马克思主义的本质特征。马克思、恩格斯在唯物史观和科学社会主义理论方面的重大创新，不但对现代社会思潮演变产生了巨大的影响，而且也深深地改变了世界的面貌，并有力地推动了人类社会的前进步伐，从而赢得了广泛的尊重，就连他们的反对者也不得不承认这一点。自由主义经济学家哈耶克的老师路德维希·冯·米瑟斯就认为，社会主义理想既宏伟又朴实，"甚至它的最坚决的敌人也不能拒绝对它进行详尽的考察。其实可以说，它是人类精神最具雄心的创造。试图摧毁一切传统的社会组织形式，在全新的基础上建立一个新社会，构想一幅新的世界蓝图，预见未来的全部人类事务所必然采取的形式——它是如此壮丽，如此无畏，无愧于赢得最高的赞誉"②。

（二）勇于创新是中国共产党的鲜明特征

作为一个马克思主义政党，中国共产党历来提倡解放思想、实事求是，坚持要把马克思主义同中国革命的具体实践结合起来、创造性地运用和发展马克思主义，这实际上也就是在突出强调创新的作用。建立红色根据地、走农村包围城市武装夺取政权的道路，树立"三大作风"、打造"三大法宝"，实行人民民主专政，建立政治

① 蔡劲松：《马克思主义的发展观是创新的理论基石》，《北京航空航天大学学报》（社会科学版）2003 年第 2 期。

② ［奥］路德维希·冯·米瑟斯：《社会主义：经济与社会的分析》，中国社会科学出版社 2012 年版，第 17 页。

协商制度，实施改革开放，等等，这一切都标志着我们党是一个具有强烈的时代使命、勇于创新的无产阶级政党。

当然，从全面实施创新驱动战略、着力打造国家创新体系的角度来讲，中国共产党是在改革开放之后才逐步加深认识的。改革开放是一项前无古人的伟大事业，无法照抄、照搬别国的模式，只有靠不断解放、实事求是地进行理论上的创新，才能找到正确的道路。1984年10月，中国共产党十二届三中全会通过了《中共中央关于经济体制改革的决定》，突破了把计划经济和商品经济对立起来的传统观念，这在国际共产主义运动史上是一个具有划时代意义的理论创新，也为即将到来的中国科技创新开辟了广阔的道路。

实际上，从20世纪70年代后期起，随着新技术革命在世界范围内的蓬勃兴起，我们党对创新发展就开始予以强烈的关注。1977年9月，邓小平在与韩素音会谈时曾指出："我们相信中国人是聪明的，再加上不搞关门主义，不搞闭关自守，把世界上最先进的科研成果作为我们的起点，洋为中用，吸收外国好的东西，先学会它们，再在这个基础上创新，那么，我们就是有希望的。"① 在粉碎"四人帮"不久、百废待兴的艰难时期，邓小平之所以对中国的前途充满信心和期待，就是因为他看到了中国人民的聪明才智和创造力。随后，邓小平又把创新和解放思想、实事求是联系在一起，将创新由科技领域向理论创新、实践创新等方面延伸。邓小平指出，无论是革命还是建设事业，都必须要有一大批勇于思考、勇于探索、勇于创新的闯将才能搞成功。因此，他"希望各级党委和每个党支部，都来鼓励、支持党员和群众勇于思考、勇于探索、勇于创新，都来做促进群众解放思想、开动脑筋的工作"②。1979年10月30日，邓小平代表中共中央、国务院为中国文学艺术工作者第四次全国代表大会致祝词，在祝词中他明确提出：文艺题材和表现手法要日益丰富多彩，文艺创作要敢于创新。1984年2月邓小平视察宝钢，他为这个国有特大型企业的题词是："掌握新技术，要善于学习，

---

① 段建国：《论创新理论的形成、发展及重要意义》，《宿州学院学报》2004年第4期。

② 《邓小平文选》第2卷，人民出版社1994年版，第143页。

更要善于创新。"① 这一切，都充分体现了我党对创新发展已经有了足够的重视。

为了加快中国科学技术发展步伐，江泽民于 1989 年提出，要从我国的实际出发，对世界先进的科学技术发展成果和经验采取"消化、吸收、提高、创新"的方针。② 在 1995 年 5 月，他在全国科学技术大会上发表重要讲话指出，世界上有些最先进的技术是花钱也买不到的，因此我们只有通过科技创新来掌握自己的命运，他还强调创新是民族进步的灵魂，也是一个国家兴旺发达的不竭动力，"一个没有创新能力的民族，难以屹立于世界先进民族之林"③。党的十五大之后，江泽民对科技创新进行了更加全面、系统的论述。1998 年 3 月 4 日，他在同出席全国政协九届一次会议的科学家和科技工作者进行座谈时就指出，必须把科技进步和创新放在更加突出的战略位置上，要更加积极、更加全面地推进科教兴国战略的实施。他认为，当今世界各国综合国力的激烈竞争，实质上是知识总量、人才素质和科技实力的竞争，因此我们要更加重视创新。首先就是要树立全民族的创新意识，还要建立国家的创新体系，特别是要增强企业的创新能力，使我们的经济发展真正转到科技进步和劳动者素质提高的轨道上来。④ 这是江泽民代表党中央对国家创新体系建设方面的重要表态，体现了党在新时期对创新发展的新认识。江泽民还将整个人类的历史高度概括为一个不断创新、不断进步的历史过程，马克思主义的生命力也就是因为它能够在实践中不断创新。马克思主义基本原理与各国具体实践相结合产生的重大理论创新成果，是马克思主义理论每一次历史性飞跃的直接动力。为此，他在 2000 年 6 月又提出了理论创新、体制创新、科技创新及其他创新的论断。后来，又将体制创新改称为制度创新，使之在概念上更为规范。

①　段建国：《论创新理论的形成、发展及重要意义》，《宿州学院学报》2004 年第 4 期。

②　江泽民：《论科学技术》，中央文献出版社 2001 年版，第 6 页。

③　《江泽民在全国科学技术大会上的讲话》，《中国教育报》1995 年 6 月 5 日第 1 版。

④　《江泽民李瑞环同政协科技界委员共商大计》，《光明日报》1998 年 3 月 5 日。

　　党的十六大之后，胡锦涛曾多次系统阐述了创新的重要性。2006年6月5日，他在中国科学院第十三次院士大会、中国工程院第八次院士大会开幕式上发表重要讲话，指出，世界科技的迅猛进步给我们提出严峻挑战，我们要增强国家的核心竞争力就必须加快自主创新步伐，以便在激烈的国际竞争环境中能够赢得和保持自己的发展主动权。他还强调，建设创新型国家的关键系于人才，尤其是需要那些创新型的科技人才。创新型人才的培养和造就是一个系统工程，应该突出抓好几个重要环节，要大胆地破除束缚人才成长和限制人才发挥作用的旧观念、旧体制、旧做法，以造就一支宏大的科技创新型人才队伍，为建设创新型国家提供强有力的智力支撑。①

　　创新型国家是衡量创新发展阶段的最重要标志，因此建设创新型国家也是坚持创新发展战略的最终目标。2007年10月15日，胡锦涛在党的十七大报告中再次强调，提高自主创新能力，建设创新型国家，这是国家发展战略的核心，是提高综合国力的关键，并将其放在促进国民经济又好又快发展的"八个着力"之首。他还指出，坚持走中国特色自主创新道路，落实好国家中长期科学和技术发展规划纲要，就要不断加大自主创新的投入力度，集中力量去突破那些制约经济社会发展的关键技术；就要加快国家创新体系的建设，着力支持基础研究、前沿技术研究和社会公益性技术的研究；就要加快建立以企业为主体、以市场为导向、产学研相结合的创新体系，引导和支持创新要素向企业集聚，加快科技成果向生产力转化的步伐。同时，还要深化科技管理体制改革，优化科技资源配置，继续完善鼓励科技创新的政策体系、法制保障、激励机制、市场环境，等等。② 这一切都充分表明，建设国家创新体系已经成为国家发展战略中的一个重要指向。

三　党的十八大以来习近平关于科技创新的重要论述

　　党的十八大报告指出："科技创新是提升社会生产力和综合国

---

① 《院士大会开幕　胡锦涛引古语谈创新》，《新京报》2006年6月6日。
② 《在党的十七大报告中　胡锦涛论科技与创新》，《科技日报》2007年10月16日。

力的战略支撑，必须摆在国家发展全局的核心位置。"① 党的十八大之后，习近平总书记不但提出了中国梦的理想，而且把创新发展作为实现中国梦的根本途径。为了实现中国梦，党中央提出并形成了全面建成小康社会、全面深化改革、全面依法治国、全面从严治党这样一个"四个全面"的战略布局。党的十八届五中全会又将创新、协调、绿色、开放、共享作为引领发展的"五大理念"。作为五大理念之首，创新被真正赋予了在国家发展战略中的核心地位，贯穿于党和国家的一切工作之中。事实上，无论是"五大发展理念"还是"四个全面"战略布局，都是以创新作为其根基与灵魂的，正如习近平总书记所强调指出的"抓创新就是抓发展，谋创新就是谋未来"②。因此，加强国家创新体系建设，已经成为新时代推进创新发展的重要抓手。

（一）习近平关于新时代科技创新重要论述的主要内容

党的十八大以后，作为新一届中央领导集体的核心，习近平总书记始终把科技创新摆在国家发展全局的核心位置之上。他在继承和发展马克思、恩格斯以及党的几代中央领导集体科技创新思想的基础上，提出创新是引领发展的第一动力等一系列新思想、新论断和新要求，科学地回答了为何创新、为谁创新、如何创新等根本问题，形成了系统完整的科技创新思想体系，是全面建设创新型国家和世界科技强国的行动指南，为实现中华民族伟大复兴的中国梦提供了强有力的战略支撑。习近平科技创新思想内涵十分丰富，寓意极为深刻，鉴于篇幅的限制，本书只能将其主要内容简述如下。

1. 科技创新是时代的要求、历史的使命

站在历史的高度，直面时代的主题，牢记中华民族复兴的伟大使命，寻求实现国家富强的正确道路和关键举措，这是习近平新时代科技创新思想的重要内容和显著特征。

首先，习近平总书记对科技创新的历史地位和重要作用有着深

---

① 中共中央文献研究室：《十八大以来重要文献选编》（上），中央文献出版社2014年版，第16页。

② 《习近平：抓创新就是抓发展　谋创新就是谋未来》，2019年9月25日，中新网（http://www.chinanews.com/gn/2015/07 - 19/7414237.shtml）。

刻的认识和全面的把握。2014 年 6 月，他出席了中国科学院第十七次院士大会、中国工程院第十二次院士大会，在讲话中，他明确指出，科学技术是世界性、时代性的，因此，发展科学技术必须具有全球视野。他看到了新一轮科技革命和产业变革所带来的巨大机遇和严峻挑战，认为，"科技创新的重大突破和加快应用极有可能重塑全球经济结构，使产业和经济竞争的赛场发生转换"①。如果我们不能抓住新一轮科技革命和产业变革的巨大机遇，不能主持一些赛场的建设，成为新竞赛规则的制定者和新赛场的主导者，就会失去机遇，就无法实现后来居上、弯道超车。现实也正是如此，在世界各种力量的激烈较量中，一个国家、一个民族要有更大的发展空间，在世界舞台中央能够具备更多的国际话语权，其科技创新实力是基础也是后盾。因此，习近平认为，"科技实力决定世界政治经济力量对比的变化，也决定各国各民族的前途命运"②。科技创新不但是提升社会生产力和综合国力的战略支撑，也是提升国际竞争力和实现国家安全的根本保障，这就决定了科技创新"必须摆在国家发展全局的核心位置"③。2015 年 3 月，习近平总书记在参加十二届全国人大三次会议上海代表团审议时，正式提出了"创新是引领发展的第一动力"④ 的论断，这是对科学技术是第一生产力理论的继承与创新，也丰富和发展了马克思主义生产力理论，更加凸显了创新在经济社会发展动力系统中的主导作用。

科技创新具有决定国家前途、民族命运的重大作用，但是从我国目前的情况来看，科技创新还面临着许多障碍和挑战，我们必须以强烈的责任心和使命感来迎接挑战、破解难题。改革开放以来，我们虽然不失时机地抓住了全球产业链转移的趋势，逐步打造起比较完善的产业体系，成为世界第二大经济体，不过直至今日，我国

---

① 《习近平谈治国理政》，外文出版社 2014 年版，第 123 页。
② 中共中央文献研究室：《习近平关于科技创新论述摘编》，中央文献出版社 2016 年版，第 27 页。
③ 中共中央文献研究室：《习近平关于科技创新论述摘编》，中央文献出版社 2016 年版，第 30 页。
④ 中共中央文献研究室：《习近平关于科技创新论述摘编》，中央文献出版社 2016 年版，第 7 页。

科技创新对经济社会发展的支撑作用并不十分明显，科技人才队伍建设还存在较大差距，科技成果转化能力依然薄弱，特别是原始创新能力不足导致不少关键核心技术还受制于人，严重影响到国家的经济安全。当前，世界主要发达国家为了在新一轮科技革命中赢得主动，都在积极研究部署新的科技发展战略。在这样的形势下，习近平认为，对新一轮科技革命和产业变革"抓住了就是机遇，抓不住就是挑战"，因此，"不能等待，不能观望，不能懈怠"，① "必须迎头赶上，奋起直追，力争超越"②。也就是说，我们必须以强烈的使命感，紧紧地抓住这次科技革命的契机，发挥我们社会主义制度的优势，着力改革制约科技创新的体制机制，大力培育并用好用活各类人才，加快科技与经济的融合步伐，积极弥补科技创新链条上的短板，努力抢占科技竞争和未来发展的制高点，实现科技发展从"追赶型"向"引领型"转变，从根本上解决我国经济规模大而不强、发展速度快而不优的问题，以切实维护国家的经济安全和真正实现民族的伟大复兴。为此，习近平总书记在参加全国科技创新大会、中国科学院第十八次院士大会和中国工程院第十三次院士大会、中国科学技术协会第九次全国代表大会时就激昂地强调："科技兴则民族兴，科技强则国家强。今天，我们在这里召开这个盛会，就是要在我国发展新的历史起点上，把科技创新摆在更加重要位置，吹响建设世界科技强国的号角。"③

2. 科技创新必须坚持以人民为中心

以人民为中心，这是习近平总书记治国理政思想的核心要义，也是推进科技创新的根本目的。1969—1975 年，习近平在陕西延川县梁家河插队时曾带领村民修建沼气池，以解决当地老百姓"烧柴难""点灯难"等生活难题，便开始认识到科技进步对解决人民生活需求的重要意义。他回忆起这段经历说，这使自己体会到科技与政治

① 中共中央文献研究室：《习近平关于科技创新论述摘编》，中央文献出版社 2016 年版，第 78 页。

② 中共中央文献研究室：《习近平关于科技创新论述摘编》，中央文献出版社 2016 年版，第 50 页。

③ 《学习录——习近平总书记谈科技创新》，《先锋》2020 年第 4 期。

之间紧密联系的内在逻辑，深切地感受到用科技造福人民就会得到人民群众的拥护。① 为此，坚持以人民为中心的思想，就成了习近平关于科技创新重要论述的根本立场和价值导向。

科技创新要坚持以人民为中心的指导思想，这就科学地回答了新时代科技创新为了谁、依靠谁这样一个根本问题，即不仅要把人民的美好生活需要作为新时代科技创新的奋斗目标，而且要紧紧依靠人民群众的强大力量加快新时代科技创新的步伐。习近平叮嘱广大科技工作者要把人民的需要放在重要的位置上，强调："人民的需要和呼唤，是科技进步和创新的时代声音。"② 并指出，"科技成果只有同国家需要、人民要求、市场需求相结合，完成从科学研究、实验开发、推广应用的三级跳，才能真正实现创新价值、实现创新驱动发展"③。国家的需要、人民的要求、市场的需求，这三者归根到底是人民的要求，因为国家是人民的国家、人民的要求就是国家的需要，而市场的需求同样也反映着人民的要求。加速科技与经济的融合、加快科技成果的产业化步伐，其成效的优劣关键还在于是否把握好了人民的真实要求，是否能为人民群众提供能满足其日益增长的物质文化需求的物美价廉、新颖奇特的优质产品。当然，在国防科技方面的创新虽不能直接满足人民群众的物质文化需求，但却是维护国家安全、保护人民生命财产所必需的，这同样是人民的理所当然的要求。因此，只有坚持以人民为中心的理念，才能切实解决好"科研和经济始终是'两张皮'"这个"大痼疾"。

新时代我国社会主要矛盾发生了转化，经济社会发展必须更好地满足人民日益增长的对美好生活的需求。将科技创新成果尽快转化为推动经济社会发展的现实动力，从而不断满足人民群众的物质文化需求，这既是科技创新实践的本质要求，也是新时代科技创新的主要目标。为此，习近平总书记十分关注经济社会发展中的民生科技供给，多次强调科学技术不仅要探索知识和真理，而且要造福广大人民群众，他鼓励和期盼科技工作者要始终"推动科技创新同

---

① 习近平：《摆脱贫困》，福建人民出版社 1992 年版，第 187—188 页。
② 习近平：《为建设世界科技强国而奋斗》，《人民日报》2016 年 6 月 1 日。
③ 《学习录——习近平总书记谈科技创新》，《先锋》2020 年第 4 期。

民生紧密结合"①，"要把论文写在祖国的大地上，把科技成果应用在实现现代化的伟大事业中"②。强调"要把满足人民对美好生活的向往作为科技创新的落脚点，把惠民、利民、富民、改善民生作为科技创新的重要方向"③。同时，在习近平总书记看来，科技创新不但要满足中国人民的需求，而且是为全人类造福的伟大事业。2014年3月27日，习近平在联合国教科文组织总部的演讲中指出："我们要大力发展科技事业，通过科技进步和创新，认识自我，认识世界，改造社会，使人们在持续的天工开物中更好掌握科技知识和技能，让科技为人类造福"④，这充分显示了习近平总书记寄希望于科技创新为全人类谋幸福的博大胸怀。

3. 科技创新必须抓好人才队伍建设这个关键

2018年3月7日，习近平总书记参加出席全国人大的广东代表团审议时强调指出，"发展是第一要务，人才是第一资源，创新是第一动力"⑤。把人才的重要性和发展、创新这些关系党和国家命运的关键举措相提并论，可见习近平总书记对人才队伍建设的极度重视和深深的关切。

早在河北省正定县工作期间，习近平就主持制定了《树立新时期的用人观点，广招贤才的九条措施》，提出引进人才要有"五百金买马骨"的态度和精神，这些举措受到当时中央媒体的关注和报道。在福建任职期间，习近平针对农村基层科技力量薄弱、科技服务缺位等制约农村生产力发展的突出问题，及时发现、指导并在全省推广由南平首创的科技特派员制度。由于该制度具有前瞻性，所以在实践中取得了良好的效果。2016年，国务院出台《关于深入推行科技特派员制度的若干意见》，从国家层面对科技特派员工作进

---

① 中共中央文献研究室编：《习近平关于科技创新论述摘编》，中央文献出版社2016年版，第61页。

② 《人民论坛：把论文写在祖国大地上》，《人民日报》2019年5月31日。

③ 北京市习近平新时代中国特色社会主义思想研究中心：《科技创新要坚持以人民为中心》，《经济日报》2019年5月28日。

④ 《习近平在联合国教科文组织总部的演讲》，《人民日报》2014年3月28日。

⑤ 《习近平：发展是第一要务，人才是第一资源，创新是第一动力》，2019年9月28日，新华网（http://www.xinhuanet.com/politics/2018 - 03/07/c_ 1122502719.htm）。

行了具体部署和制度上的完善。习近平在浙江任职期间，浙江出台了一系列人才引进政策，力图打通人才交流渠道、建立人才流动机制，从全国乃至全球吸引各类优秀人才来浙江工作。他还要求浙江各级党委、政府负责同志在政治关怀、生活保障、待遇倾斜、工作支持等方面多方位为科技工作者创造条件。[①]

到中央工作后，习近平更加重视人才队伍建设和注重发挥好人才的作用。2008 年 5 月，时任中央政治局常委的习近平在中组部座谈会上指出，要牢固树立人才资源是第一资源的理念，更好地实施人才强国战略，努力建设一支能够站在世界科技前沿、勇于开拓创新的高素质人才队伍。同时，他还特别强调了要大规模培养青年科技创新创业人才，并对青年科技人才的培养、吸引、选用等提出明确要求。[②]

党的十八大召开之后，习近平总书记把人才队伍建设重要性提到前所未有的高度。2012 年 12 月 7 日至 11 日，他在广东考察工作时明确指出，"综合国力竞争归根到底是人才竞争。哪个国家拥有人才上的优势，哪个国家最后就会拥有实力上的优势"，强调"走创新发展之路，首先要重视集聚创新人才。要充分发挥好现有人才作用，同时敞开大门，招四方之才，招国际上的人才，择天下英才而用之"。为此，他要求各级党委和政府"要积极探索集聚人才、发挥人才作用的体制机制，完善相关政策，进一步创造人尽其才的政策环境，充分发挥优秀人才的主观能动性"。[③]

2013 年 3 月 4 日，习近平总书记在参加全国政协十二届一次会议科协、科技界委员联组讨论时指出，"推进自主创新，人才是关键。没有强大人才队伍作后盾，自主创新就是无源之水、无本之木"。因此，一方面，要广纳人才，完善人才引进政策体系，积极开发利用好国际国内两种人才资源，特别是要重点引进能够突破关键技术、

---

① 杨孝青、岳爱武：《习近平关于科技创新重要论述的四重维度研究》，《江淮论坛》2020 年第 1 期。

② 盛若蔚：《青年科技人才要勇做创新先锋》，《人民日报》2008 年 5 月 5 日。

③ 《习近平：人才是创新的第一资源》，2019 年 9 月 30 日，中新网（http://www.chinanews.com/gn/2016/03 – 03/7782297. shtml）。

发展高新技术产业、带动新兴学科的战略型人才和创新创业的领军人才。另一方面，还要善于放手使用人才，要"在全社会营造鼓励大胆创新、勇于创新、包容创新的良好氛围，既要重视成功，更要宽容失败，为人才发挥作用、施展才华提供更加广阔的天地，让他们人尽其才、才尽其用、用有所成"。同时，他还再次提出，要完善促进人才脱颖而出的机制，不拘一格选人才，培养宏大的具有创新活力的青年创新型人才队伍。① 随后，同年6月，他在全国组织工作会议上重申，"我们要树立强烈的人才意识，寻觅人才求贤若渴，发现人才如获至宝，举荐人才不拘一格，使用人才各尽其能"②。7月17日，他在中国科学院考察工作时又指出了当前我国人才队伍建设中存在的突出问题和解决途径：虽然我国拥有世界上规模最大的科技队伍，但是仍存在"世界级科技大师缺乏，领军人才、尖子人才不足，工程技术人才培养与生产和创新实践脱节"等水平和结构问题，因此，"人才政策需要完善，教育方面也需要进一步改革，以更好培养青少年的创新意识和能力"。③

2014年6月9日，习近平总书记在中国科学院第十七次院士大会、中国工程院第十二次院士大会上发表重要讲话强调，"知识就是力量，人才就是未来。我国要在科技创新方面走在世界前列，必须在创新实践中发现人才、在创新活动中培育人才、在创新事业中凝聚人才，必须大力培养造就规模宏大、结构合理、素质优良的创新型科技人才"④。同时，他还认为，要建设一支规模宏大、结构合理、素质优良的创新人才队伍，还需要"通过使发明者、创新者合理分享创新成果带来的收益调动创新者、发明者的积极性"⑤。要通过各种途径为科技人才发挥作用创造条件，开辟广阔的天地。营造

---

① 《习近平：人才是创新的第一资源》，2019年9月30日，中新网（http：//www. chinanews. com/gn/2016/03 - 03/7782297. shtml）。

② 《十八大以来重要文献选编》（上），中央文献出版社2014年版，第344页。

③ 《习近平：人才是创新的第一资源》，2019年9月30日，中新网（http：//www. chinanews. com/gn/2016/03 - 03/7782297. shtml）。

④ 《在中国科学院第十七次院士大会、中国工程院第十二次院士大会上的讲话》，《人民日报》2014年6月10日。

⑤ 习近平：《在中央经济工作会议上的讲话》，《人民日报》2013年12月14日。

用人的条件环境，"着力改革和创新科研经费使用和管理方式，让经费为人的创造性活动服务"，也就是要通过必要的制度改革和创新，重视给予科技工作者以必要的物质激励。①

由此可见，人才是科技创新的第一要素。谁拥有人才，谁就拥有了科技创新的优势和主导权，实施创新驱动战略，最重要的就是要充分发挥各类人才的作用。为此，习近平总书记首次提出了创新驱动实际上是人才驱动的观点，从而为实施创新驱动战略提供了具体的抓手。简而言之，如何聚集和培养创新人才，如何通过体制机制创新来打造有利于科技创新人才成长的良好氛围和宽松的环境，如何充分调动各类人才的积极性，这些都是推进科技创新必须解决的关键问题。

4. 科技创新必须坚持自主创新、突破关键核心技术

2013年3月4日，习近平总书记在参加全国政协十二届一次会议科协、科技界委员联组讨论时讲话强调："要坚定不移走中国特色自主创新道路，深化科技体制改革，不断开创国家创新发展新局面，加快从经济大国走向经济强国。"②走独立自主的科技创新之路，这是发展我国科学技术的必然选择。自主创新的道路我们为什么要走、为什么能走、如何走，对于这些关系中国科技事业命运的问题，习近平总书记都给予了科学的回答。

为什么要坚定不移地"走中国特色自主创新道路"？首先，这是因为"这条道路是有优势的"，③而这种优势又集中体现在两个方面。一是有中国共产党的领导，而中国共产党的领导"是中国特色科技创新事业不断前进的根本政治保证"④。有了党的领导，就能发挥我们的政治优势，不断深化对创新发展规律、科技管理规律、人才成长规律的认识，组织各方面的力量抓重大、抓尖端、抓基础科

---

① 王春法：《习近平科技创新思想的科学内涵与时代特征》，《学习时报》2017年1月23日。

② 《学习录——习近平总书记谈科技创新》，《先锋》2020年第4期。

③ 中共中央文献研究室编：《习近平关于科技创新论述摘编》，中央文献出版社2016年版，第35页。

④ 人民日报评论员：《为科技事业发展提供坚强政治保证》，《人民日报》2018年6月3日。

技创新项目，动员全党全国全社会万众一心为实现建设世界科技强国的目标而努力奋斗。历史经验表明，中国共产党在领导科技事业发展过程中，对于科技发展战略规划的制定、科技创新资源的配置、科研基础设施的保障、科技人员积极性的调动等方面的工作，都起到了至关重要的政治保障作用。只有在党的领导下，我们这样一个人口众多、底子薄弱的国家才能够较快地构建起科学规范、系统完备、运转有效的科技创新体系，并保证科技创新的成果能够促进经济社会发展，造福人民群众。二是有中国特色的社会主义制度。能够集中力量办大事，是我国社会主义制度的一项十分显著的优势，历史早已证明这是中国能够在一些关键领域赶超世界先进水平的重要法宝。现在，虽然时代发生了巨大的变革，科技创新的内容和形式也在不断改变，但集中力量办大事、以形成强大创新合力来抢占世界科技的制高点，仍然是全面推进我国科技创新伟大事业的重要法宝。正因为如此，在新的历史时代，习近平总书记明确指出，要"形成社会主义市场经济条件下集中力量办大事的新机制"①。其次，是受国际环境的制约。新中国成立之后，在相当长的时间里，西方资本主义国家一直对我国竭尽全力地采取遏制、封锁战略，造成有钱也买不到高科技产品的困境，这就逼着我们自力更生、自己动手去攻破科技领域的一道道难关，攀登一座座高峰。现在，美国特朗普政府对中国采取的也是极限施压的政策，采取断供、制裁等手段恶意打压中国的高科技产业。"国之利器，不可以示人。"真正的核心技术是无法获得的。很显然，不走中国特色的自主创新之路，中国就永远在高科技领域受制于人，失去发展的主动权。因此，习近平总书记指出，"我们没有更多选择，非走自主创新道路不可"②。也就是说，中国不能指望靠别人的科技成果来提高自己的科技水平，更不能做其他国家的技术附庸。走中国特色的自主创新之路，这是历史的必然选择，是时代的必然选择，这是一条非走不可的必由之路，除此之外，没有他途。

---

① 《习近平谈治国理政》第 2 卷，外文出版社 2017 年版，第 273 页。
② 中共中央文献研究室编：《习近平关于科技创新论述摘编》，中央文献出版社 2016 年版，第 35 页。

　　为什么能走中国特色自主创新道路？历史和现实已经证明，中国特色社会主义制度不但极大地解放了社会生产力，使中国在短短的几十年时间里走过了西方国家上百年的发展历程，建设起最为完整的工业体系，成为世界第二大经济体，而且也促使中国的科技事业发生了深刻的巨变。虽然在质量上还无法同西方发达国家媲美，但我们国家现在已经拥有了世界上规模最大的科技工作者队伍，一些重大科研成果也正在源源不断地涌现。正如习近平总书记所指出的，"近年来，我们在一些领域已经接近或达到世界先进水平，初步实现由跟跑者向领跑者的转变"①，这就是我们坚持走中国特色自主创新道路的底气，是道路自信、制度自信、理论自信、文化自信的具体而生动的体现。我们完全有信心、有能力通过走自主创新的道路，实现科技领域的大跨越，最终成为世界科技创新的领跑者。

　　如何走中国特色自主创新道路？2018年5月28日，习近平在中国科学院第十九次院士大会、中国工程院第十四次院士大会上的讲话中指出，"要瞄准世界科技前沿，抓住大趋势，下好'先手棋'，打好基础、储备长远，甘于坐冷板凳，勇于做栽树人、挖井人，实现前瞻性基础研究、引领性原创成果重大突破，夯实世界科技强国建设的根基"②。很显然，这不是一般的泛泛而论，这是习近平总书记洞察世界科技发展的基本态势之后，对中国如何走好自主科技创新之路的缜密思考，是对科技创新未来蓝图的精心规划。科技创新在国家发展全局中居于核心地位，如果缺乏关键核心技术，就会被人家卡住脖子、掐住软肋，就不能将发展的主动权牢牢地掌握在自己手中，国家的政治安全、经济安全和国防安全也就无法得到有效保障。对此，习近平总书记清醒地认为，没有核心技术的优势就没有政治上的强势。并强调指出"只有把核心技术掌握在自己手中，

---

　　① 中共中央文献研究室编：《十八大以来重要文献选编·中》，中央文献出版社2016年版，第21页。

　　② 《习近平：在中国科学院第十九次院士大会、中国工程院第十四次院士大会上的讲话》，新华网（http://www.xinhuanet.com/politics/2018－05/28/c_1122901308.htm）。

才能真正掌握竞争和发展的主动权"①。要发展核心关键技术，其创新源头就是基础科学的进步和突破。为此，在强调推进核心技术突破的同时，习近平总书记还高度重视基础科研工作，并将其视为科技进步的基石，他精辟地指出："核心技术的根源问题是基础研究问题，基础研究搞不好，应用技术就会成为无源之水、无本之木。"② 在新时代，我们要以"任尔东西南北风""咬定青山不放松"的韧劲，"在关键领域、卡脖子的地方下大功夫"，③ 做到日积月累、久久为功，在稳步推进基础科学研究的基础上着力实现关键核心技术的突破，努力补齐短板，壮大中国的科技实力。

需要指出的是，对于如何走好中国特色自主创新道路的问题，习近平总书记有着深入而全面的思考。除了上述所提出的要加强基础研究、实现核心技术突破这一创新的着力点之外，他还一再强调，科技创新是一项系统工程，必须发挥科技创新和制度创新的协同效应。并指出，科技创新要用宽广的视野进行顶层设计，要抓住重点、全面规划，做到有所为、有所不为；既要考虑长远，又要顾及眼前；既要跟踪世界前沿，又要坚持问题导向、解决当前的瓶颈问题；既不受制于人，也不闭门造车，这些都为科技创新政策的具体实施奠定了理论基础。④ 而其中的不少重要观点，实际上是为区域创新体系建设提供了理论指导。

（二）系统创新、协同创新是创新体系建设的理论指南

如何构建国家——区域（城市）创新体系是本书的主题。在习近平新时代科技创新重要论述里，有一个十分重要的观点，那就是作为一个系统工程，科技创新应该是全面的创新，必须注意发挥科技创新与制度创新的协同效应，这一重要论断对于建设国家—区域

---

① 《习近平：在中国科学院第十九次院士大会、中国工程院第十四次院士大会上的讲话》，新华网（http://www.xinhuanet.com/politics/2018－05/28/c_1122901308.htm）。

② 倪光南：《中国网信核心技术发展之路——习近平总书记关于网络安全和信息化工作的重要论述精神》，《人民论坛》2017 年第 28 期。

③ 中共中央文献研究室编：《习近平关于科技创新论述摘编》，中央文献出版社2016 年版，第 41 页。

④ 刘园园、冯兵：《习近平科技创新论述的理论渊源、科学内涵与世界意义》，《兰州学刊》2020 年第 3 期。

（城市）创新体系具有重要的理论意义和现实意义。

在习近平的治国理政理念中，创新发展的主题更加鲜明，创新驱动战略的系统性更加突出。早在担任浙江省委书记期间，他就带领省委制定和实施了建设创新型省份的战略部署，并围绕这一目标，加快建设区域创新体系，大力实施引进大院名校战略，高度重视互联网建设发展，支持在全国率先创办网上技术市场，支持以阿里巴巴为代表的网络创新型企业发展，创议建立农村科技特派员制度等，在这一系列政策创新推动下，浙江科技创新步伐明显加快，科技实力显著增强，很快就开创了浙江科技创新发展的新局面。① 可以说正是在浙江的这 6 年实践，加深了习近平总书记对创新的系统性、协同性的思考。

2013 年 2 月，党的十八届二中全会第二次全体会议审议并通过了《国务院机构改革和职能转变方案》。习近平总书记在大会上明确指出，要对全面深化体制改革的顶层设计和总体规划进行深入研究，做到两个"有机衔接"："把推进经济、政治、文化、社会、生态等方面改革开放有机衔接起来，把推进理论创新、制度创新、科技创新、文化创新以及其他各方面创新有机衔接起来，整体推进，重点突破，形成推进改革开放的强大合力。"② 同年 3 月，他在参加全国政协十二届第一次会议联组讨论时又提出了第三个"有机衔接"，即："科技体制改革必须与其他方面改革协同推进，加强完善科技创新管理，促进创新链、产业链、市场需求有机衔接。"③ 从系统论的角度讲，"衔接"就是要把握事物的整体性和层次性，强化事物之间和事物内部各要素之间的有机联系和相互作用，实现经济、政治、文化、社会和生态方面改革开放的有机衔接，实现理论创新、制度创新、科技创新、文化创新及其他方面创新的有机衔接，实现科技创新各环节中创新链、产业链和市场需求之间的

---

① 周国辉：《习近平科技创新思想与浙江实践论析》，《观察与思考》2016 年第 6 期。
② 中共中央文献研究室编：《习近平关于全面深化改革论述摘编》，中央文献出版社 2014 年版，第 10 页。
③ 中共中央文献研究室编：《习近平关于全面深化改革论述摘编》，中央文献出版社 2014 年版，第 56 页。

有机衔接，这三个"有机衔接"是解决科研工作中存在的各种弊端的根本举措。

此后，习近平总书记又进一步阐述了要全面、系统地推进科技创新的思想。他在提出全面创新这一重要观点时，仍然充分肯定了科技创新在其中所处的核心地位。他指出，"创新是多方面的，包括理论创新、体制创新、制度创新、人才创新等，但科技创新地位和作用十分显要"①。中国正在实施的创新驱动发展战略，就是"以科技创新为核心的全面创新"②。但是，他也清醒地看到，而要真正发挥好科技创新对经济社会发展的强大推动作用，还必须"着力从科技体制改革和经济社会领域改革两个方面同步发力"③。因为创新同改革一样，同样是一个复杂的系统工程，它涉及经济社会的各个领域、各个层面，需要得到社会各界的广泛响应和积极参与。因此，创新驱动不单是一个科技创新的问题，而且还要在创新整个经济体系和发展模式上做文章、下功夫。只有全面不断地推进理论创新、制度创新、文化创新和实践创新，科技创新才拥有丰沃的土壤和良好的生态环境，才能结出丰硕的成果。

由此而来，习近平总书记提出了一个重要观点，那就是"双轮驱动"的协同创新论，从更深的层面揭示创新的系统性、整体性。在他看来，制约中国创新发展步伐的根本原因还是体制机制上的弊端。例如，他在谈到科技成果向现实生产力转化不了、不顺、不畅的痼疾时指出，一个很重要的原因就在于科技创新链条上还存在着许多体制机制上的关卡，导致创新和转化各个环节不能够紧密衔接。而要解决这个问题，就必须深化科技体制改革。他还形象地比喻说："如果把科技创新比作我国发展的新引擎，那么改革就是点燃这个新引擎必不可少的点火系。我们要采取有效的措施完善点火系，把创新驱动的新引擎全速发动起来。"④ 为此，他明确指出，"科技创新、

① 中共中央文献研究室编：《习近平关于科技创新论述摘编》，中央文献出版社 2016 年版，第 4 页。

② 习近平：《致二〇一四浦江创新论坛的贺信》，《人民日报》2014 年 10 月 26 日。

③ 郭铁成：《创新驱动发展模式的关键支撑要素——学习习近平总书记关于创新发展的重要论述》，《人民论坛·学术前沿》2016 年第 6 期。

④ 《习近平谈治国理政》，外文出版社 2014 年版，第 125 页。

制度创新要协同发挥作用，两个轮子一起转"①，要"以问题为导向，以需求为牵引"，"坚持科技创新和制度创新'双轮驱动'"，② 以全面打通科技成果转化环节中的体制机制上的各种关卡和障碍。

"双轮驱动"、协同创新的实践意义就在于：科技创新是通过发明创造来推进社会生产力的发展，制度创新则是通过调整生产关系从而建立起与生产力发展相适应的各种体制机制。科技创新只有在良好的制度环境相匹配下，才能最大限度地激发科研人员的积极性、创造性。因此，科技创新要不断取得新的突破，不仅需要基础设施等"硬件"方面的支撑，还需要有制度等"软件"方面的保障。有的时候，解决制度"软环境"的制约甚至比解决科技"硬基础"不足的问题显得更加重要。正如习近平总书记所指出的，"当务之急是要加快改革步伐、健全激励机制、完善政策环境，从物质和精神两个方面激发科技创新的积极性和主动性"③。

从理论意义上讲，习近平总书记提出坚持科技创新和制度创新的"双轮驱动"，形象地反映出这两种创新形式在推动发展过程中不存在绝对的先后、轻重之分，而是一种互有侧重、互为补充同时又紧密衔接、相互融合的耦合关系。具体来说，科技创新属于决定性创新，在整个创新系统中起到核心作用；制度创新则属于保障性创新，具有基础性的功能。科技创新必然会推动着制度创新向前发展，虽然制度创新具有反复性，但科技创新是不可逆的，它会倒逼体制内的改革并最终打破阻碍创新的制度壁垒，从而实现制度创新对科技创新的保障功能，即通过降低对创新的制度约束，最大限度释放科技创新主体的激情与活力。这种理论阐释也完全可以通过实践事例来验证，就拿目前大家比较关心的科技与经济"两张皮"来说吧，"双轮驱动"这样一个协同创新发展新理念的提出，就意味着不仅是要解决技术层面关键核心技术的自主可控，夯实科技成果

---

① 习近平：《为建设世界科技强国而奋斗——全国科技创新大会、两院院士大会、中国科协第九次全国代表大会上的讲话》，人民出版社 2016 年版，第 13—14 页。

② 习近平：《在中国科学院第十九次院士大会、中国工程院第十四次院士大会上的讲话》，人民出版社 2018 年版，第 14 页。

③ 中共中央文献研究室编：《习近平关于科技创新论述摘编》，中央文献出版社 2016 年版，第 58 页。

转化的物质技术基础，更要制定创新发展的顶层设计，解决制度层面科技成果转化条件不足、不充分、转化机制匮乏或不完善等问题。① 因此，习近平总书记明确指出，科技创新与制度创新的协同发展就是要"全面分析影响创新驱动发展的体制机制因素"②，要"在实践载体、制度安排、政策保障、环境营造上下功夫，在创新主体、创新基础、创新资源、创新环境等方面持续用力"③。只有这样，才能找到能让各种创新主体、创新要素充分施展活力的实践途径与可行方案，才能有针对性地制定出有利于科技创新的各种政策举措，长期坚持下去并不断地加以完善，从而最终形成科技创新良好的制度环境。

"创新是一个系统工程"④ 坚持创新发展的"双轮驱动"，从根本上说，就是要对创新进行系统谋划，补齐创新系统内部的短板，强化各要素间的相互联系，以形成强大的创新合力。当前，我们提出要破除制度障碍，建立健全科技创新的激励机制，搭建政府、企业、科研院所与民间团体之间的协同创新平台，创新和完善反映科技与经济深度融合内在本质和基本要求的运行机制、执行机制、激励机制、资源配置机制、协同创新机制等基础性、指导性、规范性的制度体系，才能有效建立起两种创新形式整体联动的发展格局，⑤ 由此可见，探索建立高效协同的创新体系，实际上也是一个"加快建立健全国家创新体系"⑥ 的过程。因为国家创新体系的建设，不但需要企业、科研机构等创新主体、创新资源充分发挥自身的积极作用，还需要政府通过加强顶层设计、转变职能和创新体制机制，来

---

① 张媛媛：《习近平关于科技创新与制度创新协同发展的论述》，《上海经济研究》2020 年第 7 期。

② 中共中央文献研究室编：《习近平关于科技创新论述摘编》，中央文献出版社2016 年版，第 67 页。

③ 习近平：《在中国科学院第十九次院士大会、中国工程院第十四次院士大会上的讲话》，人民出版社 2018 年版，第 14 页。

④ 《习近平谈治国理政》第 2 卷，外文出版社 2017 年版，第 273 页。

⑤ 张媛媛：《习近平关于科技创新与制度创新协同发展的论述》，《上海经济研究》2020 年第 7 期。

⑥ 中共中央文献研究室编：《习近平关于科技创新论述摘编》，中央文献出版社2016 年版，第 62 页。

"营造有利于创新的政策环境和制度环境"①，而这一切，都是构建国家创新体系所必须解决好的重大问题。因此，习近平总书记上述一系列精辟论述，为我们建设国家创新体系指明了方向。我们必须坚持科教体制改革和经济社会领域改革的"双轮驱动"，将理论创新、制度创新、科技创新和文化创新融合在一起，发挥其相互联系、相互协调、相互促进的功能，打造高质量的国家创新体系，这是成功实施创新驱动发展战略的必然要求，也是实现中华民族伟大复兴的根本途径。

第二节　城市创新体系在国家创新体系中的重要地位

2010 年 10 月，党的十七届五中全会审议通过的《中共中央关于制定国民经济和社会发展第十二个五年规划的建议》指出，要把创新和科技进步作为加快转变经济发展方式的重要支撑，不断增强自主创新能力，努力壮大创新人才队伍，推动我国经济发展向着主要依靠科技进步、劳动者素质提高、管理创新方向转变，加快创新型国家建设步伐。同时，该建议还明确提出了建设国家创新体系和"推进各具特色的区域创新体系建设"这样一个重要任务。区域创新体系是国家创新体系的子系统，而事实上，城市创新体系事实上又居区域创新体系的核心，因此，城市创新体系在国家创新体系中具有十分重要的意义。

一　国家创新体系与区域创新体系

（一）国家创新体系的提出与理论阐释

20 世纪 90 年代初期，正是我们改革开放深入推进的重要关头，也是创新发展理论不断吸引人们眼光的时期。因此，当费里曼等人关于国家创新体系的理论一提出，便引起了国内学术界的密切关注。从

---

① 中共中央文献研究室编：《习近平关于科技创新论述摘编》，中央文献出版社 2016 年版，第 70—71 页。

知网上查询可以发现，最早发表的有关文章应该是 1993 年由汤世国撰写的《中国的国家创新体系：变革与前景》一文。该文考察了中国国家创新体系的历史演变过程及 80 年代所发生的重大变革，分析了 1985 年前的中国创新体系存在的主要问题，高度评价了 1985 年党中央做出关于加快科技体制改革的决定的历史意义，认为虽然科技体制改革在进一步克服国家创新体系的弱点方面仍将起主导作用，但建设一个新的有效的创新体系，还必须依靠经济、行政等方面配套改革的整体推进，从而勾画了国家创新体系建设的基本轮廓。1998 年，中国科学院"国家创新体系"课题组发表文章，认为从更高层次设计与构建国家科技体制，形成由强大的知识创新系统、技术创新系统、知识传播系统和知识应用系统构成的国家创新体系，将是未来国家制定科技政策的大趋势。建设国家创新体系既要与国际接轨，又要符合中国的国情，并且要发挥好市场行为和政府行为的合理作用，注重发挥系统的整体效能。同时，该课题组还从国家创新体系的系统结构及主要功能、建设国家创新体系的任务目标与措施等两个方面提出了建设我国国家创新体系的基本构想。[1]与此同时，《中国科学院院刊》发表了署名为"中国科学院"的文章——《迎接知识经济时代　建设国家创新体系》，文章指出，中国科学院曾就中国 21 世纪的发展向中央提出"迎接知识经济时代，建设国家创新体系"的建议，该建议得到中央领导的重视。文章认为，21 世纪将是知识经济占主导地位的世纪，而国家创新体系是国民经济可持续发展的基石、关系中华民族的前途和命运，因此必须建设面向 21 世纪的中国国家创新体系，其总体构想是：要在不断完善和继续推进"技术创新工程""211 工程"和国家其他重点科技计划的同时，组织实施"知识创新工程"，在宏观层面形成完整的国家创新体系的总体战略布局。

2012 年 9 月，党中央、国务院发布的《关于深化科技体制改革　加快国家创新体系建设的意见》指出，要充分认识深化科技体制改革、加快建设国家创新体系的紧迫性和重要性，并提出了深入

---

① 中国科学院"国家创新体系"课题组：《建设我国国家创新体系的基本构想》，《世界科技研究与发展》1998 年第 3 期。

开展科技体制改革、加快推进国家创新体系建设的指导思想、主要目标和基本原则，要求从促进科技创新和经济发展更加紧密结合的角度出发，着力增强企业的技术创新开发能力、推动企业真正成为技术创新主体，要广泛深入地实施国家技术创新工程，加快创新型国家的建设步伐。①《关于深化科技体制改革　加快国家创新体系建设的意见》的出台，标志着以深化科技体制改革、落实和强化企业的创新主体地位、实施国家技术创新工程等为主要内容的国家创新体系建设，已经成为国家发展战略中的重要一环。此后，学术界掀起了对国家创新体系的研究热潮。30 多年来，学者们对国家创新体系建设的研究出了不少成果，现将与本书主体关系较为密切的有关论点概述如下。

　　——关于国家创新体系的概念、构成和意义。刘志春认为，"创新"这一概念在国家创新体系中，主要是指科学发现、技术发明和实现商业价值的新实践等诸如此类的系列活动。国家创新体系是一个国家所有创新要素彼此相互联系、相互作用所构成的一个创新网络系统，在中国主要体现为在国家层面上积极推动科技产业持续创新的组织与制度。②王长仁认为，国家创新体系可以分为两个层面：一是从性质划分，国家创新体系是由政府、科研机构、创新型企业、创新教育与培训机构、创新中介机构和创新基础设施等机构共同组成；二是从行政层级划分，中央创新体系和地方创新体系共同组成了国家创新体系。③钟荣丙从创新系统组成部分的功能出发，认为国家创新体系是由知识生产系统、政策支撑系统、技术创新系统、创新文化环境、科技中介服务系统等分系统构成的巨大体系。④洪银兴认为，按照党的十八大报告的要求，加快建设国家创新体系主

---

① 《中共中央、国务院关于深化科技体制改革　加快国家创新体系建设的意见》，《中国科技产业》2012 年第 10 期。

② 刘志春：《国家创新体系概念、构成及我国建设现状和重点研究》，《科技管理研究》2010 年第 5 期。

③ 王长仁：《建设我国国家创新体系的原则、目标和对策》，《中国经贸导刊》2005 年第 24 期。

④ 钟荣丙：《国家创新体系的系统构成及建设重心》，《系统科学学报》2008 年第 3 期。

要从两个方面着力：一是要着力构建以企业为主体、市场为导向、产学研相结合的技术创新体系；二是要着力抢占科技发展的战略制高点，要继续强化基础研究、前沿技术研究和社会公益技术研究，不断提高科学研究水平和成果转化能力。他还认为，完善国家创新体系的关键是要积极促成知识创新系统和技术创新系统的衔接和集成，因为只有在技术创新和知识创新的共同作用下，才能有效地驱动经济发展。而技术创新和知识创新衔接的主要途径就是产学研的协同创新，其中，产业创新是国家创新体系的终端。因此，现阶段建设国家创新体系，实际上就是要建设好知识创新、技术创新和产业创新三个子系统。只有这三个创新体系彼此互动并耦合，才能激发科技作为第一生产力所蕴含的巨大潜能。①

　　——国外建设国家创新体系的现状与启示。盛垒综合介绍了欧盟、美国和日本等建设国家创新体系的情况：瑞典是全球比较公认的创新型国家，其主要特点是拥有较为完善的公共研发体系，尤其是企业具有强大的创新能力，同时还有高强度的研发投入；瑞士是一个仅有700多万人口的小国，但十分注重对智力的投入，曾培养出20多位诺贝尔奖获得者，同时按人均计算还是世界科研投入强度最高的国家，在政府对科技创新全力支持的基础上，瑞士形成了全民创新的社会氛围；芬兰率先从建设国家创新体系的高度对科技创新发展进行了规划，其完善的创新中介服务网络较好地促进了产学研的结合，在国家创新体系中发挥出重要的作用；日本是一个国土狭小、资源匮乏的国家，因此依靠自主创新来增强产业竞争是很早就形成了的共识，通过加强中央集权化管理和完善知识产权体系，其新增专利曾连续十多年都位列世界前茅，政府同"产学合作"的积极互动成为日本国家创新体的显著特点；创新是美国的文化传统，同时其对教育和人才引进又高度重视，具有健全的科技立法体系和完善的资本市场及创新基础设施，官产学研形成了有机整体，再加上对研发的高投入、高产出，使美国成为世界上国家创新系统发育最为完善、运行较为良好的范例。因此，盛垒认为，建设国家创新

---

① 洪银兴：《建设和完善国家创新体系》，《中国党政干部论坛》2015年第8期。

体系的根本途径是培育全民创新意识和形成良好的创新氛围，其核心内容是增强企业自主创新能力，同时，还需要政府的高度重视和全力支持，要不断增大研发投入强度，建立健全知识产权体系，完善科技中介服务网络。① 龚刚、魏熙晔、杨先明等人则从不同角度探讨了中国与美国在建设国家创新体系方面的差距：其一，中国在人力资源培养方面其平均质量要低于美国，所以既要加大对教育、科研方面的投入，还要对现行的教育、科研体制进行改革，打造更为公正、自由和宽松的创新生态环境；其二，行业垄断现象和企业的短视行为阻碍了研发积极性的发挥，因此要着力发挥大型国有企业在自主创新研发中的骨干作用；其三，与西方发达国家相比较，对科学和科学家的尊重并没有在体制和文化方面得到很好的体现，大学教研管理体制的高度行政化也不利于科学思想的自由交流和发展。因此，应该把改进政府行为作为构建国家创新体系所面临的紧迫任务，通过科学规划、增加资金投入和进行精细化管理，学习和发扬积极有为的企业家精神，使政府能够在充满风险的重大科技创新中承担起更大的责任。②

——国家创新体系建设面临的任务和途径。马名杰认为，由于还存在着制约创新的体制机制障碍，一些能有效推进创新的基础性制度还未完善，当前国家创新体系还存在着发展不平衡、质量效率不高等问题。为适应时代要求，新时期国家创新体系建设应该完成三大任务，即加快完善激励创新的制度环境、深化科研管理体制改革、更好地发挥高校在创新体系中的作用。③ 王海燕总结了国外建设经验，认为国家创新体系建设有七个着力点：一是要把握好政府的定位；二是要关注创新体系的开放性；三是要设立专门促进创新的政府机构；四是要制订和不断完善创新政策计划；五是激励企业普遍提高创新能力；六是加强创新主体间的合作与互动；七是积极

① 盛垒：《国外创新型国家创新体系建设的主要经验及其对我国的重要启示》，《世界科技研究与发展》2006 年第 5 期。

② 龚刚、魏熙晔、杨先明等：《建设中国特色国家创新体系　跨越中等收入陷阱》，《中国社会科学》2017 年第 8 期。

③ 马名杰：《新时代国家创新体系建设》，《中国科技论坛》2018 年第 9 期。

推动城市创新体系建设。区域创新体系是国家创新体系的基础和重要组成部分，而且相对于国家创新体系，区域创新体系的建设更具有实际可操作性，因此受到越来越多国家的关注。目前，欧盟和美国均建成较为完善和成熟的城市创新体系，日本和韩国也开始形成多层次的城市创新网络。[①]

（二）区域创新体系的产生及现实意义

1. 区域创新体系的提出

所谓区域创新体系，是指在一定空间范围内，由企业、科研院所、高校、中介服务机构和地方政府等相关主体共同构成的促进协同创新的组织体系。区域创新体系的提出，有其历史的必然性。

自国家创新体系提出以后，在世界范围内掀起了一股从创新体系角度来研究创新发展问题的热潮。但是，在研究过程中人们也发现，创新发展理论虽然改变了人们对经济发展动力来源的认识，提升了科技知识创新在经济发展中的地位，使人们更加重视对知识的投入，并尽可能地将其转化为新的产品、新的流程，但现实情况却一再表明，知识生产的投入并不会自动转化为产品和生产流程的创新，一些欧洲国家对科学研究的大量投资并没有很好地促进经济的增长。同时，在同一国家里的不同区域里，即使经济发展水平相差不大并执行同样的政策，但它们的科技创新力度和效果仍然会呈现出明显的差别。因此，有的学者就认为，以国家为单位来研究分析科技创新系统的动态图像有可能太大，"应该考虑一组特色的、以技术为基础的系统，其中的每一部分都是以这个国家的地理和制度为边界，而它们之间又相互连接，支撑国家或国际创新系统的发展"[②]。这就意味着在国家创新体系理论的基础上，还需要有一种能够更精准地解释创新发展动因的新理论。而美国硅谷的神奇崛起，更促使人们认识到，必须充分认识并仔细把握区域在创新体系中所扮演的重要角色。于是，随着各具特色的不同国家的区域创新亮点的形成，

---

① 王海燕：《国家创新体系建设：经验、思考与启示》，《科技与法律》2010年第2期。

② 罗掌华、杨志江：《区域创新评价——理论、方法与应用》，经济科学出版社2011年版，第18页。

区域创新体系理论也就应运而生了。

　　1992 年，英国学者库克发表了《区域创新体系：新欧洲的竞争规则》文章，很快便受到学术界的广泛关注和重视。随后，库克又进一步对区域创新系统这个概念进行了更深入的研究和更全面的阐释。他认为，区域创新系统是指在一定地理区域里既相互关联又相互分工的大学和其他科研机构与生产企业共同组成的一个组织系统，这个系统还应包括区域内与企业创新投入有着密切关系的创新网络以及行政性的制度支撑安排，正是这样一个系统在支持并产生创新。也就是说，区域创新体系实际上是在同一个区域内、由与创新有着密切关系的不同主体组成的一个相关联的网络系统，目的就是推动本区域内的新知识与新技术的产生、流动和转化。由此可见，库克所提出的区域创新体系，已经明确指出了其主体要素范围，即包括了科研机构、高等院校、企业以及其他的中介机构和地方政府。

　　库克提出区域创新体系这一概念之后，一些西方学者对此纷纷展开了多层次、多方位的研究，其成果大大拓展了人们对区域创新系统内涵的认识，其中几个具有代表性的观点是：一是把区域创新系统看成一个基本的社会系统，这个系统由若干相互联系、相互作用的子系统组成，系统组织内部及子系统相互之间的互动所产生的知识流推动着区域创新系统进化。二是明确将区域创新系统区分为两类不同的主体，一类是区域主导产业集群中的企业，它们是区域创新系统中的主导力量；另一类是科学研究机构、高等教育部门、职业培训机构、技术扩散代理中介和金融机构等，它们对区域创新起着重要的支撑作用。这两类不同主体之间的协调和互动，决定着区域创新系统作用的发挥。三是把区域创新系统看成既是互相作用的公共和私人利益的集合体，又是正规的机构以及其他的组织的集合，它的功能就是依据组织和制度的安排来促进知识的生产、利用和扩散。因此，区域创新系统实质有两个方面的积极意义：一是有利于形成创新的活力，也就是体系中的企业和"知识组织"（如研究机构、大学等）能通过紧密的联系形成支撑起创新活动的"知识基础设施"；二是指区域作为一个政体，可以通过一些有效的制度安排来促进和发展这些联系。①

从现实情况来看，国家创新体系比较适合较小的发达国家，在规模较大的国家或者发展中国家，实际上很难出现一个形式完全相同的创新体系。就拿美国来说吧，科研基层雄厚的"128"公路地带与"硅谷"相比较，其创新系统就有着明显的差异，双方都带有各具特色的地域特征。而我们国家的情况就更为突出，无论是京津冀地区还是长三角地区或是珠三角地区，由于发展历史的长短不同已经形成了地域上的多样性。在发展水平存在着差异的基础上，由于每个区域所拥有的优势和所面临的挑战都各不相同，不同区域间的制度环境效率和市场化程度也存在着差别，再加上各自还拥有越来越多的经济改革的自主权，在经济转型当中显示出转型速度和转型方式的多样性。因此，各个区域不同的制度环境对产业发展有着不同影响，其创新体系建设也有着不同的演化方式和路径，使区域创新系统结构的差异性日趋彰显，从而带来了区域创新系统的丰富性，从20世纪90年代末开始，国内学者也对区域创新体系理论展开了深入研究，并在一些方面取得显著成果。武澎、赵迪曾对发表在CNKI中国学术期刊网络出版总库的2092篇有关区域创新系统的学术论文进行了计量分析，并得出了近些年国内学术界对区域创新系统的研究水平与发展方向的总体评价。通过分析这些发表在1998年至2011年的论文，他们发现区域创新系统已得到众多专家学者的关注，其研究成果也越来越深入、越来越丰富。从1998年起，这方面的研究文章开始呈现逐年增长的态势。从这些论文作者所在单位来看，一些著名高校非常重视对区域创新系统的研究，并呈现较强的研究能力和丰硕的研究成果。从论文所涉及的关键词出现频率来看，区域创新系统、区域创新、区域创新体系、技术创新、产业集群、区域经济等以明显的优势排在前列，这表明对区域创新系统研究重点还是集中在其所依托的经济关系方面。另外，从学科类别的分析也可以看出，大量文献集中发表在"经济体制改革""宏观经济管理与可持续发展""企业经济""经济理论及经济思想史"

① 罗掌华、杨志江：《区域创新评价——理论、方法与应用》，经济科学出版社2011年版，第19页。

"科学研究管理"等栏目，这也说明大多数人是从经济学和管理学的角度来分析研究区域创新系统问题的。①

从某种意义上讲，区域创新系统是将国家创新系统与产业创新系统、技术创新系统连接起来的重要环节。相对于国家创新体系的观测和分析，区域创新更注重多元创新动力机制共存和相互作用背景下创新活动发展的规律，而国家创新体系的研究往往注重国家层面的竞争战略和政策效应。区域创新活动是国家创新体系的组成部分，虽然国家层面的政策效应及其相关创新机制是首要的观测聚焦点，但对区域创新体系的观测和分析能够揭示不同类型创新主体的集成作用，从创新活动的规律性观测来说应是更为客观的观测角度，也具有更强的国际可比性。② 对于我们国家来说，区域创新系统理论的提出，其更大的意义还在于其标志着对西方传统创新发展理论的重要突破。因为在传统的创新发展理论中，创新往往被视为一种纯粹的市场行为，其理论也主要是研究企业和企业家在市场环境下是如何创业、创新的。但事实早已证明，市场也经常会出现失灵的情况，没有政府的有效参与，光靠企业是不能打造出一个适宜创新的网络生态环境的。没有政府提供的适当的制度安排，企业技术创新不但劲头难以持续、资金难以筹措，有时候甚至连方向也难以选择和把握，其效果也必然会大打折扣。虽然国家创新体系明确了中央政府的责任，但实际上除了宏观政策的调控和对重大科技产业创新项目的资助之外，对于大量处于微观层面的企业所进行的技术创新和产品创新，中央政府实际上无力也不可能去一一给予政策上的扶持。因此，区域创新体系将地方政府纳入了创新系统当中，这就弥补了传统创新发展理论一个很大的缺陷。既然区域创新系统是指某一特定区域内互相联系、利益相关的多元主体共同组成的以技术产业创新为导向、以横向联络为运行方式的开放系统，那么如何通过建立适应本地特点的制度安排，使这些在地理位置相互靠近

---

① 武澎、赵迪：《中国区域创新系统研究状况》，《合作经济与科技》2018 年第 11 期。

② 陈向东：《聚焦区域创新——城市创新体系的观测维度》，《创新科技》2020 年第 2 期。

的经济主体能够形成一系列长期有效的交易关系，打造创新系统良好的组织结构和空间结构，加速各行为主体之间信息、技术、人才和资产的流动，促成知识的溢出和新技术的产生与扩散，毫无疑问，这些都是区域地方政府必须关注并切实加以解决的重大课题。只有地方政府切实履行好自己的职责，有担当，有智慧，有能力，全面推进本地科技创新和制度创新的双轮驱动，才能有效促成整个国家创新体系的建成和完善。

2. 区域创新系统的现实意义

积极推进区域创新体系建设，构建一批功能健全、机制灵活、生态良好、充满活力的区域创新体系，这是实施创新驱动发展战略、实现我国经济高质量发展的一项重要举措。

当前，我国科技创新水平整体还处于后发赶超阶段，整个国家的创新体系建设还不完善。再加上我国幅员辽阔、地区差异大，区域创新体系建设更是参差不齐。虽然北京、上海、深圳等一线城市及杭州、苏州、西安、南京等部分二线城市的区域创新体系粗具规模，但其他许多城市的创新体系建设还处于起步阶段。从各地实际情况来看，我国目前区域创新体系建设主要采取以下三种模式。一是以大城市为依托，发展多元化环境型创新体系。如北京、上海、深圳这些城市都拥有产业多样化的环境，有数量众多的高素质人才和科研机构，具有较为灵活的创新激励政策和制度、法治环境，同时还拥有开放、高效、畅通的国际化技术转移渠道。因此，这些特大城市产业多样化程度很高，在创新主体能力、创新资源整合、创新市场化环境、技术传播扩散等方面优势十分突出，在一些领域还具有全球创新优势，有机会在新兴技术领域实现突破创新。二是以产业集群为依托，发展产业专业型创新体系。这种创新体系是产业集群创新网络演化形成的，在不少城市特别是一些大城市的产业园区，少数行业龙头企业往往和大量的中小企业、小微企业联合，组成了具有一定规模的产业集群。在集群发展的初始阶段，一般是通过模仿和消化吸收获取新的技术，集群内部并不具备原创性技术的研发能力，也缺少相应的推动机制。但是，随着规模的扩大和市场竞争的加剧，为了生存和发展，这些产业集群最后也不得不走上协同创新的道路，最终形成具有独特优势的区域创新体系，为实现新兴技术的突破提供土壤和环境。但也要看到，这种产业专业型创新体系具有利用集群内部的原始资本积累和企业家创新精神并整合区外创新资源的较好基础，有条件对新兴技术领域进行大胆探索。三是以创新型大学和国家级科学研究机构为依托，发展"政产学研用"融合型创新体系。创新型大学和国家级科学研究机构是创新人才的聚集地，承担着大量基础研究、科技研发和技术推广应用等方面的创新任务，同时具有深厚的创新积累，能够长期跟踪新兴技术的前沿方向，也容易获得科研经费的资助。因此，这些机构可以与政府、相关企业、风险投资机构密切合作，共同打造"政产学研用"融为一体的区域创新体系。如中关村科学城就是这类创新体系的先行者，如今逐渐成为各类创新主体共生共荣的群落。[①]

应该说，这些区域创新体系发展模式虽然各具特色，但是也都拥有一些共同的特征。第一，这些区域创新体系都具有开放、包容、融合等特点，也就是说，通过互联网、物联网、大数据、云计算等现代信息技术手段，积极拓展创新网络连接的广度与合作的深度，以动员更多社会资源共同参与创新。第二，大多数区域体系建设仍处于尚未完善的阶段，还存在着模式僵化、政策不聚焦、机制不灵活、激励不足等诸多问题，特别是在推动新兴技术发展的机制、模式和效果等方面与发达国家相比还有明显差距。第三，这些区域创新体系基本上还是以城市为单位，跨城市的区域创新体系建设虽有构想，但还没有真正形成气候。为此，一方面，我们要采取有效措施，着力解决好制约区域创新体系建设的种种问题，积极构建超越地域、无边界的新型区域创新体系；另一方面，我们还是要以主要精力来关注城市创新体系的构建问题，因为只有把城市特别是中心城市的创新体系建设好，跨地域、无边界的新型区域创新体系建设才有坚实的基础和可靠的支撑。

---

① 叶振宇：《构建促进新兴技术发展的区域创新体系》，《经济日报》2018年11月15日。

二　城市创新体系是区域创新体系的核心支撑

从一定的意义上讲，一个城市也就是一个区域，而且是范围更加明确、发展程度相差相对较小的区域。对于一个省来说，一座中心城市既是该省区域创新体系的核心支撑，其本身又更容易形成一个较为完整的区域创新体系。因此，所谓区域创新系统理论，同样也适应于城市特别是辐射带动力较强的中心城市。

需要指出的是，与建设区域创新体系相比，建设城市创新体系具有更加明确的范围，而且其实际效果也更加明显。比如，长三角、珠三角是一个区域，而中关村、华强北也是一个区域，这样一种范畴可大可小的区域概念，其创新体系建设的决策、实施、推进都有着许多困难和障碍。因此，城市创新体系建设应该成为区域创新体系建设的主题。当然，城市创新体系建设与区域创新体系建设，同样也可视为一码事。

（一）城市创新体系的内涵和特征

什么是城市创新体系？如果套用区域创新体系的概念来说，那就是指在一个城市里，由企业、科研院所、高校、中介服务机构和地方政府等相关主体共同构成的促进协同创新的组织体系。

城市是区域经济社会发展的中心，是国家经济产出最重要的基地，是各类创新要素和资源的集聚地，城市的发展对区域和国家发展全局影响重大。由于城市具有聚焦性、规模性和多样性的特征，因此在构建区域创新体系方面拥有更得天独厚的优势。就拿多样性来说吧，在城市里，由于居民来源地的不同和生产厂家及社会组织机构的丰富性、多样性，便产生了多种形式的外部经济利益。多种多样的人员、组织聚集在城市空间里，在经济利益的驱动下，彼此相互作用、相互影响，加速了不同思想、观念和技术、知识的交流和传播，这不仅可以为市民提供富多彩的文化环境，而且为新知识、新思想、新发明的涌现提供了源泉。众多厂商和居民聚集在一起，会产生各种各样的产品供给与需求。同时，消费需求与产品供给的多样性又为分工和专业化的深化与发展提供了社会基础，所有这些都是由多样性产生的外部经济效果。现实情况表明，在其他条件不

变的情况下，一个城市可供选择的消费品种类越多，每一位消费者
的真实收入就越高。同样，在其他条件不变的情况下，一个城市可
用于生产的投入品种类越多，则该城市厂商的生产率就越高。[①] 这
就表明，城市消费需求越多样化，企业研发新产品的动力就越强
烈，其获利的机会也就更大，这就是城市的规模效益带来的结果。
在研究美国"硅谷"之所以能够在创新领域领跑全球的原因时，有
学者也注意到，"硅谷"不但有领先的创新者，而且有领先的消费
者。创新本质是一种利益共享的生态体系，在"硅谷"，有人关注
关键技术开发，有人专注平台建设，大家既竞争又合作，协作创新，
达到共同专业化，实现改变世界的梦想。[②] 集聚性、多样性、规模
性，这些现代城市的共同特征是构建区域创新体系的有利条件，由
此也给城市创新体系赋予了显著的标志。

随着建设国家创新体系的课题的提出，从 20 世纪末开始，国内
学者就开始积极关注城市创新体系的建设问题。当时有学者认为，
当代经济主导型的知识经济，是继农业经济和工业经济之后的又一
种高经济形态。在这种背景下，构建国家创新体系已成为一个国家
经济可持续发展的重要基石。而作为我国区域经济动力最强、发展
最具活力和最能起辐射带动作用的一批区位中心城市，也应当提出
加速构建创新体系的问题，以应对知识经济快速发展向中心城市的
经济建设提出的严峻挑战。因此，"亟须构建与国家创新体系相一
致的中心城市创新体系，以有效地使这些中心城市尽早发展成为亚
太地区不断产生新思想、新产品、新的生活方式和新的组织等的创
新中心地，从而支持所在区域的经济非均衡协调发展"[③]。这就明确
提出了中心城市创新体系应该承担支撑区域经济协调发展这一重要
观点。同时，该学者还建议构建中心城市创新体系的战略框架可以
在四个层面展开：一是知识创新层面，即由知识的生产、扩散、传

---

①　张美涛：《知识溢出、城市集聚与中国区域经济发展》，社会科学文献出版社
2013 年版，第 46 页。

②　吴金希：《创新生态体系论》，清华大学出版社 2015 年版，第 29 页。

③　张作荣：《论构建面向知识经济时代的中心城市创新体系》，《衡阳师专学报》
（社会科学版）1999 年第 1 期。

播和转移所构成的层面；二是技术创新层面，即与中心城市技术创新全过程相关的机构和组织构成的网络层面；三是管理创新层面，即通过提高管理水平形成中心城市企业、高校、科研院所和政府等相关组织创新能力的层面；四是制度创新层面，即在转型期中通过转变中心城市政府职能，实施以产权制度为基点的体制改革，从而扩大中心城市拥有最低限度知识经济规模的层面。应该说，这种对城市创新体系建设的研究思路和结论还是有前瞻性和现实意义的。

　　进入 21 世纪之后，人们开始更加清晰地意识到，城市创新体系的提出，摒弃了把创新单纯视为企业行为的传统观念，更加注重完善城市的科技创新生态体系建设，因此其意义也更加凸显。一方面，城市创新体系是联系国家与创新主体——企业的纽带，是从宏观领域和微观领域综合起来推动技术创新的结合点。由于我国行政区域广泛、情况复杂，国家技术创新战略必须通过下属省、市各级管理部门传达贯彻并加以具体实施。另一方面，城市创新体系建设的好坏将直接反映国家创新体系建设的完善程度。由于我国各地区经济发展状况和资源条件各异，技术创新的外部环境也不同，因此可以按技术创新的投入、产出等情况将城市划分为不同的创新等级，如创新领先城市（深圳）、创新先进城市、创新一般城市和创新落后城市。而按照不同城市自身的特点来创新发展战略，是将国家创新战略落实到位的重要举措。为此，研究城市创新体系的目的，就是考察创新系统要素的作用和相互作用的方式，根据不同的城市在创新要素的安排、创新要素的协调方面存在的差异性，从而构建不同特色的城市创新系统。①

　　随后，随着不少经济发达地区的中心城市纷纷开展城市创新体系的创建工作，人们又开始关注如何完善有利于城市创新体系建设的政策保障机制和服务支持体系的问题。2008 年《科技管理》杂志刊文认为，未来城市科技创新体系建设的管理重点，就是要构建和强化城市创新体系的五项基本政策、四种科研管理体系和四种创

---

　　① 王铁明、曾娟：《关于城市技术创新体系建设的思考》，《科技进步与对策》2000 年第 10 期。

新能力。这五项基本政策是：有利创新的科技政策、适应发展的产业政策、鼓励创新的金融政策、合理优惠的财税政策、科技成果的管理政策；四种科研管理体系是：系统的科研体系、完善的咨询体系、成熟的管理体系、有效的转化体系；四种创新能力是：知识流动能力、知识创造能力、企业创新能力、城市创新能力。① 当然，以今天的眼光来思考这个问题，不管是五项基本政策也好，还是四种科研管理体系和四种创新能力也好，都有其值得商榷和需要完善的地方。但是，这些提法都强调了地方政府在建立完善政策保障机制和服务支持体系方面必须承担的责任和能够发挥的作用，这既显示了中国城市在构建创新体系方面所具有的独特优势，也表明了其面临的双重挑战。因为，中国的地方政府在经济发展中具有强大的决策能力和执行能力。如果地方政府的决策科学、措施得当、执行有力，城市的创新体系建设能够加快步伐进行。反之，如果地方政府决策失误、措施不当、执行不力，破坏了市场规律，干扰了企业的自主创新行为，那也会导致损害城市创新能力的消极后果。

当然，从已公开发表的论文数量来看，人们对城市创新体系建设的关注度还远不如对创新型城市建设的关注度高，这或许与国家决定开展建设创新型城市试点工作及不少城市纷纷提出建设创新型城市的奋斗目标有关。但实际上，建设创新型城市与打造城市创新体系在方向和目标上应该一致，只不过是这两种提法的着眼点有所不同而已。创新型城市是指主要依靠科技、知识、人才体制等创新要素驱动发展的城市，其创新体现在思想观念、发展模式、机制体制、企业管理和城市管理等诸多方面。根据城市所特有的优势产业，创新型城市可以划分为工业创新型城市、科技创新型城市、服务创新型城市和文化创新型城市。人们对创新型城市的评价标准，主要是看一个城市的创新研发投入占地区生产总值的比重、科技进步对经济增长的贡献率、自主创新能力也就是对外技术的依存度和创新产出（如发明专利）等几个指标。但不管哪一类创新型城市，

---

① 唐建荣：《城市科技创新体系建设的政策研究》，《科技管理研究》2008年第6期。

其创新要素的构成仍然不外乎创新主体、创新资源、创新体制机制、创新环境等几个部分。而对这些要素的形成与运行机制的规律进行深入的研究和把握，也正是城市创新体系建设所要解决的首要课题。因此，如果说建设创新型城市是我们的奋斗目标，那么完善的城市创新体系就是创新型城市的主要标志。

（二）城市创新体系在区域经济发展中的地位和作用

城市特别是中心城市经济基础雄厚，再加上集聚了各种创新要素和创新资源，是国家经济产出最重要的基地，也是区域经济社会发展的中心。城市的发展对区域和国家发展全局影响巨大，尤其是那些自主创新能力强、科技支撑引领作用突出、经济社会可持续发展水平高的创新型城市，更是对区域经济发展具有强大的辐射带动作用。因此，全面推进城市创新体系建设、加快创新型城市建设步伐，这不管是对于增强自主创新能力、加快经济发展方式转变、建设创新型国家来说，还是对于促进区域经济全面协调发展来说，都具有十分关键的作用。

前面我们已经提到，城市的最大特点，就是由于人口集聚所带来的规模效益和由此而来的各种生产要素大规模流动的便利性，这就为城市在区域创新系统中位居主导地位奠定了基础。同时，由于城市一般来说经济实力比较强，可以为科技创新提供必要的产业、资金、设施、人才等保障，因而经济发展与科技创新发展的相互依存、相互促进的特点更为凸显。正因为如此，所以城市特别是中心城市的创新体系建设可以为区域经济发展提供多方面的示范和促进、带动作用。

首先，城市是区域知识、技术、人才和科研设备集约化程度最高的地方，是区域先进生产力的聚集地。中心城市所拥有的数量众多的高等院校、科研院所和相当数量的科学工作者和专业技术人员，不但可以催生新发明、新技术的问世，而且是能够引进、吸收国内外先进科技成果的重要因素。特别是中心城市都有一定数量的竞争力较强、规模巨大的知名企业，并形成了分工细致、协作紧密的社会化大生产格局。布局合理的产业结构和不断延伸的产业链，有利于中心城市尽快地吸收、消化外来的先进技术，并能吸引外地的优秀企业、优秀人才和优秀创业、研发团队落户，因而成为在引进、吸收外来先进技术基础上进行自主研发的主战场。因此，中心城市所具有的吸收、引进功能和在此基础上形成的强大自主创新能力，是新设计、新工艺、新设备、新产品源源不断涌现的根本原因，也是推动区域科技创新、经济可持续发展的关键之所在。

其次，城市由于聚集功能而能够将区域内的人才、资金、科技和管理等资源要素聚集起来，从而产生更大的规模效益、市场效益、信息效益和设施效益。效益的提高可以加速中心城市的发展步伐，加大对城市基础设施建设的投入力度，并带动整个区域的交通、信息网络等基础设施建设的优化。同时，受到土地、人口、资源等条件的制约，中心城市的发展空间有限。当企业发展到一定的饱和度后，便开始逐渐向周边地区实行资金、技术"溢出"，从而带动周边地区的经济发展和技术进步。而中心城市的庞大市场需求，也为周边地区的资源开发、产品生产和销售提供更多的机遇。另外，随着中心城市影响力的不断提升，周边企业可以利用总部经济，借助城市品牌和环境条件，吸引人才和打开产品服务市场。而中心城市不断完善的科技创新体系和咨询服务体系，也可以为周边企业提供设计、研发、生产、服务、销售、咨询等多方面的交流和服务作用，有力地促进周边企业的创新发展。①

最后，城市创新体系的完善，可以为区域创新体系建设提供很好的示范作用。中心城市是先进知识、先进文化、先进技术的重要开创地，是重要的信息源，对提高周边地区民众的思想意识和综合素质能力有着重要的影响力。特别是在科技政策的创新过程中，中心城市的先行先试可以为区域创新提供正面的激励效应。例如，知识产权制度不健全、产权意识淡薄是阻碍科技创新、影响市场机制发挥作用的重要原因。相对而言，中心城市的民众其产权意识更强，因此政府可以通过政策创新，完善自身的知识产权保护体系，加大对知识产权的保护力度，激发企业和科研人员的创新欲望，促使企业将提升企业竞争力的重点集中在科技创新工作中来，从而全

① 陈兵：《中心城市对促进科技创新的作用研究》，《中国发展》2008年第3期。

面提升中心城市的竞争优势。城市竞争优势的提升，又能够激励周边地区不得不重视知识产权的保护工作，更加积极地为科技创新提供好的制度和政策环境。需要指出的是，建设中心城市创新体系虽然是区域经济可持续发展的重要支撑，但这一目标的实现还需要有一定的前提条件。因为中心城市创新体系的建立对区域经济发展具有明显的两重性，一方面，中心城市科技创新提升会扩大其劳动生产率优势，进一步形成规模集聚效应，呈现中心城市的"虹吸效应"，导致中心—边缘的区域结构体系的深化。另一方面，由于科技创新的外部性，使得区域内其他城市能够得到中心城市科技创新形成的空间溢出，呈现后发优势的特征。[①] 由此可见，中心城市创新体系的建立和完善完全可以带动区域经济的崛起，但是其前提条件就是区域经济一体化和区域创新体系的有效形成，否则，就有可能对区域欠发达地区形成"虹吸效应"，使中心城市的创新呈现"孤岛现象"。为此，我们既要重视对构建城市创新体系过程中本身所面临的困难和挑战进行研究，同时还要关注区域内部各个城市之间的要素流动情况，加强以商品和要素流动为基础的专业市场联动，以跨区域企业集团为龙头的企业联动，以协作分工、优势互补为重点的产业联动，实现区域内部各个城市之间的制度接轨、城市区域发展规划接轨、产业结构调整和优化接轨、城市基础设施建设和城市化进程接轨，等等。[②] 这一切，都是为了进一步发挥城市特别是中心城市在区域创新体系建设中的主导作用。

二　稳步推进中的中国城市创新体系建设

在中国，最早的城市雏形已经有数千年的历史。从字面上看，所谓"城"就是指城墙，主要是起到拒敌于城门之外的防御作用；所谓"市"，就是指集市，这是一种进行产品交换的场所。随着经济的发展，到两宋期间中国已经涌现出十分繁华的大都市，著名的

---

① 林毅夫：《新结构经济学——重构发展经济学的框架》，《经济学》（季刊）2011年第 1 期。

② 吴尤可：《以城市群为基础的区域创新体系研究》，《北京工业大学学报》（社会科学版）2013 年第 4 期。

《清明上河图》就反映了当时的城市风貌。但是，进入近代以后，由于受到世界列强的侵略，再加上军阀割据混战，导致中国城市化发展道路极为坎坷。新中国成立之后的 20 世纪 50 年代到 70 年代，由于长期受城乡二元分割的社会结构的困扰，城市化的步伐仍然相当缓慢。在 1950 年至 1980 年的 30 年间，全世界城市人口的比重由28.4% 上升到 41.3%，其中发展中国家由 16.2% 上升到 30.5%，但是中国仅由 11.2% 上升到 19.4%。[①] 直到改革开放以后，中国的城市化进程才明显加快。到 2018 年，中国城市化率已经达到 59.6%，而排前 100 名的城市 GDP 已经占到全国总量的 74%，甚至可以说百强城市决定了中国经济的未来。而根据经济发展规律和国际经验，人往城市群都市圈流动的趋势还远远没有结束。未来中国的城市化发展还有较大空间。所以，城市创新体系建设对于国家创新体系建设来说，具有决定性的意义。

（一）城市创新体系建设的起步

2001 年，联合国开发计划署公布了全球 46 个技术创新中心名单，名单的公布很快引起世界的广泛关注。这是全球经济最具有生机与活力的 46 个亮点，对于这些亮点的形成机制和运作过程，无疑给众多的城市政府官员和企业界、学术界人士以深刻的思考。但是使人感到遗憾的是，除了中国台北、新竹和香港外，中国大陆地区竟无一城市上榜，这表明当时的中国在"人类的技术创新中心和技术创新能力"上的排名还十分落后。

世界科技的飞速发展增加了中国推进科技创新的紧迫感，而城市经济体量的快速提升，也促使人们开始认真思考城市创新体系的建设问题。2002 年，天津大学出版社出版了赵黎明等的著作——《城市创新系统》，该书首次以创新理论、区域经济发展理论及技术扩散理论为基础，初步建立起了城市创新体系的理论框架，并对其运用系统动力学进行了模拟分析。也就在这一年，联合国工业发展组织确定，深圳市、苏州市、温州市和西安高新技术产业开发区、上海

---

① 《中国城市化进程》，2019 年 9 月 30 日，百度百科（https：//baike. baidu. com/item/% E4% B8% AD% E5% 9B% BD% E5% 9F% 8E% E5% B8% 82% E5% 8C% 96% E8%BF%9B% E7% A8% 8B/79617？fr = aladdin）。

浦东新区、天津经济技术开发区为中国最具活力的 6 个城市和地区。在分析这些地方发展秘诀的同时，中国城市整体创新能力不足的问题也被提起。这年的 12 月，在深圳举行了"全球最具活力的城市和地区学习与创新过程"国际研讨会，来自世界 30 多个国家和地区以及中国 6 个城市和地区的近百名代表，交流了世界各国和地区创新与发展的经验。在会上，联合国工业发展组织战略研究与经济部主任菲德里克·理查德先生总结说，"对于一个城市和地区，我们看它是否具有活力的一个重要标准，也在于这个城市和地区的创新能力如何，在于它是否懂得和善于学习、借鉴。这是一条通行全球的'真理'"①。这些都清楚地表明，在进入 21 世纪之后，为应对经济全球化后科学技术迅猛发展的挑战，中国的城市创新体系建设或者说创新型城市建设以深圳、苏州、上海、天津等城市或开发区为标志，开始了艰难的起步阶段。

2003 年 11 月，在国家科技部的指导下，上海市、江苏省、浙江省三省市的科技主管部门经过深入研究和友好协商，决心突破行政区划的界限，达成了共同推进长三角区域创新体系建设的协议，以求在原先合作的基础上实现范围更大、领域更广和层次更高的科技资源优化配置，共同推进长三角创新体系的建设。协议的具体内容包括：联合进行对长三角科技发展战略和中长期规划的深入研究，实行三省市的科技资源开放和共享，携手推进科技基础平台的建设，共同开展科技攻关活动和联合共建创新载体，联合开展对外的国际科技合作与交流，加强和完善长三角创新体系建设的组织协调机制等内容。该协议还要求将长三角区域创新体系建设纳入国家创新体系建设的总体框架，争取成为国家中长期科技发展规划的战略重点之一。这份协议虽然是着眼于整个长三角区域的创新体系建设，但对该区域范围内的中心城市创新体系建设具有更加直接的推动作用，因为许多协作项目实际上都要依靠区域内的中心城市来承担和实施。由此也可以看出，从一开始，城市创新体系建设和区域创新体系建设就是紧密地结合在一起，而城市创新体系实际上就是

---

① 《中国官员：若不提高技术创新能力　2020 目标难实现》，2019 年 9 月 30 日，中新网（http://www.chinanews.com/2002 - 12 - 11/26/252142.html）。

区域创新体系的核心组成部分。

（二）城市创新体系建设的稳步发展

为了加快推进社会主义现代化建设步伐、圆满完成全面建设小康社会的战略任务，党的十六大要求制定国家科学和技术长远发展规划。为此，国务院制定了《国家中长期科学和技术发展规划纲要（2006—2020）》。2006 年 1 月在北京召开的全国科学技术大会上，国家颁布了《关于实施科技规划纲要，增强自主创新能力的决定》，对纲要的实施进行了全面部署，正式提出了提高自主创新能力、建设创新型国家的战略目标。从此，中国的城市创新体系建设迈入了一个稳步发展的新阶段。

2008 年 6 月，国家发改委批准深圳成为全国第一个创建国家创新型城市的试点地区，并提出了深圳创建国家创新型城市的总体目标：深圳要把自主创新作为城市发展的主导战略，要完善政策环境、夯实创新基础、增强创新能力，以便将深圳建设成为一个创新要素集聚、创新效率高、经济社会效益好、创新体系健全和辐射引领作用强的创新型城市。同时，国家发改委还要求深圳围绕加强创新政策体系、创新基础能力体系、创新资本体系、创新产业体系和创新合作体系五大体系建设，抓紧编制建设国家创新型城市的整体规划，通过规划的有效实施来真正发挥"排头兵"和"示范城市"的作用。由此可见，打造完善的城市创新体系成了深圳建设国家创新型城市的主要课题。

党的十七大报告明确指出："要以增强综合承载能力为重点，以特大城市为依托，形成辐射作用大的城市群，培育新的经济增长极。"这种新的经济增长极的形成，归根结底也就是靠城市的科技创新力和辐射力来推动的。为此，2009 年，国家发改委发布《珠江三角洲地区改革发展规划纲要（2008—2020）》。随后，国务院又先后批复了《关于支持福建省加快建设海峡西岸经济区的若干意见》《江苏沿海地区发展规划》《促进中部地区崛起规划》等 7 个规划纲要，其目的之一，就是要依托广州、深圳、上海、苏州、南京、武汉等中心城市的科技创新实力和辐射力，为大范围建设不同区域的创新体系提供重要的制度支撑。当然，目前的实践效果还很难说已经形成了能够覆盖全区域的创新体系，其主要成果仍然是一些中心城市（如北京、上海、深圳）的城市创新体系正在日趋完善，而整个区域创新体系的最终形成还有待时日。

2010 年 10 月，党的十七届五中全会通过了《中共中央关于制定国民经济和社会发展第十二个五年规划的建议》，强调要"深入实施科教兴国战略和人才强国战略，加快建设创新型国家""推进各具特色的区域创新体系建设"，这实际上也就包含了要建设城市创新体系这一重要课题。为此，国家发改委曾于 2010 年初下发文件，决定在推进深圳市创建国家创新型城市试点的基础上，围绕加快实现创新驱动发展、完善区域创新体系，继续指导和推进一批城市开展创建国家创新型城市的试点工作。也正是在这一系列利好政策的推动下，我国的城市创新体系建设步伐开始不断地加快。此时，除了深圳之外，北京、上海、杭州、南京、武汉、成都等一批中心城市均纷纷制定或修订了各自城市创新体系建设的战略规划。自此，中国的城市创新体系建设进入了一个范围更广、内容更为丰富的发展阶段。

（三）新时期城市创新体系建设的新机遇与新探索

党的十八大报告提出要实施创新驱动发展战略，更加强调科技创新是提高社会生产力和综合国力的战略支撑，必须将其摆在国家发展全局的核心位置。党的十八大之后，习近平总书记对全面实施创新驱动战略做出了一系列重要指示和批示，为新时期中国科技创新和区域创新体系建设指明了方向。为认真落实习近平总书记的指示精神，发挥各地在创新发展中的积极性和主动性，尊重科技创新的区域集聚规律，因地制宜探索差异化的创新发展路径，建设若干具有强大带动力的创新型城市和区域创新中心，有力支撑创新型省份和创新型国家建设，科技部和国家发展改革委于 2016 年 12 月联合下发了《建设创新型城市工作指引》，明确指出，创新型城市是以科技创新为经济社会发展的核心驱动力，拥有丰富的创新资源、充满活力的创新主体、高效的创新服务和政府治理、良好的创新创业环境，对建设创新型省份和国家发挥显著支撑引领作用的城市。建设创新型城市是加快实施创新驱动发展战略，完善国家创新体系和构建创新型国家核心支点的必然要求；是培育新动能、发展新经济，引领经济发展新常态的内在需要；是贯彻落实国家区域发展战略，推动区域协调发展的重要支撑；是破解城市经济社会发展系列问题，完善城市创新发展内涵和理念的重要举措。《建设创新型城市工作指引》提出了建设创新型城市的"指导思想""建设原则""发展目标"和"抓改革政策的落地""抓创新要素的集聚""抓创新成果的转化""抓创新企业的培育""抓创新载体的建设""抓创新人才的激励""抓创新服务的完善""抓创新投入的带动""抓创新对社会民生的支撑""抓创新生态的营造"10项重点任务。同时，该《工作指引》还将创新型城市建设试点名单扩大到全国30个省、直辖市、自治区的61个城市或市辖区。① 这标志着中国的创新型城市建设进入了一个统筹谋划、精准施策、全面推进的新时期。

近些年来，由于国际形势发生的巨大变化，再加上中国经济发展进入新常态，因此，新时期创新型城市建设有着许多新机遇，也面临着许多新挑战。2019年8月召开的中央财经委第五次会议，研究推动形成优势互补高质量发展的区域经济布局问题、提升产业基础能力和产业链水平问题。会议强调指出，当前我国经济发展的空间结构正在发生深刻变化，中心城市和城市群正在成为承载发展要素的主要空间形式。新形势下促进区域协调发展，要按照客观经济规律调整完善区域政策体系，发挥各地区比较优势，增强创新发展动力，加快构建高质量发展的动力系统。要提高中心城市和城市群等经济发展优势区域的经济和人口承载能力，增强其他地区在保障粮食安全、生态安全、边疆安全等方面的功能。② 这就意味着国家将把经济增长的主动力更多地放在中心城市和城市群身上，以科技创新推动中心城市和城市群的高质量发展，成为新时代建立区域协调发展新机制的根本途径。为此，不少进入国家创新型城市建设试点工作的城市，都在纷纷探索新时期城市创新体系建设的新思路、

①《科技部　国家发展改革委关于印发建设创新型城市工作指引的通知》，2019年10月6日，搜狐网（https://www.sohu.com/a/121472316_390536）。

②《习近平主持召开中央财经委员会第五次会议》，2019年10月9日，新华网（http://www.xinhuanet.com/2019-08/26/c_1124923884.htm）。

新举措，认真总结经验，着力解决一些影响创新体系建设的重大关键问题，补齐短板、完善机制，积极推动创新型城市建设工作迈上一个新的台阶。这些新探索、新举措所着力解决的问题有以下方面。

第一，如何更好地发挥地方政府在城市创新体系建设中的重要作用？建设城市创新体系是一个系统工程，需要社会各界的共同参与，其中地方政府承担的责任十分独特，既要有所为又要有所不为。过去，一些城市之所以在创新体系建设过程中缺乏成效，一个重要原因就是没有处理好政府与市场的关系。一方面，这些城市的地方政府既没有从自身资源条件出发，选择好可以依托的优势产业和技术，制定出科学的发展战略，又没有确定好城市创新发展的类型定位、没有为创新主体提供良好的服务和支持；另一方面，政府还是单纯依靠行政管理的手段来推进城市创新体系建设，不注重发挥市场机制的主导作用，致使企业和科研机构的主体地位也无法真正得到落实。正确处理好政府与市场的关系经济体制改革的核心问题，也是影响城市创新体系建设成效的关键。事实上，深圳之所以在建设城市创新体系方面走在全国的前列，其中一个关键原因，就是深圳市政府在实施创新驱动发展战略过程中，在制定出科学的创新发展战略的基础上，坚持简政放权、转变政府职能，逐步形成了以企业为主体、以市场为导向、产学研相结合这样一个较为完善的技术创新体系。因此，党的十八大之后，深圳的经验受到更加广泛的关注和重视，许多城市的党委和政府部门开始认真反思自身在建设城市创新体系中的责任与担当，一些更加符合各地城市特点的创新发展战略已经出台，营造良好的创业政策保障体系和创新生态环境已经成为不少城市政府的当务之急。同时，打造城市创新体系既是一个物质文明的建设过程，也是一个精神文明的建设过程。为此，一些城市政府更加清醒地意识到了自身在引导和激励形成城市自强精神和创新意识上所担负的重要职责，从而更加注重营造有利于创新的文化社会氛围，着力引导全社会力量共同参与建设创新型城市。例如，为应对城市发展所面临的各种竞争和挑战，南京市委、市政府致力于全面提升城市能级和综合竞争力，提出实施城市创新发展的

"121" 战略，即建设"一个"具有全球影响力的创新名城，打造综合性科学中心和科技产业创新中心这样"两个中心"，还要构建"一流"的创新生态体系。"一个名城"是愿景目标，"两个中心"是动力引擎，一流创新生态体系是支撑，三者之间相辅相成、彼此呼应、相互促进。[①] 为了建设一流的城市创新生态体系，南京市着力强化各级地方政府在创新生态体系中的引导和服务功能，优化各种资源调配，积极出台有利于创新的政策举措，为城市创新体系的建设搭建好平台、营造好环境，大力推动科技创新成果的转化，使政府真正成为建设城市创新生态体系的引导者、参与者和支持者。南京市领导认为，创新城市最重要的是要有良好的创新生态环境，因此要把营造鼓励创新、宽容失败的社会氛围和优化营商环境作为工作的着力点。为此，南京曾连续多年举办"南京创新周"，吸引全球顶尖的行业专家出席，还有大量的知名企业、前沿科技成果亮相，并举行百场报告会，开展百场对接会、百场科创大赛等系列专题活动，以展现南京的创新激情和实力。现在，南京正在不断地优化创新链、壮大产业链、强化服务链，大步迈向以智能、高端、集群、绿色引领的"创新名城"。[②]

第二，如何加快创新基础设施建设步伐？创新能力的载体是创新基础设施，没有这些基础设施就不能保障创新活动正常进行和创新体系的有效运转。但是，当前在不少城市仍然面临着创新基础设施严重不足的问题，这是创新体系建设不完善的重要表现。同时，一些城市产业集中度低，虽然在创新基础设施建设方面力度不小，但也存在着低水平重复建设的现象，再加上产学研之间有机结合的机制不健全，部门机构之间的基础信息共享程度差，这些都影响到创新基础设施功能的发挥。为此，现在不少城市一方面努力加强创新平台、共享数据库、信息网络等基础设施的建设，另一方面又注重提高创新基础设施的共享水平，以更好地营造有利于科技人员开展创新活动的生态环境。例如，西安市就联合国内外知名机构共同

① 曾盛红：《构建一流城市　创新生态体系》，《南京日报》2019 年 7 月 10 日。
② 《南京：优化创新链壮大产业链　走向"创新名城"》，《人民日报》2018 年 8 月13 日。

设立了"硬科技①发展战略研究院",一方面搭建起硬科技智库、硬科技丝路协会、城市创新联盟等一系列创新平台,将科学界、企业界和投资界等各方力量汇聚一堂;另一方面积极引进更多的高端人才,共同打造硬科技人才宜居高地。与此同时,西安还着力培育硬科技应用市场,依托中科院西安科学城、西工大翱翔小镇、交大创新港、西电西部电子谷等创新载体,把硬科技研发出来的新产品、新技术、新业态等新成果在西安先行推向市场,以率先建立起硬科技发明、生产和应用良性循环生态链。②

　　第三,如何进一步强化产学研的深度融合?城市创新系统的良性运行离不开学研的高度一体化,没有大学和科研机构的有力支撑,城市就会缺少科技创新的源头活水,也没有大量的科研成果可以转化,企业也就很难保持旺盛的创新活力。新时期城市创新体系建设的重要一环,就是加速产学研的深度结合以促进创新要素的流动,尽快形成产学研官相结合的创新网络,建立起产学研合作的新体系。为此,很多城市正在认真研究能够有效促成产学研一体化的创新发展布局,积极调整科技成果的供求关系及结构,加速形成技术创新的内在动力和促进科技成果转化的有效机制。例如,成都市较早出台了《促进国内外高校院所科技成果在蓉转移转化若干政策措施》,建立科技成果转化"三权"改革现场会制度,积极开展科技成果所有权改革,并组织高等院校和科研机构认真交流推进"三权"改革的经验。到 2018 年,成都已有总价值达 100 亿元的 400 项职务科技成果完成确权分割,作价入股创办了 60 余家企业。为促进产学研协同创新,成都提出"城市发展事业合伙人"理念,把"政府给优惠、高校院所供项目"的买卖关系,转变为"政府给机会、校院企作为"的合伙人关系,并先后与中科院成都分院、四川大学等高校院所,签署了共建一流学科战略、世界一流大学(院所)的

---

　　①　硬科技是指以人工智能、航空航天、生物技术、光电芯片、信息技术、新材料、新能源、智能制造等为代表的高精尖科技。它区别于由互联网模式创新构成的虚拟世界,属于由科技创新构成的物理世界,需要长期的研发投入、持续的技术积累,具有极高的技术门槛和技术壁垒。

　　②　《西安升级之路:硬科技 + 双创》,《城市经济导报》2019 年 1 月 8 日。

合作框架协议，积极构建校、院、地协同创新体系。同时，为促进人才交流及科研成果向本地转化，成都还与清华大学、武汉大学、北京航空航天大学、华中科技大学等高校共同建设高水平的研发机构和科技产业园区等创新平台和载体。为更好地适应创业创新者的需要，成都采用O2O模式，运用互联网技术，依托"科创通"服务平台，积极打造"创业天府"云孵化体系，促进了创新资源的开放共享和互联互通。①

第四，如何更加突出企业在城市创新体系建设中的主体地位？科技园区和高科技产业是城市创新体系运行的基础和关键，但这两者都是由企业集聚而成的。企业是科技产业创新的主体，政府的政策支持着眼点主要是企业，各类科技计划项目的主要依据是企业的技术需求。高等院校和科研机构的科研创新成果也必须依靠企业来实现社会价值，所以创新体系的最终落脚点只能是企业，科技政策创新的突破口也就是要真正落实企业在技术创新方面的主体地位。因此，如何鼓励和支持企业成为创新人才和核心技术的拥有者、科技成果的吸纳者、创新资金的投入者、产业发展先导技术的引领者，这是摆在许多城市面前急需解决的重大课题。作为中国城市创新竞争力前"十强"② 中为数不多的地级市，苏州于2013年便出台了《中共苏州市委　苏州市人民政府关于强化企业技术创新主体地位　加快科技创新体系建设的若干政策意见》，提出了加快创新型企业培育、鼓励企业建设高水平研发机构、大力支持企业开展创新活动、鼓励企业引进培育高层次领军型创新人才等具体任务和目标，从而确立了以企业为主体的城市创新发展战略，使企业在城市创新体系建设中起到关键性的作用。2018年，苏州市政府又下发了《关于建设苏州市先导产业创新集聚区的实施意见》，强调要前瞻布局先导产业，促进各类创新资源集群集聚，形成梯次发展的产业结构和新

---

① 《成都科技创新的探索与突破》，2019年10月12日，搜狐网（https：//www.sohu.com/a/292588883_115239）。

② 财经新媒体界面发布的2019中国城市创新竞争力排名，共25个城市成功上榜，北京、深圳、上海和广州前四，苏州、东莞、杭州成为新一线城市中创新竞争力最强的城市。

的竞争优势，构建自主可控的先进制造业体系，建设具有国际竞争力的先进制造业基地和现代产业名城。在政府政策的助推下，苏州企业的创新主体地位得到全面落实，创新活力得到有效发挥，高新技术企业呈现快速增长的势头。2018 年，苏州市认定的高新技术企业有 2331 家、净增 952 家，分别较 2017 年增长 49% 和 21%，实现高位高速增长，全市累计有效的高新技术企业达 5416 家，占全省的 30%，总量省内排名第一。① 同样是城市创新指数名列前茅的杭州，在培育企业创新主体地位方面更是不遗余力，并且成效格外显著。2017 年 7 月，在杭州参加第五届金砖国家科技创新部长级会议时，科技部部长万钢曾盛赞"杭州是创新创业高地、创业家的吉祥地"。在城市经济社会不断发展的过程中，杭州不但诞生了阿里巴巴、海康威视、新华三集团等一批站在行业发展前列的领军企业，同时还培育了阿里云、蚂蚁金服、蘑菇街等一大批科技型独角兽企业。到 2016 年，杭州全社会的研发支出占本市生产总值比重已从 10 年前的 2.42% 增加到 3.1%，其有效发明专利的拥有量达 36579 件，连续 11 年位列全国省会城市之首。杭州拥有国家重点扶持的高新技术企业 2413 家，省级的科技型中小企业则达 7550 家。从一个企业创新发展到一个新的产业诞生，然后再到形成一个新的经济增长点，杭州在构建城市创新体系过程中创造了不少奇迹。比如，海康威视已成了世界领先的安防产品及行业解决方案提供商；安恒信息是中国领先的信息安全产品和服务解决方案提供商；贝达药业已经造就了数百个千万富翁……② 很显然，杭州以企业为主体的"全域创新"格局已初显雏形，其城市创新体系建设的速度和效益也位居全国先进行列。

　　当然，对于区域经济协调发展来说，中心城市的科技创新辐射力和经济发展的带动力显得更为关键。但是，中心城市只有将自身

---

　　① 《苏州市修订完善高新技术企业培育政策》，2019 年 10 月 12 日，苏州科技局网站（http：//www.szkj.gov.cn/news/20190314%2008：58：19/zl kgob2b - mv6v - rmm3 - 1ohs - b3mh49ql7i.html）。

　　② 《杭州打造创新活力之城　构建"全域创新"格局》，2019 年 10 月 15 日，浙商网（http：//biz.zjol.com.cn/zjjjbd/zjxw/201710/t20171019_ 5394577.shtml）。

的创新体系打造完善，才能较好地承担起促进整个区域科技创新和经济发展的重任。限于篇幅和本书的主体，笔者在此就不对该问题做专门的论述了。同时还有必要指出，在新时期建设城市创新体系的攻坚阶段，北京、上海、广州特别是深圳仍旧是走在全国最前列的一线城市，鉴于本书在附录中对此将有简述，这里同样也就不多做介绍。总而言之，随着更多的城市踏上建设创新型城市的征程，中国城市创新体系建设在新的历史时期必将结出更为丰硕的成果。

第二章

深圳创新发展与城市创新
体系的构建

2018 年 7 月 10 日，世界知识产权组织和美国康奈尔大学等机构在纽约发布 2018 年全球创新指数报告，指出，在全球"最佳科技集群"排名中，中国的深圳—香港地区名列第二，仅次于日本的东京—横滨地区。这就充分显示了深圳在科技产业创新方面所具有的强大实力，而这实力的来源，就是多年来深圳对城市创新体系精心打造的结果。正如原深圳市市长许勤在接受媒体采访时所解读的："创新已经成为深圳的生命线和灵魂"，"所有生产要素，深圳都没有优势，都是劣势——土地、原材料、电、水，唯一的突破点是创新"。① 很显然，离开了创新，或者说离开了城市创新体系的精心构建，深圳的经济社会发展就会失去许多精彩的篇章。那么，深圳的城市创新体系建设是如何一步步走到今天的呢？这正是本章所要回答的问题。

第一节　建设城市创新体系的深圳实践

深圳特区正式成立 40 年来，其经济发展速度和城市建设规模都创造了人类历史上的奇迹。在 2018 年本地生产总值首次超过香港，跻身亚洲前五名之后，2019 年全年实现地区生产总值 26927.09 亿元，其中战略性新兴产业增加值 10155.51 亿元，占地区生产总值

---

① 《创新 2.0 驱动深圳打造创新之都》，《办公自动化》2015 年第 2 期。

的比重已经达到 37.7%，人均 GDP 也首破 20 万元。而 40 年前的 1979 年，深圳本地生产总值只有 1.96 亿元，这短短的 40 年时间，深圳的本地生产总值竟增长了上万倍。而创造这个奇迹的根本动力，就是深圳奔腾不息的创新创业热潮。

一　创新是深圳发展的根本动力

（一）深圳首先是理论创新、制度创新的产物

深圳诞生于改革开放的起步阶段。改革开放从本质上说，就是破旧立新，而成功的关键就在于创新，这种创新既是思想理论和科学技术上的创新，又是政治经济文化和社会治理等全方位的创新。因此，改革开放是深圳诞生的直接原因，而创新则是深圳高速发展的根本动力。

深圳特区的前身是原宝安县，其县城仅有 2 万多人口。在传统的计划经济体制下，宝安当时曾是一个经济十分落后的边陲小县，1978 年全县工业总产值仅有 6000 万元。党的十一届三中全会做出历史性的决策，为了解放和发展生产力，党的工作重心开始转到社会主义现代化建设上来。但是，新中国成立以来从苏联引进的计划经济体制，却成了阻挡生产快速发展的"顽石"。为了寻找一个能够撬动旧体制这块顽石的支点，1978 年 4 月，国家计委和外贸部组织的考察组到港澳进行了考察，随后向中央提出建议：可以在深圳、珠海兴办出口基地和对外游览区。这是对完全封闭的旧体制的一个大胆突破，因此这一建议很快就得到了中央领导同志的赞同。由于当时深圳经济基础极为薄弱，计划经济体制的束缚远比内地要宽松。在这样一个基础上进行改革开放，创新的责任或者说对新体制的探索的使命实际上要更为艰巨、更加繁重。

1979 年 1 月，交通部香港招商局在深圳的西部海岸租用土地创办蛇口工业区的请示报告得到中央的批准。同年 3 月，中央和广东省决定把宝安县改为深圳市，受广东省和惠阳地区双重领导（随后又改为地区一级的省辖市）。这一年的 4 月 5 日中央召开工作会议，中共广东省委在会上汇报了打算利用自身优势先走一步、在沿海划出一些单独管理的地方设置出口加工区和贸易合作区以吸引外商的

想法。在会议的间歇时间里，邓小平与时任广东省委第一书记习仲勋谈话，他高兴地称赞广东省委的汇报"很不错"，并且还主动提出，可以"在你们广东划出一块地方来，也搞一个特区。过去陕甘宁边区就是特区。中央没有钱，你们自己搞，要杀出一条血路来"。①

当时的广东省委虽然想到要先走一步，但并没有办"特区"的具体设想，这一设想是邓小平首先提出来的。如何在传统计划经济的严重束缚下"杀出一条血路来"，邓小平敏锐地想起了战争年代的陕甘宁边区。在国民党的统治下，中国共产党在陕甘宁边区捍卫着自己的理想、坚守着共产党人的信念，同时又维护着全民抗战的大局，这难道不是最好的历史借鉴吗？要在深圳创办一个经济上的"特区"，这不但显示了邓小平过人的智慧与胆略，也表明我们党在如何建设社会主义这个历史性的课题面前，已经开始酝酿着观念上的大创新和理论上的大突破。很明显，如果没有"经济特区"这样一种崭新观念的诞生，就没有深圳的今天，也就没有建立社会主义市场经济体制这样一个决定中国命运的理论和实践上的大创新。因此，"创新"这一最具活力的动词，始终伴随着深圳整个经济社会发展的全过程。

就在那次中央工作会议上，中央正式决定在广东省的深圳、珠海、汕头这三个地方率先试办出口特区，并指示广东省委要抓住重点优先做好深圳特区的筹办工作。1980 年 3 月末，国务院在广州召开了广东、福建两省工作会议，专门研究了关于试办特区的一些重要政策，会议决定将原拟的"出口特区"改名为"经济特区"，因而正式宣告了经济特区的诞生。1980 年 8 月 26 日，第五届全国人大常委会第十五次会议审议并批准《广东省经济特区条例》，这一天也因此成了深圳经济特区的成立之日。随后，国务院于 1981 年 3 月批准深圳升格为副省级市；1988 年 11 月，又赋予深圳相当于省一级的经济管理权限，同意其在国家计划中实行单列。1992 年 2 月，全国人大常委会授予深圳市人民代表大会及其常委会、市政府制定地方法律和法规的权力。中央为建设好深圳特区所采取的种种

---

① 《深圳特区建立的来龙去脉》，2019 年 10 月 18 日，国际在线（http：//gb.cri.cn/3821/2005/08/24/1245@672340.htm）。

举措和制定的相关政策，比如充分利用濒临香港的优势大力引进和发展外资企业、下放决策权力、授予地方立法权，都是在人类社会主义建设史上具有重要意义的政策创新和制度创新。正是在党中央锐意改革、大胆创新的方针指引下，40 年来深圳市委、市政府带领全市人民义无反顾地投入到改革开放的伟大事业当中，掀起了世界社会主义发展史上从未有过的创新创业大潮。有媒体曾列举了深圳特区成立以来的一系列全方位的重大改革创新，如率先尝试实行住房商品化改革、发行新中国的第一只股票、在全国第一个取消票证、率先开展行政审批制度改革和推行法检人员职业化改革、首次破冰商事制度改革等。为此，该媒体高度评价深圳曾创造了 1000 多项全国第一，"成为当之无愧的体制改革'试验田'"，深圳市委书记王伟中也坚定地表示："我们坚持创新只有第一、没有第二。"① 而在深圳市曾长期担任过领导职务的同志对此也感触颇深：深圳作为改革开放的"试验田"，始终坚持解放思想、敢闯敢试，无论是 20 世纪 80 年代的价格和劳动工资改革，还是 90 年代的股份制改造和科技体制改革，以及 21 世纪以来的商事登记制度改革及事业单位的改革，深圳都以"敢为天下先"的勇气，在全国率先探索社会主义市场经济建设之路。"深圳在诸多领域的改革和探索，都早于全国各大城市一二十年，发挥了改革开放的先行作用。"② 为此，有深圳学者畅言，"先行先试"是改革开放的中国赋予深圳经济特区的"先天"品格，在"先行先试"的政策指引下，深圳不但通过实践把市场竞争、价值规律、股票利息、劳动力商品等这些基本的市场经济概念"输送"到全国，而且也把"时间就是金钱，效率就是生命"这样一些具有鲜明时代特色的新口号唱响全国。③

（二）深圳创新是全面、系统的创新

进入 21 世纪之后，世界各国的竞争焦点已逐步从科技创新本身

---

① 《创造 1000 多项"全国第一"！深圳改革传奇依然在延续》，《南方日报》2018年 12 月 20 日。

② 《深圳建市 40 年：创造一千多项全国第一，培育 7 家全球五百强》，2019 年 10月 25 日，澎湃新闻（https://www.thepaper.cn/newsDetail_forward_3076393）。

③ 《深圳建市 40 年：创造一千多项全国第一，培育 7 家全球五百强》，2019 年 10月 25 日，澎湃新闻（https://www.thepaper.cn/newsDetail_forward_3076393）。

的竞争转化为创新体制机制的竞争。为此，2014年12月，中央经济工作会议指出，我国经济发展进入了新常态，要更加注重满足人民群众需要，更加注重加强教育和提升人力资本素质，更加注重科技进步和全面创新。2015年9月，中共中央办公厅、国务院办公厅印发《关于在部分区域系统推进全面创新改革试验的总体方案》，要求"紧紧围绕国家区域发展战略的总体部署，选择若干创新成果多、体制基础好、转型走在前、短期能突破的区域，开展系统性、整体性、协同性的全面创新改革试验"①。2016年5月，中央又下发《国家创新驱动发展战略纲要》，明确提出坚持创新驱动是国家发展的优先战略，要以科技创新为核心来带动全面创新，要强化科技与经济的对接，坚持科技体制改革和经济社会领域改革同步发力。同时，要按照科技创新规律和社会主义市场经济规律办事，破除一切制约创新发展的制度藩篱和思想障碍，"构建支撑创新驱动发展的良好环境"②。由此可见，创新的本质要求是全面的、系统的，既包含着各领域、各环节、各层次的创新，也包括制度、管理、教育、文化、组织、工艺等各个方面的创新。实现创新驱动发展战略，核心是推动以科技创新为核心的全面创新，实际上也就是要推动全社会各个行业的全方位创新。

在40年的创新发展历程中，深圳之所以能够取得举世瞩目的成就，其根本原因也就是自觉地坚持或者说率先实践了以科技创新为核心的全面创新。深圳的创新既有思想理论方面的创新，又有文化观念上的创新；既有经济体制上的创新，又有政治建设、社会建设方面的创新；既有科技产业上的创新，又有生态文明建设上的创新；既有行政管理方面的创新，又有党的建设方面的创新；等等。如果没有思想观念上的创新，深圳就不可能营造出浓郁的创新环境，就不可能激发起汹涌蓬勃的创业创新热潮；如果没有文化上的创新，深圳的科技创新也会失去丰沃的土壤和持久的动力；如果没

---

① 《深圳建市40年：创造一千多项全国第一，培育7家全球五百强》，2019年10月25日，澎湃新闻（https://www.thepaper.cn/newsDetail_forward_3076393）。

② 《中共中央　国务院印发〈国家创新驱动发展战略纲要〉》，《人民日报》2016年5月20日。

有通过创新建立起充满活力的社会主义市场经济体制，深圳的民营企业就不可能在科技产业创新中充分发挥主力军的作用；如果没有金融领域的创新，不建立起较为完善的资本市场，深圳的科技创新就会失去"血液"；如果没有政府行政管理体制的创新，深圳就不可能有这样适宜于创新产业制度环境和政策环境；如果没有党建方面的创新，就不可能提高基层党组织的执政水平和执政能力，深圳建设创新型城市也就会失去坚强的组织保障和可靠的政治引领。正是依靠这一系列全方位、全社会的创新，才使得深圳能较快地形成比较完善的城市创新体系，推动深圳逐步登上科技产业创新的制高点，使之成为中国最具创新活力的城市之一。

二　深圳构建城市创新体系的主要着力点

建设和完善城市创新体系，是大幅度提高城市创新能力，增强城市竞争力的根本途径，这一点已经成为国内外许多城市应对激烈竞争的共同战略选择。深圳从 20 世纪 80 年代承接产业转移为基础，通过科技进步推动经济结构转型，使高新技术产业发展不断取得突破。40 年来，深圳坚持将创新作为城市发展的主导战略，积极开展全面创新改革试验，率先提出构建城市综合创新生态体系，在实践中逐步形成了以创新为主要引领和支撑的经济体系和发展模式。特别是在成为全国第一个建设创新型城市的试点地区之后，深圳更是加快了打造和完善城市创新体系的步伐，抓住几个着力点持续发力，积累了许多宝贵的经验，极大地丰富了城市创新体系的理论内涵。

（一）从实际出发、持之以恒地不断升级创新发展战略

创新发展战略的好坏是决定创新体系建设是否成功的前提和基础。深圳之所以能够在打造城市创新体系方面走在全国前列，其中一个首要原因，就是历届深圳市委市政府能够从深圳的实际出发，紧紧地抓住各种机遇，不断升级创新发展战略，确立科学的发展目标，制定正确的政策举措，从而赢得了创新发展的先机。

观察世界城市发展的进程，人们不难看到这样一种情形，即不少著名城市都经历过一个漫长的转型过程。例如，美国东北部从纽

约到密尔沃基这一线，过去曾经是美国重要的工业区。但后来随着美国制造业的衰落，这里却被人们称为"铁锈带"，一些城市日渐萧条甚至变为了"死掉的城市"。不过，在这样严酷的环境下有的城市却通过创新发展战略而获得了新生。例如，昔日的"钢铁都市"匹兹堡因制造业衰落失去往日的辉煌，单一的产业和严重污染更是使其前途显得格外暗淡。为了城市的未来，匹兹堡市政府开始推行"钢都"转型的"三次复兴规划"。第一次复兴始于第二次世界大战刚刚结束后，主要是为解决环境污染问题，改变匹兹堡因早期发展钢铁等重工业造成的"烟城"形象。大量钢铁厂被要求外迁。第二次复兴始于 20 世纪 70 年代，政府开始制定和实施地区经济多元化战略，大量钢铁厂关闭裁员，一些著名的摩天大楼得以开工建设，城市面貌得到了改善，文化发展和社区建设也得到更多的重视。到 20 世纪 80 年代之后，匹兹堡制定了第三次复兴规划，将城市经济基础彻底由重工业转向教育、旅游和服务业，尤其是医疗和以机器人制造为代表的高技术产业。政府在开始提倡绿色建筑的同时更加注重新兴产业的发展，而新兴产业正是辖区内匹兹堡大学和卡内基·梅隆大学的优势学科。在政府发展规划的助推下，这两所著名大学不仅成为高科技产业的孵化地，还为社会提供大量的就业机会。在它们的带领和推动下，一批专门研究开发计算机软件、人工智能、机器人、生物技术和生物医药等领域的研究机构纷纷成立，有关的高新技术企业也不断涌现。这三次复兴战略规划帮助匹兹堡成功转型为一座闻名于世的高科技城市，被誉为重工业城市转型的"匹兹堡模式"。由此，善于依托本地的优势制定长期的发展规划，紧紧抓住发展的契机，加快产业的转型升级步伐，这是一个城市创新发展的关键。

深圳的发展也正是善于依托本地的优势，注重抓住发展的契机，提出了走在时代前列的愿景规划，成为建设城市创新体系的先行示范区。从 20 世纪 90 年代开始，深圳就提出了具有前瞻性的自主创新发展战略，新建了一批重大创新载体，成长起一批具有国际竞争力的创新龙头企业，培育了一批发展速度快、创新成果多、产业化能力强的新型研究机构，完善了自主创新支撑服务体系。一个由政府机构、服务体系、政策体系、科研院所和创新型高科技企业共同组成的城市创新体系，齐心协力地把城市发展战略规划落在实处，这是推动深圳创新发展的最大动力。

在特区成立之初，由于原先的经济基础十分薄弱，深圳只能凭借中央给予的优惠政策，集中精力发展贸易与流通业，这也为不少人打下了创业的基础。1983年，万科创始人王石两手空空来到深圳，就是凭着玉米中间商的差价赚到了"第一桶金"。但是，深圳如果仅仅满足于靠贸易赚"快钱"的现状，就不可能有后来的快速崛起。很快，濒临香港的地理优势又使很多人看到了商机，深圳开始走上以"三来一补"为主要特征的工业化之路，大量引进的"三来一补"加工业为城市发展奠定了相对优越的工业基础。到1985年年底，全市已建成的"三资"企业1075家，与外商签订了4696宗投资协议，总金额达33.5亿美元，占到当时全国直接利用外资总额的1/6。在此背景下，深圳工业总产值很快由1979年的6061万元增长到1985年的24.12亿元。到1987年，深圳出口贸易额已经排在全国第三，1992年则直接跃居第一名。[①]

但是，此时的深圳并没有满足已经取得的成绩。正当全国各地纷纷效仿深圳、开展轰轰烈烈的"招商引资"活动的时候，深圳却富有远见地把城市的未来放到了发展高新技术产业之上，果断推出了"高新技术产业'三个一批'战略"。这个战略的重点就是优先发展本地已具有优势的电子信息技术、生物技术和新材料这三个支柱性产业，并大力扶持华为、中兴等26家重点高新技术企业，以此来推动产业结构的转型和高新技术产业的发展。到1999年，深圳的经济总量已经跃居全国大中城市的第六位，从1979年以来年均增长率达31.2%，位居全国前列。多年的高速增长使深圳整体经济素质有了很大的提高，经济实力也得到明显增强。

进入21世纪之后，深圳经济发展受到土地、人口、环境等资源条件越来越多的限制，如何选择新的发展战略已经成为一个十分紧

---

① 中国发展观察杂志社、深圳市政府发展研究中心联合调研组：《深圳"不惑"：从"改革之都"到"创新之城"》，2019年10月28日，http://www.chinado.cn/? p = 8074。

迫的问题。此时，深圳果断地提出推进区域创新体系建设的发展规划，要求全面优化高新技术产业发展的软、硬环境，进一步提升深圳高新技术产业的自主创新能力，积极构建城市区域创新体系。2006 年年初，深圳又在全国率先提出建设创新型城市的目标，以"一个目标，四个战略，五大高地"为建设架构，把自主创新作为深圳未来发展的主导战略，并从人才、资金、合作、文化等方面对此进行了具体谋划，成为指导新时期深圳创新发展的重要纲领。党的十九大召开之后，深圳市委六届九次全会提出到 2020 年，基本建成现代化国际化创新型城市，高质量全面建成小康社会。这一步一个脚印的登攀，充分体现了敢于拼搏、勇于改革、锐意创新是深圳始终坚守的初心，是深圳高速发展的内在动力，也是今日深圳能够建立起较为完善的城市创新体系的根本原因。不管经济发展速度有多快，深圳始终都没有任何故步自封、不思进取的思想，反而是更为强烈地感受到各种严峻的挑战，从而不断地调整自身的发展战略，以求发挥好自身的优势、破解各种难题。

深圳在不同历史时期提出来的各项创新发展战略规划，具有两个十分明显的共同特点。第一个特点，就是深圳的创新发展战略规划都是循序渐进、不断升级、持之以恒的。从 20 世纪 90 年代开始，历届深圳市人民政府的工作报告都始终把以科技创新为核心的全面创新放在突出的位置上，认真加以分析研究，不断总结经验教训，积极提出科学的政策措施，全力以赴地加以落实。从创办了我国第一个科技园区，到出台《关于鼓励科技人员兴办民间科技企业的暂行规定》；从确立"以高新技术为先导、先进工业为基础、第三产业为支柱"的经济发展战略，到强调"推动企业科技进步是实施科教兴市战略的关键"；从《关于进一步扶持高新技术产业发展的若干规定》的出台，到打造区域创新体系的目标和任务的提出；从建设创新型城市，到建设国家自主创新示范区，再到建设国际化创新型城市，深圳的创新发展就是这样一步一步地走过来的，其城市创新体系也是这样一个一个环节逐步完善的，久久为功、锲而不舍。

深圳制定创新发展战略规划的第二个特点就是，这些战略规划都紧密结合深圳的实际，具有很强的针对性和连贯性。虽然各个时期面临的挑战有所不同，但总的指导思想仍然是聚焦于几个关键问题之上。这些问题包括：一是加快培育创新型骨干企业，形成了一批具有较强国际竞争力的创新型领军企业；二是积极实现关键性的技术突破，努力抢占创新制高点；三是着力会聚高层次的创新人才，以"人才高地"的优势来强化创新发展的第一动力；四是建设多元化创新载体，为重大源头创新与前沿突破提供强力支撑；五是营造包容性的创新环境，构建了充满活力的综合创新生态体系。由于这些战略规划指导思想明确、目标精准、措施得当，再加上深圳市党政部门有较强的执行力，从而使得深圳创新体系建设成了中国城市的典范。

（二）坚持走以市场为主导、以企业为主体的创新发展道路

在确立了坚持打造城市创新体系、建设创新型城市这一战略目标之后，城市经济社会发展还要解决一个十分重要的问题，就是选择什么道路来实现这一战略目标？对此，深圳毫不犹豫地选择了走以市场为导向、以企业为主体的创新发展道路。深圳之所以能够毅然决然地选择这一正确的道路，从某种意义上说也是由城市本身的经济结构所决定的。

创新必须以市场为导向、以企业为主体，其关键点就是必须使企业能够真正成为创新的主体。因为只有企业，才能深切地感受到市场的真实需求，才能找到创新的突破口和主攻点；也只有企业在激烈的市场竞争环境下，才能产生通过创新来解决企业生存和发展问题的紧迫感，从而激发强烈的创新动机。而在深圳，除了让企业尤其是民营企业承担起创新的重任之外，政府可能也别无选择。因为深圳是一个原先经济文化教育科研极为落后的地区，既没有像样的国有大型企业，更没有高水平、高质量的大专院校和科研院所，政府想自己主导高科技产业的发展，既缺乏足够的能力，也没有施展能力的必要空间和载体。正因为如此，放手让企业在市场博弈中去创新，也就成为深圳政府部门一个不二的选择。对于深圳市的领导干部来说，在市场上自己永远不可能比企业更专业、更敏锐。因此，政府在制定了城市的产业发展框架后，怎么发展、如何创新就留给企业去思考、去探索，政府只不过是发现企业发展中遇到的问题和

难点，及时出台相关的支持政策为企业消除后顾之忧。由于政府充分信任企业，留给企业以极为宽松的发展环境，并在政策、资金、服务等方面给予尽可能的支持和帮助，这就促使深圳的本土企业几乎完全承担起了全市创新发展的重任，最形象的说法就是深圳创新有"6个90%"，即90%左右的创新型企业是本土企业、90%的研发人员在企业、90%的科研投入靠企业、90%的专利来源于企业、90%的研发机构设立在企业、90%以上的重大科技项目发明专利诞生于龙头企业，充分显示了深圳创新所具有的独特魅力。

由于深圳毗邻港澳，本土企业面对的不仅有国内强者的竞争，更有国际行业巨头的挑战。在这样一个充分开放的市场环境里，深圳的企业家只有树立强烈的竞争意识和进取精神，以宽广的国际化视野去观察市场的发展变化，紧紧抓住每一个新技术突破的机遇，坚持通过技术创新来增强核心竞争力，才能夺得发展的先机。资料显示，在国家科技奖的榜单上，经常会出现华为、中兴、创维等深圳企业的身影。2001年，华为为深圳捧回首个科技进步一等奖，2011年又获首个技术发明一等奖，2016年更是获得国家科技进步特等奖。近十年来，华为投入的研发费用已超过3940亿元。到2017年年底，华为累计获得专利授权74307件，其中90%以上是发明型专利。除华为之外，平安、腾讯等世界500强企业和华星光电、比亚迪等企业都为深圳科技创新做出了重要贡献。例如，华星光电作为当时深圳投资额最大的工业项目，到2018年第三季度末共申请中国专利13341件、美国专利7388件，其核心技术专利能力居国内领先水平。另外，大疆创新、光启、柔宇科技等成长强劲的中小型企业，同样也具有强大的创新实力。光启拥有全球超材料领域86%以上的专利，称霸全球的中国无人机巨头大疆创新客户遍及100个国家。到2018年，深圳的高新技术已达11230家，密度居全国之首，一大批创新企业正在成为深圳创新发展的强大推动力。2017年4月，英国《经济学人》杂志发表文章称深圳已成为"创新温室"，认为"深圳正在改写世界创新规则、培育一批影响世界的创新型企业集群"。①

---

① 《在深圳90%创新型企业是本土企业》，《深圳商报》2018年11月23日。

而这也正是深圳打造城市创新体系最为成功的经验，意义深远。

（三）自觉处理好政府与市场的关系

深化经济体制改革的核心问题，就是要处理好政府与市场的关系，要构建好城市创新体系，同样必须着力处理好政府与市场的关系。这一条经验与前面关于"坚持走市场为主导、企业为主体的创新发展道路"的经验有相似之处，但又不完全一样，这里主要是从政府应该如何履行好自身职责来谈的。

前面已经提到，创新必须是以市场为主导的创新，这样的创新才能为社会提供符合市场需求的创新产品。在城市创新体系中，政府并不是创新的主体，也不能直接参与科技产业。但是，在构建城市创新体系的过程中，政府仍然负有相当大的责任，甚至可以说政府的决策水平和行政能力的高低，直接关系到构建城市创新体系的成败。作为内地最早建立起社会主义市场经济体制的城市，深圳市政府在建立社会主义市场经济体制和打造城市创新体系的过程中，始终坚持"有为有不为，不缺位不越位"的定位原则，自觉而又妥善地处理好发挥政府职责和激发市场活力的关系。所谓"有为"和"不缺位"，就是政府在构建城市创新体系的过程中，必须积极发挥自身的引导、激励和保障作用，要通过制定产业规划和产业政策来引导企业创新的发展方向，要颁布科学的政策法规来为创新发展提供良好的政策和法治环境，要通过优化创新机制、金融机制、人才机制去热情支持企业谋发展。所谓"有不为"和"不越位"，就是说，政府应该遵循市场经济规律、尊重市场的选择，不要去干预企业的具体创新业务，不能代替企业去做投资、做市场、做产业，要充分发挥企业在创新中的主体作用和市场在创新中的主导作用，着力营造良好的创新环境，给民间留出更多、更好的创新发展空间。为此，深圳市政府把通过制度创新来改善和优化创新环境作为自身的主要职责，并通过市政府科教兴市领导小组、市科技专家委员会、政府科技主管部门等职能部门，为企业创新提供政策导向和便捷的服务，使政府的扶持、激励和保障作用能够深入渗透到企业创新活动的全过程。

2006 年，深圳制定了《关于实施自主创新战略建设国家创新型城市的决定》，将创新驱动确定为深圳未来发展的主导战略。为了落实这一发展战略，深圳还在科技投入、政府采购、人才引进，发展教育、保护知识产权、实施标准化战略、强化法治保障等方面出台了一系列配套政策，为鼓励企业和科研机构开展自主创新开辟了"绿色通道"。同时，通过政府机构改革、优化资源配置、简化政府办事流程、加大政府采购和财政资助力度等方式，进一步推进政府资源和公共服务向自主创新型企业倾斜。2012年，深圳市政府在大部制改革过程中积极推进政府科技管理模式与体制机制的创新，率先成立了市科技创新委员会，从而进一步加大了政府转变职能的力度，有效地减少了行政手段对企业和科研机构的不必要干预。

为了正确处理好政府与市场的关系，深圳还特别注重制定科学的产业政策。通过产业政策的制定和实施，把支柱产业、战略性新兴产业和未来产业同传统优势产业进行合理区分并加以分类指导，有序地、科学地加以推进，从而更加有效地发挥了政府在促进科技产业创新方面的积极作用。对于传统的优势产业，深圳加大了对企业的技术改造和技术创新的扶持力度，专门出台政策文件促进其尽快实现转型升级，积极助推企业从原有的加工贸易制造向自有品牌制造、先进技术制造、高附加值制造和绿色制造提升发展。对于支柱产业，深圳先后出台六大战略性新兴产业规划和配套文件，在政策上大幅向发展高新技术产业方向倾斜，迫使一些加工型企业主动向邻近的东莞、中山等地转移，大大提升了全市的科技创新能力和产业竞争力。此外，深圳还通过政策引导，努力打造特色产业园区来支撑产业转型升级，并积极实施大项目驱动和大企业带动战略，并以此来强化产业集群发展，打造出规划有序、定位明确的全市产业转型升级空间布局。

（四）积极营造良好的创新环境

对于创新创业来说，良好的环境就像植物生长离不开土壤、阳光、水分和空气一样。高新技术产业要成长为参天大树，需要良好的创业环境和优越的生长土壤。为此，深圳以极大的精力来培植高新技术产业健康成长的生态环境。

持之以恒地全力营造世界一流的创新"软环境"，这是深圳构建城市创新体系实践中形成的一条十分宝贵的经验，也是深圳能够吸引各方面创新资源来深开拓创业的关键之所在。2019 年 3 月，出席全国政协十三届二次会议的全国政协委员、深圳市政协主席戴北方在大会发言时曾表示："总结深圳实践经验，推动经济高质量发展，根本途径在于科技创新，关键在于全面营造良好环境。""深圳40 年发展形成的'十大观念'之一就是'鼓励创新、宽容失败'。正是在这一观念引领下，深圳成为了创新者的热土、创业者的乐园。"①可以说，在全国的几大中心城市里，深圳具有非常适宜于创业创新的环境，这应该是一个不争的事实。即使是北京、上海这些具有更加丰富的创新资源和创新平台的一线城市，也还是有不少科研人员、企业家表示，搞基础研究、试验开发、创意设计等活动愿意在北京、上海，但要创业更倾向于去深圳，也就是说，深圳具有能把科研创新成果迅速转化为生产力的最佳条件。

为了营造一流的创新创业环境，深圳始终坚持"创新是第一动力"的理念，大力提倡"追求成功、宽容失败"的精神，把科技创新与制度创新紧密地结合起来，坚持依法治市，着力维护市场的公平竞争原则，积极培养和引进各类人才并激励他们脱颖而出，从而营造一个充满活力、较为完善、运行良好的综合创新生态环境。良好的创新生态环境包括以下几点。

一是完备的政策环境。深圳坚持科技创新和制度创新双轮驱动，不断加大对创新创业的政策支持力度。一方面，紧紧围绕创新发展战略，制定了一系列鼓励创新、支持创新的文件和规定，同时配合出台实施细则、细化工作流程，增强政策落实的有效性；另一方面，又创新政策宣传普及方式，促进政策解读到位，同时强化政策执行监督的力度，解决好政策落实"最后一公里"问题。2008 年，深圳市制定全国首部国家创新型城市总体规划和创新驱动"1 + 10"等文件，推动科技创新政策与产业、土地、金融、人才等政策衔接，形成指向清晰的政策导向。为了提高企业的自主创新能力，深圳还制定了支持产业升级的财政政策，重点支持企业培育品牌拓展市场，

① 《全面营造科技创新良好环境》，《深圳特区报》2019 年 3 月 10 日。

有针对性扶持产业联盟和技术联盟发展，促进企业科技成果的加速转化。此外，深圳形成了一整套前后衔接、相互配套的政策体系，如积极推进金融创新、集聚金融资源的政策，促进总部经济和现代服务业发展的支持，加快落实引进高端人才、创造高科技人才聚集高地的政策，这些举措都产生了积极的效果。例如，深圳通过抓紧财税政策的落实，光是 2015 年就对高新技术企业的研发费用实行加计扣除减免税收 109.8 亿元，在全国排名前列。

二是良好的市场环境和人文环境。作为改革开放的窗口，深圳多年来致力于建立国际化、法制化的营商环境，并在市场准入、公平竞争方面成为我国市场机制发育最为成熟的地区之一。为了有效地推动创新、创业、创投、创客这"四创联动"，近些年来深圳就专门设立了创客专项资金、创客基金、创新投资引导基金，支持搭建起创业广场、柴火空间等"双创"平台。为了不断完善有利于创新的市场环境，深圳最早进行了商事登记制度改革，并于 2018 年出台"营商环境改革 20 条"的政策举措，从贸易投资环境、产业发展环境、人才发展环境、政务环境、绿色发展环境等方面，对标国际一流的营商标准，以全面推动创新创业工作向纵深发展。同时，深圳还着力打造鼓励创新的人文环境。这一方面是大力培育尊重知识、尊重人才、尊重创造的良好社会风尚，在全国建立起首座人才公园，率先设立"企业家日"；另一方面又积极倡导鼓励创新、宽容失败的社会舆论氛围，以此来激励各行各业大胆改革、锐意进取、不断创新，使深圳的创新创业之火越烧越旺。

三是公正公平的法治环境。法治环境对创新起着维护、保障、促进、规范和巩固等基础性的作用。为此，一方面，深圳利用全国人大所授予的地方立法权限，积极开展有关鼓励支持创新的立法、执法和法治宣传活动；另一方面，深圳坚持依法治市的原则，加大司法体制改革的力度，着力破解执行难等长期影响司法公正的老大难问题。2008 年，深圳出台全国第一部科技创新地方性法规《深圳经济特区科技创新促进条例》，从法律层面确立了创新驱动发展战略。2018 年 5 月开始，深圳市人大常委会领导带队，还专门奔赴各区、各企业和科技机构对条例进行执法检查，在检查中发现，自该条例颁布之后，深圳全市财政科技支出年均增长超过50%。2013年，深圳市人大又颁布了《深圳经济特区技术转移促进条例》，在全国率先以地方性法规形式建立起公正的技术成果转移机制。为了加强对知识产权的保护。2018年12月，《深圳经济特区知识产权保护条例》在深圳市六届人大常委会第二十九次会议上获通过，要求全面加强知识产权保护的教育、培训、宣传、行政执法和经费保障工作，完善知识产权保护工作机制，营造崇尚创新、诚信守法的知识产权保护环境。深圳还成立了中国（南方）知识产权运营中心和深圳知识产权法庭，在提高损害赔偿标准、加大惩罚性赔偿力度等方面先行先试，依法实施最严格的知识产权保护措施，着力为创业创新提供牢固的知识产权保护防线。

（五）精心打造科技产业全链条创新生态体系

瞄准世界科技前沿，着力打造"基础研究＋技术创新＋产业转化＋金融支持"的全链条创新体系，这既是深圳坚持创新驱动战略的奋斗目标，又是努力为完善城市创新体系的一个创举。所谓"全链条创新生态体系"，就是要将科技产业创新的几个关键环节环环相扣、相互促进、协调发展，以发挥创新生态体系的最大效益。从深圳的实际情况来看，在创新生态体系方面有不少的强项，例如在创新主体方面，深圳拥有相当一批具备强大竞争实力的创新型企业；在产业转化环节，深圳也拥有较为完善的产业集群和一流的制造能力，能够迅速地将科研成果转化为企业的产品并投向广阔的全球市场。但是，深圳也有自身的薄弱环节。着力打造全链条创新生态链，就是要努力补齐短板，全方位地提升深圳的创新能力和创新水平。

由于缺少高水平的大专院校和科研院所，基础研究能力薄弱一直是深圳创新生态体系中的最大短板。为此，深圳一方面通过与国内外著名高校合作办学等方式来加快高水平大学的建设步伐，另一方面又舍得大投入，启动大科学装置群建设，使其成为前沿研究的大平台，让深圳也能够有机会参与国家的重大科技项目建设。为大力加强基础研究和应用基础研究，2018年，深圳出台了《关于深入贯彻落实习近平总书记重要讲话精神　加快高新技术产业高质量发

展 更好发挥示范带动作用的决定》，明确提出要鼓励自由探索式研究，鼓励 0 到 1 的创新。在这一政策的推动下，深圳积极实施大科学装置群带动战略，规划建设一批重大科技基础设施，前瞻布局一批高水平重点实验室，力争在引领性原创成果和前瞻性基础研究方面能够取得重大突破。

企业融资难、融资贵，一直是制约创新型企业特别是初创性企业发展的老大难问题。为了打破这一障碍，深圳一直都重视加大对创新金融的支持力度。深圳利用金融业较为发达的优势，通过积极推进科技金融试点城市建设，实施"科技金融计划"，引导和放大财政资金的杠杆作用，目前已经形成了比较完善的科技金融服务体系，为支持中小企业创新发挥了相当大的作用。此外，还加大对企业的普惠性支持和事后资助，在全国首创普惠性"科技创新券"制度。2018 年年初，深圳市委书记王伟中在市委全会上谈到深圳的城市发展，其中目标之一，就是建设"科技金融示范市"。而要建设科技金融示范市，除了成立天使投资引导基金，还包括探索设立科技金融租赁和科技保险公司，撬动更多社会资本投向初创期、种子期企业，这将有力地弥补科技产业全链条创新体系中科技与金融脱节的短板。

在补齐短板的同时，深圳还大力发挥自身突出的市场化优势，不断完善以市场化为主导、以企业为主体的创新格局。围绕产业链部署创新链，围绕创新链完善资金链，再用政策链破除体制机制障碍，打造高质量、高水平的全链条创新体系，为其他城市的科技产业创新生态体系建设发挥示范带动作用。

第二节 深圳创新发展的历史进程

从 1980 年到 2020 年，深圳经济特区走过了 40 年极不平凡的历程。40 年来，深圳市委、市政府带领全市干部群众，坚决执行党中央、国务院的决策部署，始终坚持改革开放，披星戴月、风雨兼程，在创新发展的道路上不断探索，一步一个台阶地向上突破，不断地朝着建设中国特色社会主义先行示范区迈进，演出了一幕气势磅礴、令人叹为观止的腾飞大戏。而城市创新体系的构建，就是这幕大戏当中的华丽篇章。

一　深圳创新发展的奠基阶段

（一）从承接产业转移到产业结构调整

深圳经济特区成立之初，恰逢世界出现产业梯度大转移之时。20世纪80年代初，一些大型跨国公司为降低生产成本，纷纷到发展中国家寻找低成本的生产基地，在这个大背景下，香港也开始进行大规模的产业结构调整。此时的深圳紧紧抓住这个机遇，利用特区的政策优势、劳动力成本低廉的优势和毗邻香港的地域优势，大力搜集各种商业信息，积极同外资、港资企业展开合作，通过来料加工、来样加工、来件装配和补偿贸易的"三来一补"的方式，建立了大量的劳动密集型加工企业，承接到大量的国际订单，为深圳发展外向型经济奠定了坚实的基础。

然而，迅猛发展起来且数量巨大的劳动密集型产业，虽然给深圳的经济增长注入了强大的动力，但企业的技术创新活动却开展得很少，产品质量档次不高，大量的资源消耗给面积狭小的深圳经济特区带来了巨大的压力。1985年4月，为了优化深圳的产业结构，深圳市和中科院一起创办了国内第一个科技园区——深圳科技工业园。1986年元旦期间，受国务院委托，谷牧副总理在深圳主持召开经济特区工作会议，国务院29个部门的负责干部、广东和福建两省有关部门领导和四个特区的领导同志参加了会议。会议主要总结经济特区成立以来的工作情况，要求特区进一步发挥"四个窗口"的作用，努力发展以工业为主、工贸结合的外向型经济，要将产业结构转向重点发展具有先进技术水平的工业，以着力提高经济效益。为此，特区应该加强文化建设和智力开发，积极培养和引进人才，大力提高职工队伍的素质，培养一大批中高级技术工人。同年2月7日，国务院批转了这次会议的纪要。① 这次会议对深圳经济特区由

---

① 《举办经济特区思想的提出与实践》，2019年11月10日，中国网（http://www.china.com.cn/aboutchina/txt/2009-09/09/content_18495526_3.htm）。

加工业为主转变为以知识密集型、技术密集型为主的外向型经济，起到了很大的指导推动作用。

此后，为了建立知识密集型、技术密集型的产业结构，深圳开始着手进行一些大胆的制度创新。例如在1987年，深圳出台《关于鼓励科技人员兴办民间科技企业的暂行规定》，以充分发挥科技人员的积极性，促进科研与生产直接结合。该暂行规定明确提出，"科技人员可以以现金、实物及个人所拥有的专利、专有技术、商标权等工业产权作为投资入股，并分取应得的股息和红利"。这一创新举措，对于调动科技人员的积极性，发展深圳的民营高科技产业起到了巨大的促进作用，华为就是那一年在深圳注册成立的。然而，深圳科技产业的创新发展，严格说来还是从20世纪90年代初（即第八个国民经济五年发展计划期间）开始真正起步的。

（二）开始以科技进步推动经济转型（1991—1995）

到20世纪90年代，中国已经逐步形成了全方位的改革开放格局。对于深圳来说，原先不少优惠政策已不再是由自己所独享，招商引进外资的经验做法也在全国普遍推开。为了更好地发挥自身的优势、迎接新的挑战，深圳开始积极探索新的经济发展途径，将经济发展的主攻方向放在发展低消耗、高附加值的高新技术产业之上，以助推经济实现二次腾飞。1990年12月召开的深圳市委第一次代表大会，确立了"以高新技术为先导、先进工业为基础、第三产业为支柱"的经济发展战略。根据这一发展战略，1991年，深圳提出要"以科技进步为动力，大力发展高技术产业"为指导思想，建立"以高新技术产业为先导，以先进工业为基础"的工业体系，并陆续推出了一系列政策和措施大力发展大型企业和高科技项目。1993年年底，深圳又出台政策，停止登记注册新的"三来一补"企业。特区内已办的"三来一补"加工业，属于污染环境的，坚决迁走。到1994年，当知识产权在当时的中国还是一个陌生概念的时候，深圳就以超前的眼光，在全国率先出台了一系列关于无形资产评估、企业技术保护、技术入股、技术分红、创业投资等内容的法规，以激励科研人员锐意创新的勇气和保护企业自主创新的科研成果。在企业和科研技术人员的辛勤拼搏、艰苦努力下，到1994

年，深圳已初步形成了以通信、计算机及其软件、微电子及其元件、新材料、机电一体化、生物工程、激光七大领域为主体的高新技术产业群，其中一些高新技术开始在世界上崭露头角。

1995年10月，中共深圳市委、市人民政府做出《关于推动科学技术进步的决定》，明确提出"科技与教育是经济和社会发展的首要推动力量，是深圳实现第二次创业目标、建设现代化国际性城市的决定性因素"的指导思想，并强调"推动企业科技进步是实施科教兴市战略的关键"。为此，该决定要求，建立健全大中型工业企业和高新技术企业的研究开发机构；强化企业开发新产品、新技术的能力，并选择20家企业进行重点扶持，使之成为深圳的重点研究开发中心；实施企业技术创新示范工程，在全市确定10家企业在现代企业制度试点工作的基础上，大力建设企业的科技研发机构，完善技术创新机制；加快企业技术改造的步伐，把扩大再生产的重点逐步转移到技术改造上来，到2000年力争全市的技术改造投资能够占到全社会固定资产投资的25%以上。同时，还要求市财政将每年"企业挖潜改造资金"占预算内支出的比例提高到当年财政可支配财力的3%以上。通过实施上述一系列创新举措，有效地推动了深圳产业结构的转型升级，科技进步对经济发展的促进作用得到明显加强。在整个"八五"期间，深圳市的经济年均增长率跃升为30.9%，大大高于全国的平均水平，从而为后来深圳推进创新发展战略奠定了坚实的基础。

二　深圳创新发展的提升阶段

（一）高新技术产业发展取得突破（1996—2000）

20世纪90年代后期，深圳经济进入一个转型发展的新阶段。在率先加快从传统计划经济体制向社会主义市场经济转变的同时，深圳也采取一系列创新举措，大力推动经济增长方式由粗放式发展向集约式发展的转变，全面提升企业生产经营中的科技含量。1996年5月，深圳成立了市一级的科技顾问委员会，这是全国第一家为政府科技决策提供专家咨询的机构。同年9月，深圳又成立了高新技术产业园区领导小组及办公室，作为市政府派出机构，对高新技术产业园区实行统一领导、统一规划、统一政策、统一管理。这一年，深圳市科技局会同相关部门组建深圳市高新技术产业投资公司，专门为高科技企业向银行贷款提供担保。同时，市科技局还会同计划局确定在企业建立市级研发中心，并在全国首次提出技术创新主体在企业的重要判断，民营企业比亚迪由此而诞生了全市第一个市级研发中心。

1997 年 9 月，由时任市长亲自担任组长的深圳市科技风险投资领导小组宣布成立，同时还组建了中科融投资顾问有限公司，为科技企业与金融投资的合作专业中介服务。随后，为扩大风险投资基金的实力，深圳又组建了由市属国企共同出资的市创新投资公司。① 这些创新举措，为从无到有、打造全国一流的高效科技金融体系铺平了道路。

1997 年，东南亚金融危机爆发，这给以外向型经济为主的深圳带来很大的冲击，据深圳经发局统计，这年的第一季度全市经济增长的速度显著下降了 4.8 个百分点，外商投资的一些大型项目被迫推迟甚至取消，投资金额也出现大幅度下降。面对恶化的外部环境，深圳一方面大力改善投资软环境，推出新的优惠政策来吸引外商直接投资；另一方面则着力加大产业升级的力度，积极鼓励投资者向高技术产业和高附加值产业发展，以加快产业转型升级的步伐来应对挑战。1998 年，深圳制定了《关于进一步扶持高新技术产业发展的若干规定》。要求财政继续增强对科技创新的投入，1998 年全市的本级科技三项经费要达到当年财政预算内支出的 1.5%，三年逐步增加到 2%。同时，还要强化市高新技术产业投资服务公司的各项服务功能，继续增加财政注资使之公司注册资本三年后达到 4 亿元。此外，该规定还要求对高新技术企业采取一系列更加优惠的财税政策，比如：对新认定的高新技术企业实行两年免征所得税、八年减半征收所得税；对现有的高新技术企业，除享受原有的所得税优惠外，增加两年减半征收所得税优惠；高新技术企业引进技术的消化、吸收项目投产后，可给予三年免征所得税；高新技术企业和高

---

① 金心异：《深圳发展高新技术产业的主要经验》，2019 年 11 月 5 日，搜狐网（https://www.sohu.com/a/240037632_701468）。

新技术项目的增值税，从 1998 年起，三年内由该市财政部门按50% 的比例返还；等等。①

随着《关于进一步扶持高新技术产业发展的若干规定》的颁布执行，特别是市财政对高新技术产业支持力度的大幅提升，不但极大地调动了深圳本地企业发展高新技术的积极性，也激发了香港投资者投资高新科技产业的热情，吸引了更多来自内地和香港的科技、教育人才。1999 年 5 月，深圳市与北京大学、香港科技大学联合共建深港产学研基地；同时，由深业集团、香港中旅集团和香港创业资产共同投资组建的中国（深圳）高科技基金也在香港开始启动。为了尽快解决高新技术产业人才缺乏的问题，深圳市委、市政府于1999 年 9 月做出了在深圳高新区创建深圳虚拟大学园的决定，目的是联合国内外高校在深圳开展教学培训和科学研究工作，促进科研成果的转化，为深圳高新技术产业发展提供技术支持和项目支持，使之成为深圳的创新引擎。虚拟大学园建立之后，先后有清华大学、北京大学、香港大学、香港中文大学、香港科技大学等50 余所内地和香港的知名大学加盟，纷纷来到园区开展产学研工作。

到 20 世纪末，深圳和全国的高新技术产业已经呈现蓬勃发展的态势，因此也急切地呼唤着相应的技术交易市场。1999 年，国务院批准在深圳举办中国国际高新技术成果交易会，该交易会由国家对外贸易经济合作部、科学技术部、信息产业部、中国科学院和深圳市政府共同主办，以高新技术成果交易为鲜明特色，面向国际、辐射全国，其目的是促进中国与世界各国的经济技术合作，为中国企业和科研机构走向国际市场创造条件，使更多的科研成果迅速地转化为富有市场竞争力的商品，加快了中国高新技术产业发展和现代化的进程。1999 年 10 月 5 日，首届中国国际高新技术成果交易会在深圳举行，时任国务院总理朱镕基出席开幕式并致辞。参加首届"高交会"的共有 86 个代表团，参加交易的投资商有 955 家（其中境外的为 125 家），参展的企业和机构共计 2856 家，参展项目 4159项，涉及信息技术、光机电一体化、航空航天、生物医药、新材料

① 《深圳市〈关于进一步扶持高新技术产业发展的若干规定〉颁布执行》，《广东科技》1998 年第 4 期。

新能源、环保农业、海洋开发等高技术领域。美国、德国、日本、英国、法国、韩国、新加坡等 27 个国家均组团参展和参加交易，一批国内著名的高新技术企业和 30 余家跨国公司在交易会上展示了自己最新产品和技术。自此，深圳高新技术交易成了"中国科技第一展"，有力地推动了深圳和全国高新技术产业的发展。

在"九五"期间，深圳通过发展高新技术克服外部环境的不利影响，促进产业转型升级、引领经济快速增长取得了很大的成绩。到 1998 年，深圳的高新技术产品产值已从 1991 年的 22.9 亿元猛增到 655.18 亿元，占整个工业总产值比重由 8.1% 提高到 35.44%。同时，深圳高新技术产品的出口也快速增长，出口额从 1992 年的 1.92 亿美元迅速增加到 1998 年的 44.31 亿美元。通过数年的技术积累，快速发展的深圳高新技术企业形成了较强的市场影响力。1998 年，深圳共认定高新技术企业 125 家，其中高新技术产品产值超 10 亿元的 14 家，超亿元的 51 家。随着高新技术企业的发展壮大，深圳本土企业已经初步显示出较强的国际竞争力。①

为进一步吸引国内外创业资本投资高新技术产业，形成更加完善的创业投资体系，深圳于 2000 年 10 月出台《创业资本投资高新技术产业的暂行规定》，要求全市各级政府必须努力拓宽市场准入渠道，要采取有效措施，鼓励金融机构、企业、外商、个人等各类投资者参与创业投资事业。② 与此相配套，深圳又成立了"国际高新技术产权交易所"，这是国内首批以中小企业权益资本市场建设为宗旨的股份制技术产权交易机构，它整合了省、市政府资源，在技术产权交易制度上进行了大胆的探索和创新，完善了中小企业权益资本市场募集和流动交易制度。从市场功能方面来说，高交所以"股改 + 托管 + 私募 = 成长 + 上市"的创新性技术产权交易新模式为核心业务，为完善初级资本市场体系打造一系列交易和服务的平台，既为上市公司和国有企业的并购重组提供集中场所，又为风险资本提供进入机会与退出渠道。这一运行模式后来助推了数十家创

---

① 《深圳高新技术产业发展概况》，2019 年 11 月 10 日，国新办网（http://www.scio.gov.cn/xwfbh/xwbfbh/wqfbh/1999/0128/Document/328082/328082.htm）。

② 《深圳市创业资本投资高新技术产业暂行规定》，《民营科技》2000 年第 6 期。

新型企业成功上市。在创投资本积极参与下，深圳的高新技术发展如虎添翼。2000年，深圳的高新技术产品产值占工业总产值比重，已经由1995年的20.5%迅速提高到42.3%，以金融业、物流业为核心的现代服务业也得到较快的发展，为20世纪深圳的发展画上一个完美的句号。

（二）开始打造区域创新体系（2001—2005）

进入21世纪之后，世界各国在高科技发展方面的竞争越发激烈。在这样的背景下，深圳提出了"以高新技术产业、现代物流业、现代金融业为支柱，以传统优势产业为基础，实现三次产业协调发展和全面升级"的发展目标。为此，深圳在"十五"期间采取多项举措，着力推进高新产业园区建设，进一步完善鼓励创投资本的政策保障机制，调动社会资源积极参与科技企业的孵化，提出了打造区域创新体系的目标和任务。

2001年3月22日，深圳市三届人大常委会第六次会议审议并通过了《深圳经济特区高新技术产业园区条例》，明确了高新区由市政府统一规划和统一管理，其发展重点就是高新技术产业及其他智力密集型产业。该条例提出了高新区的发展目标就是建成"三个基地"，一是高效益的高新技术产业化基地，二是科技成果孵化和辐射基地，三是创新人才的教育培养基地。同时，还采取加强知识产权保护、鼓励境内外创业资本在高新区设立风险投资机构、设立留学归国人员创业资助资金、设立信用担保机构为高新区中小企业提供融资担保等措施，加快"建设世界一流高科技园区"的步伐。到2008年，高新区在占全市不到0.6%的土地上，实现工业总产值2249.78亿元，占全市工业总产值的14.19%；其中高新技术产品产值占全市的23.36%。①

2001年7月，中共深圳市委下发了《关于加快发展高新技术产业的决定》，提出了建设深圳高新技术产业带、完善区域技术创新体系、发展创业资本市场、加强人才队伍建设等六大举措，加快发展高新技术产业。这六大举措的提出，为深圳高新技术产业的发展

---

① 《深圳高新技术产业园》，2019年11月15日，360百科（https://baike.so.com/doc/7533014 - 7807107.html）。

描绘出一幅清晰的蓝图，既指明了深圳高新技术的发展目标、发展重点，又强调了发展动力、发展基础和发展环境。特别是该决定第一次提出要完善区域技术创新体系，对深圳创新发展具有突出的意义。为此，2003年2月，深圳市人大常委会审议并通过了《深圳经济特区创业投资条例》，以鼓励和规范创业投资活动，保障创业投资当事人的合法权益。这部法规的出台，有效地解决了大量创投资金沉淀在项目上，致使部分创投资金难以良性循环甚至出现亏损的问题，同时，更加重要的是，为2006年国家发改委、科技部等10部委联合制定发布《创业投资企业管理暂行办法》提供了参考。到2004年5月，深交所中小企业板块开始运作，VC投资的出口问题从而得到进一步的解决。

与此同时，为了进一步建设和完善城市创新体系，深圳又积极地扶持创建企业孵化器。企业孵化器又称为企业创新中心，可以降低小型新创企业的创业成本和创业风险，提高新创企业的成功率和成活率，可以说是高新企业发展的"助产士"。2003年4月，深圳市政府出台《深圳市鼓励科技企业孵化器发展的若干规定》，对科技企业孵化器给予了一系列优惠政策，比如，对已经通过认定的科技企业孵化器，可以从科技三项费用中安排一次性无偿资助专项建设资金。同时，通过认定的科技企业孵化器，可参照对高新技术企业的扶持政策给予补贴；其公用服务设施可实行加速折旧，在办理调工调干、城市入户、毕业生分配等手续方面能够完全享受市高新技术企业的各种政策优惠。随着政策的完善，深圳的各类孵化载体纷纷登场发力，对全市小型民营科技企业的快速发展起到了重要的助推作用。

值得格外指出的是，2004年2月，深圳颁布《关于完善区域创新体系、推动高新技术产业持续快速发展的决定》，第一次明确提出了"完善区域创新体系"战略目标，强调这是提高高新技术产业核心竞争力的内在要求，是建设高科技城市的必然选择，要求各级党委、政府必须把完善区域创新体系摆上重要议事日程。同时，该决定还提出了完善区域创新体系的总体思路，即以市场为导向、以产业化为目的、以企业为主体、以人才为核心、以公共研发体系为平台，形成辐射周边、拓展海内外、官产学研资介相结合的区域创新体系。① 这一决定的制定和下发，对于全面提升深圳的高新技术自主创新力，优化高新技术产业发展的软、硬环境，努力建设国际化的高科技城市，都发挥了强大的推动作用。这一年，全市实现高新技术产品产值 3266.52 亿元，占全市限额以上工业总产值的比重已经达到 50.18%；用于高新技术产品研究、开发的经费达 125.02 亿元，占 GDP 的 3.65%，已经达到发达国家的平均水平。2004 年，深圳的专利申请量达到了 14918 件，专利授权量 7737 件，这两者都在国内大中城市中居第三位。随着自主创新能力的大幅提升和高新技术产业的迅猛发展，一批具有一定国际竞争力的行业龙头企业开始在深圳出现。②

三　深圳创新发展朝着世界先进行列迈进

（一）着力建设创新型城市（2006—2010）

在"十五"后期，深圳一方面高新技术发展呈现良好的势头，另一方面经济发展所遇到的瓶颈又日益明显。2005 年 6 月，时任市委书记李鸿忠在中国共产党深圳市第四次代表大会上的报告中就坦陈，制约深圳经济发展的各种矛盾正逐渐凸显出来，受到土地、资源、人口、环境四个方面条件的制约，传统发展模式已经"难以为继"，因此，必须增强危机意识，转变发展模式，走出新的路子。为此，进入"十一五"后，深圳把建设国家创新型城市作为城市发展战略的历史抉择，加快了打造城市区域创新体系、占领科技创新制高点的步伐。

为此，2006 年新年伊始，深圳市委、市政府即下发《关于实施自主创新战略、建设国家创新型城市的决定》（2006 年 1 号文），提出要"以创新作为新的历史条件下深圳发展的生命线和灵魂，把

---

① 《深圳市关于完善区域创新体系　推动高新技术产业持续快速发展的决定》，2019 年 11 月 20 日，科技部网站（http：//www.most.gov.cn/tjcw/tczcwj/200708/t20070813_52385.htm）。

② 深圳市科技和信息局：《深圳市科技及高新技术产业发展情况》，2019 年 11 月 21 日，比特网（http：//news.chinabyte.com/370/2144370.shtml）。

深圳建设成为重要的高新技术产业基地和国家创新型城市",从而在全国率先提出建设创新型城市的目标,把自主创新作为深圳未来五年城市发展的主导战略。同时,该文件还以"一个目标、四个战略、五大高地"为建设架构,从人才、资金、合作、文化等九大方面对创新型城市建设的具体做法进行了谋划,成为深圳自主创新历史上又一个里程碑。这一文件的出台,标志着深圳在打造城市创新体系方面迈出了更加坚实的步伐。3个月后,深圳20个相关政府部门便围绕着该文件的主题,分别从经济、科技、教育、人才、知识产权、法律、海关、工商税务等各方面制定并推出了20个配套政策,总计340条,形成围绕自主创新战略的"1+N"政策体系。同时,作为推进建设国家级创新城市的重要举措,2006年3月14日,深圳市四届人大常委会第五次会议通过了全国首部改革创新促进条例,对改革创新的工作职责、基本程序,公众参与改革创新,激励并保障改革创新,改革创新的监督措施等方面都做出了明确的规定。特别是为了形成支持和鼓励改革创新的良好社会环境,该条例规定的改革创新失败可以免除责任的三个条件,有助于消除因为改革创新带有风险而使一些干部不求有功但求无过、既不让位又不作为的消极现象,加快深圳推进改革开放和建设国家创新型城市的进程。

2007年4月,国家科技部、广东省政府和深圳市政府三方共同签署了《共建国家创新型城市的框架协议》,这是国内首次出现的由部、省、市共建国家创新型城市的模式。根据协议提出的共建目标,国家科技部、广东省政府、深圳市政府将围绕着提高城市自主创新能力这一主题,制定建设国家创新型城市的战略目标。次年6月,深圳创建国家创新型城市的总体设想得到国家发改委的批复,这标志着深圳正式成为全国首个创建国家创新型城市的试点城市。以此为契机,深圳市委、市政府在全市范围内进行了广泛动员,制定并下发了《关于加快建设国家创新型城市的若干意见》,对深圳建设国家创新型城市的指导思想、目标和举措都提出了具体要求。同时,深圳又同步推出了《深圳国家创新型城市总体规划(2008—2015)》《关于加强自主创新促进高新技术产业发展的若干政策措

施》《关于加强高层次专业人才队伍建设的意见》等"1＋6"配套
文件，为建设创新型城市构建了比较完善的政策保障体系。特别是
深圳市政府联合国务院多个部门编制而成的《深圳国家创新型城市
总体规划（2008—2015 年）》，是国内首个国家创新型城市建设规
划，它明确提出了为完成国家创新型城市建设任务，必须实施基础
能力、应用能力、科技计划、新兴产业、高端产业、创新支撑、产
业服务、创新文化、城市空间和开放合作十大工程。这一系列重要
文件发布后，深圳各有关部门开始认真探索和积极推进国家创新型
城市建设工作，加快科技创新和高技术产业发展，并很快取得了阶
段性的实质成果，为建设国家创新型城市奠定了良好的基础。

在国家发改委正式批准深圳创建国家创新型城市的 2008 年，深
圳已连续三年获得城市综合竞争力全国第一的佳绩，城市 GDP 总量
达 7807 亿元，在全国大城市中排列第四，人均 GDP 12932 美元居
第一，地方财政一般预算收入为 800 亿元。这一年，深圳的外贸进
出口总额高达 3000 亿美元，占全国的 1/8，连续 3 年居第一。此时
的深圳，新技术产业、金融业、物流业、文化产业这四大支柱产业
占 GDP 比重达 60％，高新技术产品产值达 8700 亿元，出口 900 亿
美元，高新技术产品的产值及占 GDP 的比重、增加值、出口值均位
列全国大城市之首。这一年，世界生产率科学联盟发表研究报告，
认为深圳已成为中国依靠科技进步来推动城市经济发展的最佳城
市，其研发经费投入比例处于全国领先水平，科技贡献率也高居榜
首。尤其值得一提的是，深圳在 2006 年获得"中国品牌之都"称
号之后，2008 年又获联合国教科文组织颁布的"世界设计之都"
的称号。这些都充分显示了，深圳已经初步建立起了以企业为主
体、以市场为导向、以高等院校和科研院所为依托，官、产、学、
研、资本紧密结合得比较成熟的城市区域创新体系。[①]

2009 年，深圳推出生物、新能源、互联网三大新兴产业的振兴
发展规划和政策，以加快产业结构调整和升级的步伐，更好地促进
经济发展由要素驱动向创新驱动的转变。这年 7 月，出台《深圳市

---

① 钟坚：《关于深圳加快建设国家创新型城市的几点思考》，《管理世界》2009 年
第 3 期。

现代产业体系总体规划（2009—2015）》，进一步提出建设现代产业体系、实施高新技术产业与现代服务业双轮驱动的产业发展战略。9月，深圳又陆续推出互联网、生物医药、新一代信息技术新材料、新能源等新兴产业的振兴发展规划及配套政策，着力培育战略性新兴产业，力图全面提升深圳高新技术产业在全球的竞争力。

"十一五"期间，既是深圳打造城市创新体系、创建国家创新型城市取得关键性进展的五年，又是全市综合经济实力连续跃升的五年。这五年中，深圳的经济总量接连跨越五个"千亿"大关。2010年实现生产总值9510亿元，比2005年增长86%，人均生产总值则增长了58.9%。特别是规模以上工业增加值和高新技术产品产值跃上新台阶，分别增长88%和108%。外贸出口实现十八连冠、达2042亿美元。深圳成为首个国家创新型城市后，全社会研发投入占GDP比重达3.64%，是全国平均水平的2倍。核心技术的自主创新能力不断提升，五年累计专利申请量和授权量分别达到19.38万件和10.67万件，PCT国际专利申请量则连续7年居国内首位，通信技术和基因研究均已达到世界一流水平。①

（二）创新驱动站在新的历史起点上（2011—2015）

2011年是"十二五"规划的开局之年，也是深圳特区成立的第31个年头。此时，经过30年不间断的锐意创新和大胆改革，深圳已经快速崛起，创造了举世闻名的"深圳速度"，打造了领先全国的"效益深圳"，为向更高层次的发展阶段迈进奠定了扎实的基础。站在新的历史起点上，面对新一轮发展中的各种复杂矛盾和挑战，深圳提出了"以质取胜"的发展理念和"深圳质量"的新发展标杆，这是在"深圳速度"基础上的一种提升。树立"深圳质量"的新标杆，就意味着必须把崇尚质量、追求卓越作为经济工作的指导方针，善于把深圳的速度优势、效益优势逐步转化为质量优势，从而真正实现从速度优先向质量优先的转变，从注重经济增长向注重经济社会的全面发展转变。因此，"以质取胜"理念和"深圳质量"标杆的树立，对深圳城市创新体系建设也就提出了新的更高的要求。

---

① 《2011年深圳市人民政府工作报告》，2019年11月26日，深圳政府在线（ht-tp：//www.sz.gov.cn/zfbgt/zfgzbg/201108/t20110817_ 1720473.htm）。

2011 年的深圳市人民政府工作报告就对落实"十二五"规划建议精神、围绕创造"深圳质量"提出了要努力做到"六个着力"点，其中第一个"着力"点就是"着力"提升深圳经济发展的质量，也就是要加快国家创新型城市的建设步伐，把自主创新真正作为转变经济发展方式的关键环节，推动经济发展从要素驱动向创新驱动转变，实现科技进步对经济发展的贡献率不低于 60% 这样一个水平。为此，就要重点抓好源头创新，力争在新一代信息技术、新能源、生物技术等领域取得突破，形成一批具有国际领先水平的自主知识产权和技术标准。同时，还要大力集聚、吸引、共享全球创新资源，积极促进产学研合作，加快完善开放型的城市区域创新体系，打造国际创新中心。其具体措施主要就是着力打造"高、新、软、优"的现代产业体系。所谓"高"，就是发展高端产业，抢占现代产业的制高点；所谓"新"，就是要紧紧抓住代表未来发展方向和有巨大增长潜力的新技术、新产品，把握未来产业的话语权，打造新的经济增长点；所谓"软"，就是加快发展知识经济、网络经济和服务经济，做强做大软件、创意等产业，促进服务业对制造业的融合与渗透，突破土地等硬资源的约束，使"软资源"的投入成为利润的主要源泉和产业发展的主要动力；所谓"优"，就是大力实施优质龙头企业带动战略，引进和培育一批优质产业，重点支持各行业的优质企业在深发展壮大，提升产业国际竞争力和深圳产品的美誉度。同时，深圳还特别强调，要把实施人才强市战略作为创新发展的重要支撑，切实抓好人才高地的建设。要瞄准国际一流创新人才，加快优质人才资源的战略性集聚；要大幅提升自主培养人才的能力，努力发挥深圳引才、育才、用才的综合优势。人才问题始终是制约深圳科技创新的一个关键因素，实施打造"人才高地"的战略，是完善城市创新体系的必然选择。

前面已经提到，深圳于 2009 年曾率先出台生物、新能源、互联网三大新兴产业发展振兴规划。为加快推进战略性新兴产业发展，2011 年深圳又分别出台文化创意产业、新材料和新一代信息技术产业发展规划，从而形成了六大新型产业。伴随这些产业规划的落地，深圳还十分注重制定强有力的保障举措。例如，在《深圳新一代信息技术产业振兴发展规划（2011—2015 年）》中，就对政策保障、组织保障、资金保障、人才保障、空间保障、安全保障六个方面做出了具体的安排。在至关重要的资金保障方面，实际上从 2009年开始，深圳就已经连续 6 年集中 180 亿元发展专项资金，在用地、用人等各方面尽力向这些新兴战略性产业倾斜，使这些产业发展迅猛，成为经济发展的主引擎。到 2012 年，深圳全社会 R&D 经费占GDP 的比重已居全国首位，占比达到 3.81%。同时，拥有自主知识产权的高新技术产品产值占全市的高新技术产品产值比重为 61%。科技进步对经济发展的贡献率达 56.4%，已接近国家创新型城市60% 的目标。[①]

为了更好地适应新一轮科技革命蓬勃兴起、中国经济进入中高速增长新常态的需要，党的十八大召开后，深圳更加积极主动地谋划引领新常态的新优势。2013 年年底，深圳市政府制定《深圳市未来产业发展政策》，深入推进创新驱动发展战略，要求积极培育和大力发展生命健康、航空航天、海洋经济、智能装备、军工等未来新兴产业，构建以"高、新、软、优"为特征的现代产业体系，培育新的竞争优势，实现高质量的稳定增长和全面、可持续的发展。2014 年年初，深圳在推出《深圳市海洋产业发展规划（2013—2020 年）》《深圳市生命健康产业发展规划（2013—2020 年）》《深圳市航空航天产业发展规划（2013—2020 年）》三个配套文件的同时，还全力加大财政资金对这些产业的支持力度，设立未来产业发展专项资金，市财政自 2014 年起连续 7 年每年拿出 10 亿元，用于支持重点企业发展、创新能力提升、产业核心技术攻关等建设项目。2014 年，深圳的高新技术、金融、物流与文化创意四大支柱产业的增加值分别为 5173 亿元、2237 亿元、1614 亿元、1560 亿元，均已形成千亿级规模，四大支柱产业之和占 GDP 比重超过 66%，其中高新技术约占全市 GDP 的 35%，PCT 国际专利申请量连续 11年居全国各大中城市之首。深圳已经成为国内新兴产业集聚力最

---

① 丁华、李文江、左新兵：《深圳创新型城市建设经验及启示》，载《第九届中国科技政策与管理学术年会论文集》，2013 年。

强、占 GDP 比重最高的城市。[①] 2014 年 12 月，福布斯中文版再次发布中国大陆 25 个最具创新力的城市，深圳在创新力排行榜中名列第一。同年，中国社会科学院也公开发表了《城市竞争力报告 2014》蓝皮书，深圳在全国 294 个城市中，综合经济竞争力排名第二。

为全面推进深圳国家自主创新示范区建设，2015 年 8 月，深圳制定并开始全面落实《深圳国家自主创新示范区发展规划纲要（2015—2020）》，要求进一步优化和完善综合创新生态体系。该实施方案提出了实施发展规划的指导思想、基本原则和奋斗目标。其指导思想就是围绕"四个全面"战略部署，加快实施创新驱动发展战略，优化完善综合创新生态体系，积极打造创新型经济，将深圳国家自主创新示范区建设成为创新驱动发展示范区、科技体制改革先行区、战略性新兴产业聚集区、开放创新引领区和创新创业生态区。其奋斗目标是到 2020 年，率先形成符合创新驱动发展的体制机制，建成一批具有国际先进水平的重大科技基础设施，掌握一批事关国家竞争力的核心技术，推动建立一批产业标准联盟，聚集一批具有世界水平的科学家和研究团队，拥有一批世界知名的科研机构、高等院校和骨干企业，科技支撑引领经济社会发展能力大幅提升。[②] 很显然，在未来五年的创新发展战略规划中，如何加快实施创新驱动发展战略、优化完善综合创新生态体系、抢占科技发展的制高点是深圳市政府考虑的头等大事。作为全面完成"十二五"目标任务的收官之年，2015 年深圳市、区两级财政科技类支出达 209.3 亿元，全社会研发投入占 GDP 比重达 4.05%，新增国家及省市级重点实验室、工程实验室、企业技术中心等 176 家。至此，战略性新兴产业已成为深圳经济增长的主导力量，增加值年均增速达 17.4%，占 GDP 比重由 28.2% 提高到 40%；先进制造业占规模以上工业增加值也由 70.8% 提高至 76.1%；科技进步对经济增长的贡献率超过

[①] 丁华、李文江、左新兵：《深圳创新型城市建设经验及启示》，载《第九届中国科技政策与管理学术年会论文集》，2013 年。

[②] 《深圳市人民政府关于印发深圳国家自主创新示范区建设实施方案的通知》，2019 年 12 月 2 日，深圳政府在线（http://www.sz.gov.cn/zfgb/2015/gb934/201508/t20150826_ 3195568. htm）。

60％，深圳也因此三次位居福布斯中国大陆创新城市榜首。2015 年
5 月，中国社会科学院发布《2015 年中国城市竞争力蓝皮书：中国
城市竞争力报告》，该报告指出，深圳竞争力第一次超越香港名列
首位。该报告认为，深圳之所以能够实现这样一种历史性的跨越，
主要原因就是打造了"创新驱动的深圳模式"。这既是对深圳坚持
以自主创新为价值取向、不断完善城市创新体系的发展战略的充分
肯定，也是深圳 40 年来不断改革、锐意创新的基本经验重要总结。

（三）着手建设国际化创新型城市（2016 年至今）

2016 年是"十三五"规划的开局之年。这一年的《深圳市政府
工作报告》提出了"十三五"深圳发展的主要思路，其中第一条就
是要深入实施创新驱动发展战略，加快建设国际领先的创新型城市
的步伐。要把创新摆在发展全局核心位置，加快全面创新改革试
验，完善综合创新生态体系，形成以创新为主要引领和支撑的经济
体系和发展模式，加快从跟随式创新向引领式创新转变，打造具有
世界影响力的一流创新中心。这一年，深圳全社会研发投入超过
800 亿元，占 GDP 比重提高至 4.1％。新增国家和省市级重点实验
室、工程实验室和工程研究中心、企业技术中心等创新载体 210
家，累计达到 1493 家，尤其是投入运营的国家基因库，跻身于世
界最大的基因库行列。新组建神经科学研究院等新型研发机构 23
家。PCT 国际专利申请量增长约 50％，占全国一半；国内发明专利
申请量增长约 40％。华为短码方案成为全球 5G 技术标准之一。石
墨烯太赫兹芯片、无人机、柔性显示等技术处于全球领先水平。华
为、中兴分别荣获中国质量奖和中国工业大奖，腾讯等 3 家企业入
选 2016 "全球最具价值品牌百强榜"。

为推进新一轮创新发展，2017 年，深圳开始实施包括布局十大
重大科技基础设施、设立十大基础研究机构、组建十大诺贝尔奖科
学家实验室等项内容的"十大行动计划"，加快建设国际科技、产
业创新中心，提升在国家创新型城市中的地位。这一年，深圳的
"十大行动计划"大部分都取得了引人注目的进展，例如，在布局
重大科技基础设施和基础研究机构方面，深圳新组建诺贝尔奖科学
家实验室 3 家、基础研究机构 3 家、制造业创新中心 5 家、海外创

新中心 7 家。同时，还新增福田区、腾讯等 3 家国家级"双创"示范基地；新增国家级高新技术企业 3193 家，累计达 1.12 万家；全社会研发投入超过 900 亿元，占 GDP 的 4.13%；获中国专利金奖 5 项、占全国的 1/5，有效发明专利 5 年以上维持率在 85% 以上，居全国第一。

2018 年，深圳坚持把创新作为引领发展的第一动力，继续强化产业、研发、市场、资本、人才等全要素的协同，实施综合创新生态优化计划，建设更具有国际竞争力的创新之都。其工作着力点主要是加快补齐原始创新能力短板、继续大力发展新兴产业、集聚更多创新人才、加快建设风投创投中心城市。为此，深圳市颁布了《关于进一步加快发展战略性新兴产业的实施方案》，规划了未来 5—7 年深圳市战略性新兴产业的分三步走的发展蓝图，力图持续突破一批颠覆性技术，打造具有国际竞争力的万亿级和千亿级的新兴产业集群，使深圳成为全球重要的新兴科技与产业创新发展策源地。与此相配套，这一年深圳的重大科研基础设施建设和人才培养工程、知识产权保护工作都取得重要进展。在重大科研基础设施建设方面，1 月 25 日，规划面积达 99 平方公里的光明科学城开工建设，根据发展定位，这座科学城将打造成为综合性国家科学中心核心区、原始创新和未来产业策源地、世界级大型开放创新网络枢纽、深化科技创新体制机制改革前沿阵地以及粤港澳大湾区国际科技创新中心战略支撑；3 月 31 日，鹏城实验室（深圳网络空间科学与技术广东省实验室）、深圳第三代半导体研究院启动，深圳再添重大科研机构；4 月 3 日，深圳湾实验室（生命信息与生物医药广东省实验室）在国家超级计算深圳中心举行揭牌仪式。在知识产权保护方面，12 月 26 日，深圳市首个国家级知识产权保护中心——中国（深圳）知识产权保护中心正式揭牌，该中心将认真实施最严格的知识产权保护制度，构建集快速授权、快速确权、快速维权等功能于一体的知识产权快速协同保护平台。2018 年，深圳全社会研发投入超过 1000 亿元，国家级高新技术企业新增 3000 家以上、总量超过 1.4 万家，获科技进步一等奖等国家科技奖 16 项、中国专利金奖 4 项，专利授权量同比增长 48.8%。这一年，深圳的全社会研发投入占 GDP 比重、PCT 国际专利申请量继续保持全国领先的位置，国家级高新技术企业数量居全国第二，数字经济发展也走在了全国的前列。深圳获批国家可持续发展议程创新示范区，成为中国最具创新活力的城市，在全球创新体系中的地位不断提升。

2019 年 2 月 18 日，中央印发了《粤港澳大湾区发展规划纲要》，该纲要明确指出，要将粤港澳地区建设成为富有活力和国际竞争力的一流湾区和世界级城市群，打造高质量发展的典范。对于深圳来说，该纲要则强调要发挥其作为经济特区、全国性经济中心城市和国家创新型城市的引领作用，加快建成现代化国际化城市，努力成为具有世界影响力的创新创意之都。[①] 同年 7 月 24 日，中央全面深化改革委员会审议并通过了《关于支持深圳建设中国特色社会主义先行示范区的意见》，对深圳的改革创新做出了很高的评价，指出：改革开放以来深圳各项事业都取得显著成绩，"已成为一座充满魅力、动力、活力、创新力的国际化创新型城市"[②]。该意见还提出了深圳发展的目标：到 2025 年，深圳经济实力、发展质量跻身全球城市前列，建成现代化国际化创新型城市。到 2035 年，建成具有全球影响力的创新创业创意之都，成为我国建设社会主义现代化强国的城市范例。到 21 世纪中叶，深圳要成为竞争力、创新力、影响力卓著的全球标杆城市。建设具有世界影响力的创新创意之都，成为竞争力、创新力、影响力卓著的全球标杆城市，这些宏伟的目标无疑对深圳坚持创新驱动战略提出了新的更高要求，而要实现这些奋斗目标，进一步完善区域创新体系无疑具有举足轻重的作用。在中央这两份重要文件的指引下，2019 年深圳在坚持创新驱动战略、完善区域创新体系方面成绩卓著。这一年，深圳市本级财政科技资助专项资金增长了近 1 倍，其中有 30% 以上投向基础研究和应用基础研究，壮大了全市的科技研发实力，鹏城实验室在成立仅一年多

---

① 《中共中央　国务院印发〈粤港澳大湾区发展规划纲要〉》，2019 年 12 月 5 日，新华网（http://www.xinhuanet.com/politics/2019－02/18/c_1124131474.htm）。

② 《中共中央　国务院关于支持深圳建设中国特色社会主义先行示范区的意见》，2019 年 12 月 5 日，中国政府网（http://www.gov.cn/xinwen/2019－08/18/content_5422183.htm）。

的时间里就集聚了 22 位院士、1600 多名科研人员，承担了一批重大科技专项，初步建成"鹏城云脑""鹏城云网"等四大科学装置；全市有新型显示器件、智能制造装备、人工智能 3 个产业集群入选国家战略性新兴产业集群发展工程。科技开发的力度加大，也助推新兴产业增加值同比增长了 8.5%，先进制造业增加值占规模以上工业增加值比重已经超过 70%。2019 年，深圳新增国家级高新技术企业 2700 多家，总量超过 1.7 万家，仅次于北京。至此，深圳创新发展站在了一个新的历史起点上，正朝着不断完善城市创新体系、打造具有世界影响的创新创意之都大步迈进！

第三节　对深圳建设城市创新体系的理性思考

习近平总书记在出席深圳经济特区建立 40 周年庆祝大会发表重要讲话和视察广东时，反复强调"要推动高质量发展、构建新发展格局"，"在构建新发展格局这个主战场中选准自己的定位"，① 这充分体现了习近平总书记对深圳改革开放、创新发展所寄予厚望，为深圳加快构建新发展格局进一步指明了方向，提出了更高要求。深圳的实践表明，科技创新是推动高质量发展的要求，也是构建新发展格局的动力。要在全球科技革命和产业变革中赢得主动权，就只有坚定不移实施创新驱动发展战略，大力提升自主创新能力，围绕产业链部署创新链、围绕创新链布局产业链，前瞻布局战略性新兴产业，加大基础研究和应用基础研究投入力度，发挥产学研深度融合优势，主动融入全球创新网络，打造具有强大生命力的城市创新体系。

一　阐释好深圳经验是社会科学工作者的使命

深圳大力建设创新型城市，坚持打造和完善城市创新体系，这

---

① 《率先形成新发展格局》，《深圳特区报》2020 年 10 月 28 日。

既是一个实践问题，又是一个理论命题。但是，从知网上去查询"深圳构建城市创新体系的理论意义"这个题目时却发现，不管是查篇名也好还是查主题也好，都没有出现与之相关的文章，这或许是单纯从理论角度来研究深圳创新发展这个课题，目前还引不起人们很大的兴趣。然而，笔者认为，深圳的创新发展不但在实践上为人们提供了可借鉴、可复制的经验，同时，也为创新发展和城市创新体系理论的构建提供了许多值得研究和思考的新问题、新素材。在深圳特区的建设发展全过程中，有一个最突出、最吸引人的特点，那就是"先行先试"。建设城市创新体系同样是这样，由于从来没有在发展中国家建设一个具有世界影响力的创新型城市的先例，因此也没有现成的理论可以作为指导。恰恰相反，正是深圳全方位的实践探索，为中国城市创新体系理论的构建和完善开辟了新的道路。因此，阐述深圳建设城市创新体系实践的理论意义，是本书的重要主题。

随着深圳经济特区跨过"四十不惑"而进入"五十知天命"的新阶段，人们已开始认真思考深圳发展的"天命"——也就是说，深圳崛起（城市创新体系的不断完善是崛起的主要原因）所反映出来的城市创新发展的客观规律。2020 年 9 月，由广东省社会科学院主办的"庆祝经济特区建立 40 周年"理论座谈会暨《中国经济特区四十年工业化道路》研究成果发布会在广州举行，与会学者围绕经济特区建立 40 年来的重大实践和理论问题展开深入研讨。会议认为，经济特区是一个重大的实践问题，也是一个重大的理论命题。加强对经济特区建设重大问题的研究，掌握经济特区研究话语权，概括总结经济特区建设的规律，为经济特区建设鼓与呼，是社科工作者义不容辞的责任和使命。而广东省社会科学院在会上发布的《中国经济特区四十年工业化道路》一书，则从工业化的视角解读中国经济特区持续高增长之路，结合开放型经济下中国经济特区的工业化的实践，提出了从比较优势到竞争优势的工业化深化发展理论。与会的学者指出，40 年来，中国经济特区工业化道路可以用从"三来一补"到"三高一强"进行概括。"三来一补"大家都很清楚，而"三高一强"则是指由于高度开放的经济特区，促成了中国丰沛的劳动力资源与国际产业资本对接，实现了工业化的快速发展，并促使经济特区进入人均国内生产总值"高"、工业在国民经济中占"高"、高科技产业在工业部门占比"高"和对外辐射带动能"强"的发展阶段。"三高一强"是经济特区处于工业化深化阶段的基本特征，深圳几乎每十年实现一次产业升级，形成了以高科技产业和现代服务业为主体的产业结构，逐渐完成由中国组装向中国制造的转变，从而为工业的现代化和高端制造业的形成不断注入源于创新的无限生命力。以深圳为典型代表的经济特区，率先探索、实践并完善了社会主义市场经济体制，其自身的发展和成功为中国实现现代化探明了道路。这条道路既体现了中国特色，又给其他新兴市场国家提供了借鉴。[①]

对于深圳崛起所蕴含的理论意义，深圳本地学者可能有更深的感悟。深圳大学教授陶一桃认为，深圳在作为中国最成功、最典型的经济特区，以其自身的产生预示着一个时代的开始和另一个时代的结束；以其自身的发展体现、引领着整个国家的制度变迁的方向，并创造着一种崭新的富有绩效的社会发展模式；以其自身的不断变革书写着社会转型的奇迹，并在创造财富的同时创造着新的观念、新的精神和新的理念。因此，深圳的历史不仅是一座城市的发展史，而且展示了一个转型国家制度变迁与发展道路的探索轨迹，为转型的中国提供了许多有价值的思想。[②] 应该说，就是这些在深圳产生的新理念、新思想，极大地丰富了中国特色社会主义理论的内涵和表达方式，也大大增强了中国特色社会主义理论的说服力、感染力。虽然深圳特区发展动力首先不是来自一场场理论上的研讨，而是一次又一次在实践上的探索和突破。但是，任何一场伟大的社会变革要沿着正确的道路持续地进行下去，都必然会要求从理论上对其做出科学的解释和总结，以坚定人们的信念和明确继续前进的方向，避免出现新的失误和大的反复。同时，也只有在理论上

---

① 《探寻经济特区发展理论密码》，2019 年 12 月 10 日，深圳社科网（http：// www. szass. com/skkx/skjx/202009/t20200928_ 19329617. htm）。

② 《陶一桃：深圳经济特区的成功经验》，2019 年 12 月 11 日，搜狐网（https：// www. sohu. com/a/278856363_ 99944477）。

得到充分阐述和科学论证，实践的探索才能真正转化为具有广泛说服力、吸引力的成功范例，从而得到复制和推广。因此，密切关注深圳40年发展给中国经济理论乃至世界经济理论所带来的巨大冲击，深入探讨深圳快速崛起中所隐含的经济规律，书写新时代的中国政治经济学，丰富和发展马克思主义创新思想，都应该成为研究深圳创新发展过程中必须关注的重要课题。

二　深圳开创了城市创新发展的全新道路

习近平总书记指出：“深圳是改革开放后党和人民一手缔造的崭新城市，是中国特色社会主义在一张白纸上的精彩演绎。”① 可以说，“新”是深圳最鲜明的城市品格。这个“新”，既是城市面貌的“新”，又是前进道路的“新”；既是实践探索方面的“新”，也可以成为理论建设方面的“新”。

（一）深圳城市创新发展的独特道路

建市之初，深圳不过是一片尚未开发的边陲小镇；如今，深圳却以骄人的科技创新成就被人们誉为中国的“硅谷”。短短40年的沧桑巨变，深圳创造了人类历史上的奇迹。然而，从经济基础和发展条件来看，深圳与世界上那些著名的创新型城市相比，其实在许多方面都存在着巨大的差距。例如，与“硅谷”相比，深圳没有像斯坦福这样的世界名校提供强有力的智力支撑和创新成果；与东京相比，深圳没有那样高素质的人才队伍和发达的产业链；与我国香港相比，深圳缺乏完善的金融体系和较强的国际竞争力。但是，深圳毕竟克服了这种种不利条件的制约，快速完成了从边陲小镇到中国改革开放的窗口和试验田，从引进、模仿技术到自主创新，从城市创新到建设城市创新体系这样一连串的华丽蜕变，成就了世界城市发展史上辉煌的篇章。那么，深圳究竟是如何做到这一点，其奥秘就在于她走过的是一条全新的城市发展道路。这条道路具有与众不同的特点。

自1985年起就担任深圳市政府高级顾问的著名经济学家刘国光

---

① 《习近平：在深圳经济特区建立40周年庆祝大会上的讲话》，2020年10月20日，人民网（http://cpc.people.com.cn/n1/2020/1014/c64094-31892124.html）。

教授认为，深圳的成功秘诀就在于，从 20 世纪 80 年代初就选择了"以市场调节为主"的经济发展模式。按照这一发展模式，深圳等经济特区在十多年市场取向改革伟大实践中取得了突出成绩，从而为党的十四大上正式确立以建立和完善社会主义市场经济体制作为经济体制改革目标提供了实践依据。深圳大学中国经济特区研究中心钟坚教授认为，深圳的成功离不开中央的政策支持、市场取向的体制改革、对内对外开放、移民文化、高层次人才集聚和政府主导的发展模式，让市场发挥资源配置的决定性作用是深圳成功的密码之一。曾担任深圳市政府副市长的唐杰教授认为，深圳经验的核心在于，不仅重视产业分工深化中所体现的市场自我发育过程，也强调政府通过制度创新，构建一个适于企业创新与学习的环境，支持企业分工专业化的创新过程，为产业升级奠定支撑基础。深圳通过在市场制度、企业制度和创新体系等方面的制度创新，切实降低了企业及其专业化劳动力学习与创新的成本，促进了分工的深化与细化，从而推动深圳的产业持续性跨越升级。[①] 发挥市场在配置资源方面的决定性作用、依靠市场取向来发展经济，这完全不同于中国过去以计划经济为特征的经济发展模式；通过政府创新，积极发挥政府在提供政策环境和制度保障方面的主导作用，这又不同于西方发达国家所走过的道路。因此，深圳 40 年发展所走过的是一条人类历史上从未有人走过的全新道路。

在打造城市创新体系、建设创新型城市方面，深圳可以说是已经领跑全国，其雄厚的科技创新实力成为驱动经济发展的主动力，也是扬名世界的深圳名片。深圳在城市创新体系建设方面取得的丰硕成果，表明了以其为代表的中国式科技创新发展模式是可行的、是成功的，可以为发展中国家实施创新发展战略提供很好的借鉴。

从海内外创新城市或地区的发展路径来看，总体呈现出科学创新成果产业化、创新扩散推动技术进步的发展规律。例如，美国"硅谷"的兴起与发展，就体现了一种自下而上或自发形成的、以斯坦福大学为主要的知识创造源头的演化路径；而中国的新竹科学

[①] 王苏生、陈搏等：《深圳科技创新之路》，中国社会科学出版社 2019 年版，第 2 页。

工业园和中关村科技园则体现了一种自上而下的演化路径。但是，由于缺乏高质量的大学和科研院所，没法遵循"基础研发—科技成果转化—科技成果产业化"这样一种传统的线性创新模式，因此深圳只能是另辟蹊径，采取企业创新与集聚在先、科研院所集聚在后的新型创新模式，从而为中国的城市创新体系建设提供了独特的实践样本。深圳的科技创新活动是由市场拉动为主、企业为主体实施的，它兴起于国际贸易，起源于"亚洲四小龙"的技术密集型和资本密集型产业的转移。在大学及研究机构资源相对紧缺的情况下，深圳依靠有为政府和有效市场的结合，逐渐走出了一条依靠企业内生自有研究力量为主体的创新发展之路，诞生了华为、中兴、光启研究院、华大基因等国内外知名的技术研发企业。近年来，借助完善的科技金融服务体系，深圳市快速实现创意和新技术的市场转化，促使深圳正逐渐从模仿创新、渐进性创新开始走向突破性创新。① 目前，"有效市场＋有为政府"这样一个具有良好创新生态、充满活力的深圳科技创新模式已初具雏形，引起人们越来越多的关注。

（二）深圳创新发展对城市创新体系理论构建的重要意义

区域经济协调发展在我国经济发展的整体格局中具有重要的意义，而中心城市和城市群则是区域经济协调发展的主要空间载体。2018 年以来，中央多次强调要发挥中心城市和城市群在区域协调发展中的带动引领作用。2019 年年底召开的中央经济工作会议再次强调，要加快落实区域发展战略，完善区域政策和空间布局，发挥各地比较优势，构建全国高质量发展的新动力源，推进京津冀协同发展、长三角一体化发展、粤港澳大湾区建设，打造世界级创新平台和增长极。这是新时期党和政府为推动实现高质量发展所做出的重大决策。②

现阶段，要在区域协调发展中充分发挥中心城市的核心作用，

---

① 王苏生、陈搏等：《深圳科技创新之路》，中国社会科学出版社 2019 年版，第8—9 页。

② 孙久文：《中国区域经济理论体系的创新问题》，《区域经济评论》2017 年第3 期。

就必须加快城市创新体系建设、打造更多的创新型城市，以强大的科技创新辐射力和产业配套带动力，助推整个区域经济的协同发展，这既需要实践的探索，也需要理论的指导。但是，由于中国城市创新体系建设起步较晚，人们对其所进行的理论研究成果还难以满足实践的要求，整个城市创新体系的理论框架还有待于完善，正如有学者所指出的那样，"当前我们许多区域经济的问题，实际上在区域经济理论上的支撑是比较薄弱的，也就是说，我们的区域经济理论跟不上当前中国区域经济的发展"。城市创新体系理论是区域经济理论的重要组成部分，这个评价也完全适应于城市创新体系理论建设的现状。而深圳多年来的成功实践，则对发展和完善区域经济理论，特别是城市创新体系理论架构具有重要的启示作用。笔者认为，这种启示主要体现在以下几个方面。

1. 关于如何发挥好后发优势的问题

后发优势是发展中国家赶超发达国家的理论依据。城市创新体系的实践和理论均来自西方发达国家，因此其理论架构是建立在社会循序发展的基础之上，也就是说，传统产业的蓬勃发展带来社会的繁荣稳定，又带来教育科技事业的兴旺发达，然后又催生了产业革命的机遇。只有当社会培养出大量的创新人才、产生突破性科研成果并拥有足够的风险投资资本和完善的市场经济体制时，才能真正构建好城市创新体系，也就是说，才能够有效推进创新型城市建设。当然，从现实来讲这个理论前提并没有什么错误，世界上那些知名的知识型、创新型城市一般都是这样建立起来的，如美国的纽约、"硅谷"，日本的东京，英国的伦敦等。但是，按照这种理论逻辑，发展中国家就永远没有建设好创新型城市的成功机会。因为发达国家能率先建设好创新型城市，其结果必将更增强其城市竞争力，而发展中国家的城市竞争力就会被相对削弱，从而更难受到人才、资金的青睐。一旦缺乏人才资金的支撑，发展中国家的城市势必固定在发展阶梯的下端。因此，发展中国家的创新型城市建设，一定要有超常的举措，只有发挥好自身的后发优势，才能做到后来者居上，而深圳正是这方面的杰出代表，对此，前面我们已经做了一些介绍。

从理论上讲，后发优势可以为欠发达地区区域创新体系构建提供学习、借鉴的对象以及追赶的动力。但是，后发优势的存在又加大了后发展国家（地区）技术创新的机会成本，使其更加倾向于现有技术的引进和改进而不是自主的技术创新，而自主创新能力的削弱导致后发展国家（地区）很难实现向领先国家（地区）的过渡。也就是说，由于陷入对发达国家（地区）一味的学习和模仿之中，虽然欠发达地区成功地实现了加速"追赶"的目的，但自发的"超越"却难以实现，这就是所谓后发优势的"悖论"。[①]到底应该如何超越这个悖论，深圳进行了有益的探索。

首先，深圳把城市创新体系当作一个完全开放的系统而不是自我封闭的系统。一般来说，落后地区为了保护自己弱小的产业，都会采取某些自我封闭的政策，避免直接参与激烈的市场竞争。但是，深圳的产业发展一开始就处于竞争异常激烈的市场环境下，特别是其中为数众多的民营企业，身上没有任何保护伞，全凭自己的那几板斧在市场上打拼，不但要与国内的同行竞争，而且还要与国际市场上的高手过招。在这种完全开放的市场环境下，企业既面临着巨大的风险，也遇到许多难得的机遇。那些善于学习的企业，如华为、中兴、比亚迪，就在较为宽松的制度环境下，从世界最先进的企业那里学习到许多宝贵的经验，利用深圳的产业链较为完整的优势，抓住机会努力提升自身的技术创新能力和实现自己的创新目标，成为科技产业创新最活跃的主体，这是深圳在创新领域实现赶超的最大动力源。

其次，深圳的政府和企业都找到了适合自己的创新之路，并且制定了科学、清晰的发展战略。前面我们已经提到，深圳市政府把从实际出发、持之以恒地不断升级创新发展战略作为打造城市创新体系的一个着力点，制定了长远的发展目标和实现目标的正确途径，依靠制度创新和管理创新来助推科技创新，一步一个脚印实现了中、短期发展目标。企业同样也是如此，如华为就在强手如林的情况下，一开始就独辟蹊径走"农村包围城市"的道路，不断积累自己

---

① 杨省贵、顾新：《欠发达地区区域创新体系构建：基于后发优势理论》，《理论参考》2013 年第 7 期。

的家底。在此基础上，华为瞄准世界上最先进的"5G"技术，不但投入了巨额资金，而且不惜从原始技术突破做起，终于实现了后发先制，把昔日的世界巨头诺基亚、爱立信甩在了身后。

2. 关于政府如何发挥独特作用的问题

如何认识政府在创新体系建设中的地位和作用，这是创新体系理论中一个十分重要的问题。在国家创新体系理论提出者——英国学者弗里曼看来，"政府的科学技术政策对技术创新起重要作用"，为此，政府的主要职责应该是通过科技创新政策来构建一个完整的创新生态，通过这个完整的创新生态，最大限度地集聚国内外优质研发资源，形成持续创新的能力和成果。① 但是，在传统的计划经济体制下，由于所有的创新主体几乎都属于国家，因此就根本谈不上有什么"有效市场"，创新变成了政府的独角戏。

在今天人们的眼中，"有效市场 + 有为政府"是深圳经济发展模式的突出特征。事实上在构建城市创新体系的过程中，深圳也确实善于把有效市场和有为政府有机地结合起来，走出了一条适合中国国情的城市创新发展道路。对此，我们在本章的第一节做了专门介绍。这里还需要另外指出的是，深圳是如何做到"有为政府"而又不影响市场的机制发挥决定性作用的？笔者还想通过两件具体事务来加以说明论证，以给人更多的启示。

众所周知，深圳是一个市场化程度很高的城市，特别是由于国有企业较少，政府要想直接插手企业的创新活动几乎没有什么渠道。但是，在如何推进城市创新体系建设方面，深圳市政府却是费尽了心机，除了制定好正确的创新发展战略规划和实施科学的产业政策、培育良好的创业创新生态环境之外，还积极通过一些富有创意的举措，努力发挥好自身的独特作用。比如，关于人才队伍建设问题。人才紧缺是深圳的突出短板，而能够吸引全世界的优秀人才则是香港的优势所在。但事到如今，几乎完全依赖市场机制的香港开始面临深圳强有力的竞争，呈现出人才竞争力日渐消退的态势，

---

① "熊彼特创新理论"，2019 年 11 月 26 日，百度百科（https：//baike. baidu. com/item/% E7% 86% 8A% E5% BD% BC% E7% 89% B9% E5% 88% 9B% E6% 96% B0% E7% 90% 86% E8% AE% BA/4945515？fr = aladdin）。

一些香港有识之士就认为，"深圳人才战略由政府主导，政策目标够'高'，优待范畴亦够'广'，更有明确的人才标准和奖励阶梯"，使得深圳反而成为"人才天堂"。反观香港，虽然特区政府同样推出了不少招揽人才计划，但最大问题是政府仅仅想依赖市场驱动，期望企业来提供"高薪厚职"，自身却缺乏吸引能够创科人才的"联合政策包"。① 由此可见，政府要发挥好自身在城市创新体系建设中的重要作用，还远不能满足于制定一个规划、推行一个政策，还必须拿出实实在在的举措，来落实好这些规划和政策。

而最能反映深圳市政府作用发挥得恰到好处的事例，莫过于对风险较大的创投行业的引导、支持和参与。高科技产业发展是一项高投入、高产出但又是高风险的事情，然而深圳却成了全国风险投资最活跃的城市，在这一点上，深圳市政府可以说是功劳显赫。1998年，深圳市政府在筹办"中国国际高新技术成果交易会"的过程中，就意识到了风险资本在促进科技成果转化方面的巨大作用。于是，深圳市于1999年在原创新投资集团有限公司的基础上，成立了一家专业从事创业投资的有限公司——深圳市新投资集团（简称深创投）。不同于其他地方政府直接参与对高新技术产业的投资，深创投则是通过发挥政府投资的杠杆作用，引导企业资本和社会资本来投资于高新技术的研发和推广，以提升资本的使用效率和促进资本存量的快速增长。

成立伊始，深圳市政府就将深创投定位于一家由政府引导、市场化运作、向国际惯例接轨的创业投资机构。深创投坚持以资本为纽带吸引了大量民营资本的进入，并确立了立足深圳、面向全国的战略布局，其服务宗旨就是支持中小型科创企业的诞生和发展。因此，深创投不仅是一家以营利为目的的商业机构，同时还肩负帮助其他企业和产业转型升级的重任。深创投所投资项目总量的88%、投资金额的72%都集中在高风险的初创期、成长期的中小型高新技术企业和新兴产业企业，而且其投资方向也一直与深圳市政府所倡导的重点行业保持一致。目前，深创投拥有总资产235.65亿元、净资

---

① 《香港凭什么与人才天堂深圳联手》，2020年10月24日，联合早报网（https://www.zaobao.com/wencui/politic/story20201023 – 1095114）。

产 129.53 亿元，管理各类基金总规模达 2104 亿元。截至 2017 年 6 月底，深创投累积投资项目 758 个，累计投资总额约 292 亿元，共实现 122 家投资企业在全球 16 个资本市场上市，平均年回报率为 40%。其中，深创投在深圳投资项目有 168 家，成功上市企业 29 家，年产值超过 2000 亿元，为深圳市产业创新升级做出了巨大贡献。投资的企业数量和上市数量均位居国内创投行业第一位，并且创造了年度 IPO 数量最多机构的世界纪录。2011 年，深创投作为中国特色的创投机构，首次被编入哈佛商学院案例教材。有学者认为，深创投的发展壮大是政府和市场互补的结果。"一方面，政府给予了深创投极大的制度支持；另一方面，深创投的发展又带动了深圳乃至全国范围内的企业转型和产业升级。这种互补关系是其他商业化创投机构、外资投资机构和纯粹的政府补贴所不具备的。"① 由此可见，深创投依靠少量的政府投资吸引大量的社会资本，围绕着政府制定的高新技术产业发展政策并通过市场化的模式进行运作，一方面扶持了相当数量的高新技术企业迅速发展壮大，另一方面又获得了一定的回报。深创投的成功获得了国内同行很高的评价，同时也引起了海外投资界的关注。这个经典案例，形象地阐释了什么是"有效市场 + 有为政府"这样一个深圳的发展模式。对此，理论工作者还应该给予更多的关注和更深入的剖析。

3. 关于提高对环境因素重要意义的认识问题

在传统的区域创新体系或是城市创新体系理论中，一般都是强调创新主体、创新资源在体系中的地位和作用，注重研究分析各地的高校、科研院所、大型骨干龙头企业的状况，而对于创新环境特别是创新软环境所起到的作用重视不够。但是，深圳构建城市创新体系的实践却提示人们，应该高度重视和发挥环境对创新体系建设的巨大促进作用。事实上，国内有些创新资源应该说是比较丰富的城市，其创新能力却难以令人称道。

前面我们已经提到，在打造城市创新体系的过程中，深圳十分注重营造有利于创新的制度法治环境、社会文化环境，同时还着力

---

① 张军主编：《深圳奇迹》，东方出版社 2019 年版，第 210—213 页。

培育和完善产业配套环境。这些环境的形成和作用的发挥，较好地弥补了深圳在创新资源方面的不足，吸引了全国乃至世界各地的资金、人才来深圳创业创新，大大加快了深圳城市创新体系的建设步伐。深圳柴火创客空间创始人潘昊曾这样回忆他到深圳创业的经过："我的创业初始地在北京，但发现很多器件原材料不在北京而在深圳，于是我就想来深圳看一看。2008 年 7 月，我来到华强北，逛了一圈后我就决定留下来创业。"① 像潘昊这样来深圳逛一圈后就决定留下来创业创新的事例还不知有多少，由此可见深圳良好的创业创新环境对人们的巨大吸引力。当然，深圳这种良好的环境不但表现在其具有完整的产业链上，而且更体现在那种开放、宽容的社会人文环境上。2016 年 10 月，马化腾在出席清华管理全球论坛时也表示，自己在深圳求学、创业是非常幸运的，因为深圳的创新精神、创业环境是腾讯创办和发展的重要原因。在马化腾看来，深圳有许多特点，首先就是创新、敢闯，其次就是务实，再次就是开放。正是这些特点让深圳形成了一整条 IT、通信和智能硬件制造的生态链，从而培育出深圳在这些行业的强大创新能力和世界竞争力。② 因此，在城市创新体系的研究过程中，应该重新审视创新环境对城市创新所具有的巨大影响力。

4. 关于如何发挥"1 + 1 > 2"系统功能的问题

城市创新体系理论是建立在系统论基础之上的。系统论认为系统结构的形成有三个必要条件：一是要有两个以上的要素；二是要素之间要相互联系，相互作用；三是要素之间的联系与作用产生整体功能。在城市创新体系理论中，主要有创新主体、创新资源、创新环境等要素，这些要素通过相互联系、相互作用，从而产生推动企业创新、产业升级、城市发展的系统功能，实现单个要素无法产生的协同效应。传统创新发展理论的发展过程，也是一个对创新要素不断发掘和把握的过程。例如，注意到制度对创新具有重要作用，于是诞生了制度创新学派；意识到国家在创新方面制定实施赶超战略的重要作用，国家创新体系理论也就应运而生了。但是，对

---

① 戴北方、林洁主编：《深圳口述史》，海天出版社 2020 年版，第 308 页。
② 张军主编：《深圳奇迹》，东方出版社 2019 年版，第 320—321 页。

于发挥好城市创新体系的系统功能来讲，深圳的实践表明：不但要全面认识和把握所有对创新发展起到作用的要素成分，更重要的是必须注重各要素之间的相互联系、相互制约、相互促进的关系，以实现"1＋1＞2"的系统效果，而这方面的规律仍然有待于城市创新体系理论的进一步丰富和完善。

作为城市创新体系的要素成分，深圳的创新主体——企业群体规模庞大、活力十足，具有强烈的创新意识和勇挑重担的使命感。但是，在同样被认为是起到关键作用的大学、科研机构方面，深圳又是一个明显的短板。如何解决这一问题，深圳市委、市政府可以说是费尽了心机。他们将城市创新体系作为一个高度开放的系统，始终与外部环境处于一个积极的相互作用过程中，采取最优惠的条件和超常的举措，从技术创新、产品创新、产业链创新的需求出发，不断从外部吸引到众多的科技、人才、资金等创新资源。在创新资源日益丰富的基础上，深圳又着力完善城市创新体系的运行机制，一方面加大法治建设和知识产权保护力度，努力维护创新者的合法利益；另一方面又加大财政资金投入以形成有效的激励机制，积极引导社会资本投资于科技产业创新项目，从而充分调动人才和资本这两大要素的积极性，实现了城市创新体系最佳的整体效益。同时，深圳还全面落实企业在创新中的主体地位，积极建设、扩展高新技术产业集群，以强化产业链上不同企业的协调与配合，产生了良好的集聚效应。深圳这些成功的实践经验，都值得理论界进行更加深入的研究和提炼。

三　与深圳联系紧密的两个理论命题

如果从本书的书名来讲，理应设置较大的篇幅来阐述城市创新体系的理论，并着力解读深圳构建城市创新体系对马克思创新发展学说和中国经济发展理论所做出的新贡献。但是，限于笔者的理论水平和著书的时间较为仓促，虽然书中尽可能地对此做出了一些努力，但这些理论阐释还显得颇为单薄、肤浅，这不能不说是件令人遗憾的事情。在此，为了多少弥补这一缺憾，笔者超出城市创新体系这一范畴，提出自以为是与深圳创新发展联系比较紧密且具有广泛时代意义的两个理论命题，以期引起更多的关注。

（一）深圳创新发展与跨越中等收入陷阱

如何跨越"中等收入陷阱"，这是一个世界性的难题。2019 年，深圳人均 GDP 已近 3 万美元，达到发达国家水平，可以说已经顺利地跨越了"中等收入陷阱"。深圳为什么"能"？其中确实包含了太多的因素，这些因素有些是别的国家无法复制的，例如中国共产党高效的执政水平和能力；但有的却是任何国家都必须遵循的客观规律，例如数十年如一日地坚持依靠深化改革来激发全社会的活力，坚持不懈、循序渐进地打造城市创新生态体系，坚持通过科技产业创新来提升经济竞争力，坚持企业在创新中的主体地位和坚持市场在创新中的主导作用，坚持转变政府职能、积极为创新驱动提供优质的政策、法治环境；等等。

跨越中等收入陷阱，如果从理论上讲，就是一个必须从发展经济学中得到解答的问题。但令人失望的是，现在世界上还没有一套现成的理论，能够指导、帮助发展中国家顺利跨越这一陷阱。中国是世界上最大的发展中国家，又是一个经济发展十分出色的发展中国家，而且强有力的制度变革始终是中国经济发展的助推剂。因此，不管是发展经济学也好，还是制度经济学也好，离开了中国这个范例，就不可能是完整、真正具有广泛代表性的科学体系。中国的实践已经为经济学提出了许多新的话题，例如使市场在资源配置中起决定性作用和更好发挥政府作用的话题，关于"五大发展理念"的话题，关于经济发展新常态的话题，关于推动"四化"同步协调发展的话题，关于用好国际国内两个市场、两种资源的话题，关于促进社会公平正义、逐步实现全体人民共同富裕的话题，关于"供给侧"理论的话题，[①] 等等。对这些话题的任何理论上的科学表述，都离不开深圳所提供的大量新鲜案例。而通过总结深圳创新发展的成功经验，有学者就认为，作为中国现代化发展的一个缩影，深圳的发展是在政府引领、市场竞争与社会力量参与这"三个引擎"共同驱动下，才取得成功的。这个发展模式，既蕴含着浓厚的中国特

---

① 张新春：《中国特色社会主义政治经济学的话语体系建构》，《经济理论与政策研究》2016 年第 1 期。

色和中国智慧，又符合发展经济学、制度经济学、现代宏微观经济学所界定的经济发展规律。与拉美等后发现代化国家相比，深圳坚持以创新驱动为核心动力，成功地跨越了"中等收入陷阱"，在保持经济高速发展的同时，又维护了社会总体稳定、避免了分利联盟左右公共利益。因此，深圳不但为中国，而且也为世界其他地区的发展提供了丰富的、可资借鉴的经验。①

其实，对于中国如何跨越中等收入陷阱的问题，由于中国体量庞大，对世界经济发展具有举足轻重的作用，因此该问题也引起了国外不少学者的广泛关注。美国学者乐文睿等人曾于 2016 年主编出版了《中国创新的挑战：跨越中等收入陷阱》一书。从书名中就可以清楚看到，跨越中等收入陷阱是中国创新所面临的最大挑战，而创新又是跨越中等收入陷阱的必经之途，除此别无其他的选择。该书的编者认为，尽管中国采用非常高效的政策组合，利用中国农村富余的劳动力，建造了大量的基础设施、新城市，使中国成为世界的制造中心，但随着这些政策的效果差不多走到尽头，"中国经济继续高速增长面临着可怕的挑战"。他们还指出，中国的政策制定者和经济学家一直在研究评估日本、中国台湾、以色列、韩国等地以往的经验，但这些经验都不可能在中国大陆复制。因此，该书部分作者就悲观地认为，如果"没有巨大的改革，中国现有的政治和经济体制将使得其不可阻挡地落入中等收入陷阱"。② 然而，深圳的实践却雄辩地表明，在现有的中国政治、经济体制下，并不需要推行西方所期望的"巨大的变革"，而仅仅是依靠全面实施好创新驱动发展战略，中国仍有可能跨越中等收入陷阱。当然，要让那些带有偏见的人接受这一事实，使深圳所代表的中国创新发展理论走向世界，还需要中国学者做出巨大的努力。

（二）深圳创新发展与中国话语权的构建

面对百年未有的大变局，中国正处在一个重要的历史节点上。

---

① ［美］乐文睿等主编：《中国创新的挑战：跨越中等收入陷阱》，北京大学出版社2016 年版，前言。

② 谢志岿、李卓：《深圳模式：世界潮流与中国特色》，《深圳社会科学》2019 年第 1 期。

深圳的崛起不但增强了国家的硬实力，同时也为国家软实力的重要支撑——"中国话语体系"的构建提供了许多生动感人的素材。因此，研究深圳崛起与中国话语体系构建的内在关系，应该成为当前学术理论界的一项重要课题。

话语体系是思想理论体系和知识体系的外在表现形式，也是决定一个国家软实力即所谓"话语权"的基础。一个国家在世界上有没有话语权，除了其经济、军事是否具有实力之外，同时还是取决于这个国家的话语体系的构建程度。具有严谨逻辑性的话语体系能够对外产生强大的感染力和影响力，并最终通过话语说服力来提高一个国家的话语权，促进该国国际地位的提升。正因为如此，所以自从进入现代社会，西方列强便十分重视构建符合自身利益需要的话语体系，并把话语传播作为国家安全战略的重要组成部分。特别是第二次世界大战之后，美国凭借自己无与伦比的经济、军事实力，极力向全球输出自己所认可的"自由""民主""人权"等观念，并将其称为绝对和永恒适用于所有国家的"普世价值"。借助这一做法，美国以"世界警察"的形象牢牢占据了道德制高点，成功地建构了属于自己利益的全球话语体系，把任何不同于美国的民主制度都视为"专制"和"暴政"。直至今天，不管在政治经济乃至意识形态方面，美国在全球范围内仍然拥有无可撼动的强大话语权。[1]

改革开放以来，我国的经济发展速度一直处于世界的前列，特别是 2008 年国际金融危机之后，中国为世界经济的增长做出了最大的贡献。但长期以来，由于中国的学术话语体系缺乏独立自主的创新精神，仍旧是以引进西方话语体系为主，不注重自身的话语体系建设，因此难以及时向世界科学地阐释中国道路的历史必然性和进步性。如今面临的严峻现实是，一方面中国虽然成为世界第二大经济体，但是由于话语体系建设的落后，因此在国际话语权的影响力方面，中国与自己的经济实力并不相称。在西方喋喋不休的话语攻势面前，中国的社会科学工作者如果没有思想上的警醒和学术理论上的自觉、自强，不去着力构建经得起时代检验、具有充分说服力和

---

[1]　王阳：《美国全球话语霸权是如何形成的》，《人民论坛》2016 年第 25 期。

影响力的话语体系，就难以打赢这场意识形态领域的争取民心之战，不可能从根本上巩固党的执政地位，也难以将中国特色社会主义道路坚持到底。

构建中国话语体系是一项系统工程，必须从形式和内容两个方面着力。从形式上讲，要构建好具有鲜明时代特征的中国话语体系，就应该做到既要坚持马克思主义普遍原理和中国具体实践的深入结合，不断推进马克思主义的中国化、时代化、大众化；又要善于从中华优秀文化传统中汲取智慧，用中国的声音来讲好中国故事、宣传好中国的价值理念。从内容上讲，只有从中国改革开放的丰富实践出发，聚焦中国社会经济各个层面所发生的历史性变革，积极回应不断涌现出来的新情况、新任务、新挑战，才能构建起对内能够解决前进道路所面临的各种问题、对外能够打破西方对话语权的垄断并能赢得民心的理论体系和话语体系。深圳作为中国改革开放的窗口和试验田，是坚持走中国特色社会主义道路的范例，其成功经验对构建中国话语体系具有尤为突出的典型意义。举例来说，现在西方敌对势力把攻击的矛头直接对准中国共产党，污蔑我们党是一个"专制"的党、"独裁"的党，企图把中国共产党和中国人民分割开来。但是，深圳创新发展的实践早已证明，中国共产党和中国人民是不可分割的，为中国人民谋幸福、为中华民族谋复兴就是党的初心和使命。以创新履行使命，实现中华民族的伟大复兴，是改革开放以来中国共产党的毅然选择。深圳特区的成立，标志着党对新发展理念、新发展道路、新发展模式的积极探索，因此创新也就成了深圳这座城市最宝贵、最有代表性的精神品格。40年来，深圳在全国创造了1000多个第一，并且不少成果还在全国得到推广和复制。正是在党的引导和支持下，深圳本土企业依靠创新赢得了发展的先机，在一些技术领域已经缩短了与西方发达国家的距离，特别是在5G领域已经占据世界领先的地位，乃至一些美国专家十分感叹："这是现代历史上首次，美国没能在关键技术上成为领跑者。"[1] 这也使得美国政府不得不动用国家力量对华为进行蛮

---

[1] 陈思佳：《和华为争夺5G未来，美国甚至想让思科收购爱立信、诺基亚》，2019年11月28日，观察者网（https://www.guancha.cn/internation/2020_06_26_555448.shtml）。

横无理的打压和封杀，但这些举措并不能阻止中华民族复兴的坚定步伐。现在，深圳创新发展的成就已得到世界越来越多有识之士的认同，深圳创新发展的实践生动地证明了中国共产党人的担当和智慧，深圳也由此成了向世界正面展示中国共产党与中国人民心连心、共命运的最佳舞台。因此，社会科学工作者应该下更大的决心、花费更多的精力，努力把深圳的经验从内容上把握准、从理论上研究透、从形式上宣传好。正如习近平总书记所指出的，要"增强对外话语的创造力、感召力、公信力，讲好中国故事，传播好中国声音，阐述好中国特色"①，以提升国家的话语权，使中国道路、中国理论、中国制度、中国价值在世界上得到更多的理解和认同。

---

① 《习近平谈治国理政》，外文出版社 2014 年版，第 162 页。

第三章

深圳茁壮成长的创新主体

全面落实企业在科技产业创新中的主体地位，是提升城市自主创新能力的关键。深圳在构建城市创新体系过程中，注重以需求为导向、以应用促发展，努力发挥企业在技术创新决策、研发投入、科研组织和成果转化的主体作用，积极为企业提供"定制式"的贴身服务，促进了大批创新型企业茁壮成长，有力地推动了高科技产业迅猛发展。

第一节　活力十足的深圳企业群体

作为市场价值的最终创造者，企业是创新活动中的资金投入主体和成果应用主体，在科技产业创新中处于关键地位。激烈的市场竞争给企业带来的巨大创新需求，支撑起了城市创新体系这座大厦的基本框架，也是创新体系不断发展完善的根本动力。在整个创新活动过程中，企业不但直接承担了大量技术创新特别是产品创新的任务，而且其他科研机构产生的任何新知识、新成果都只有通过企业转化为产品并在市场中销售，创新活动才能够得到真正的实现。因此，经合组织（OECD）在1997年的《国家创新体系》报告中指出，创新是不同创新主体和机构之间复杂作用的结果，技术变革不可能呈现出完美的线性发展方式，而是创新系统内部各要素间互相作用和反馈的结果，"这一系统的核心是企业，是企业组织生产和创新、获取外部知识的方式。外部知识的主要来源则是别的企业、公共或私有的研究机构、大学和中介组织"①。深圳之所以能在缺乏一流大学和科研机构的条件下，仍然能够成功构建起城市创新体系宏伟框架，其根本原因也就在于深圳拥有一个活力十足、数量可观的创新型企业群体。

一　举世瞩目的深圳大型民营企业

在现阶段，我国是多种所有制形式并存的经济结构，随着社会主义市场经济体制的建立和完善，民营企业在我国经济结构中的地位已经显得十分重要，这也决定了民营企业是创新主体中一支十分重要的力量。1995 年，在《中共中央、国务院关于加速科学技术进步的决定》中，民营科技企业就被视为发展我国高技术产业的一支有生力量。2019 年 12 月，《中共中央　国务院关于营造更好发展环境　支持民营企业改革发展的意见》更是明确提出："支持民营企业加强创新。"在党的政策强力推动下，这些年来民营企业的科技创新空间大为拓展，其成果也日益显现。例如，2018 年的国家科技进步奖获奖单位中，民营企业的数量就超过了国有企业。工信部发布的 2018 年中国"制造业单项冠军"榜单中，有 121 家民企是以创新取胜的，占比从 2017 年的 55.5% 增长到 2018 年的 75.6%，②民营企业已经成为科技创新主力军中的重要组成部分。

在深圳，由于缺少国有大中型骨干企业，因此从一开始民营企业实际上就承担起了科技创新的大梁，完全发挥着主力军的作用。因此，在深圳城市创新体系中，最引人注目的无疑是以腾讯、华为、中兴、比亚迪、华大基因等为代表的一大批活力十足的创新型高科技民营企业，正是它们积极抢占世界高科技发展的制高点，不但扛起了深圳创新发展的重任，而且为国家的发展、民族的振兴做出了杰出的贡献。

（一）华为：从 2 万元起家的世界通信行业巨头

作为当代中国最具影响的民营企业家之一，任正非在 1974 年曾

---

① 刘志春：《国家创新体系概念、构成及我国建设现状和重点研究》，《科技管理研究》2010 年第 15 期。

② 《支持民企当好创新主力军》，《深圳特区报》2019 年 12 月 27 日。

为建设从法国引进的辽阳化纤总厂而应征入伍，后又因工程建设中的突出贡献出席了 1978 年的全国科学大会和 1982 年的中共第十二次全国代表大会，这段经历应该说对他日后打造华为这一举世瞩目的创新型高科技企业奠定了非常好的基础。

1987 年，时年 43 岁的任正非集资 2.1 万元人民币创立华为公司，1988 年他出任华为公司总裁。初创之际的华为，其物质条件极度匮乏，最早的办公地点是深圳湾畔的两间简易房，后又在一幢破旧的工业大楼里租用了几乎没有窗户的十多间仓库，从香港公司采购来交换机配件，组装好整机再进行销售。华为靠代理香港公司程控交换机获得第一桶金后，任正非就已经察觉到程控交换机技术的重要性，并将所有资金投入研制该项技术中，终于研制出价格比国外同类产品低 2/3 的 C&C08 交换机，奠定了华为适度领先的技术基础。此时，国际电信巨头大部分已经进入中国，并开始大幅降价，企图将国内的新兴电信制造企业扼杀在摇篮里。对此，华为选择了先占领农村、后占领城市的发展战略。由于成本的限制，国际电信巨头无力顾及农村市场，而华为则凭借精良的营销队伍、优秀的科研团队和良好的售后服务，依靠广阔的农村市场获得了长足发展，积蓄了打城市战的资本。

作为一个危机意识极强的企业家，任正非在华为开始进入快速发展轨道之时，就意识到华为将来所面临挑战的艰难性和复杂性。1997 年 12 月，任正非到美国走访了 IBM 等一批著名高科技公司，华为与这些国际巨头的巨大差距使他感到极为震撼。回国不久，华为便在全公司开展持续五年的学习活动，借鉴西方大公司的经验来反思自身不足，推进内部管理制度的大变革，以便为华为将来走向国际化做好准备。

当 21 世纪即将来临之际，1999 年时的华为其员工已达 15000 人，销售额首次突破百亿元大关，达到 120 亿元。华为在国内市场站稳脚跟之后，又把目光转向海外，紧密地追踪世界先进技术的发展走向，先后在印度的班加罗尔和美国的达拉斯设立研发中心。这一年，虽然华为的海外销售额仅 0.53 亿美元，但已开始着手建立国外的营销和服务网络，准备来日在国际市场大显身手。

2002 年 6 月，华为宣告将正式进军北美市场，但这一举措很快就遭到当时在数据通信领域处于绝对领导地位的思科公司的野蛮阻击。2003 年 1 月 23 日，思科以侵犯其知识产权的名义正式起诉华为。这是一场生死攸关的考验，如果华为被判决有罪，那么将不仅仅是被赶出美国市场，而且还无法拓展其他海外市场，甚至整个公司都有可能被巨额的赔偿金和不可避免的士气低落而摧垮。在这生死攸关的时候，任正非果断停止公司所有高层的春节休假计划，召开高层紧急会议来商量对策。在律师的指导下，2003 年 3 月华为向法院提交了一份 18 页的答辩词，对思科提起了反诉。在答辩词中，华为否认了思科提出的 90 多项指控，并指出：作为华为的竞争对手，思科一直在美国市场有意误导华为的商业行为和产品，包括散布专利方面的一些错误观点。华为还引用业内人士的说法，认为这次起诉华为的手法对于思科来说是早有先例，目的就是要阻止华为进入美国市场。同时，华为还和另一家美国公司 3Com 共同宣布将组建合资企业，目的就是要给外界传递出一个明确的信息——与思科同处美国的 3Com 公司相信，华为在数据产品的知识产权方面没有问题。在两次听证会后，法庭分别支持和驳回了思科的一些诉讼请求。2003 年 10 月 1 日，思科与华为达成了初步协议，同意在双方邀请的独立第三方专家审核过程中将官司暂停 6 个月。此后，经过一系列的较量，对方终于有了和解的愿望。2004 年 7 月 28 日，华为、思科、3Com 向得克萨斯州东区法院马歇尔分院提交了终止诉讼的申请。至此，这场被炒得沸沸扬扬的官司终于结束。通过这次诉讼，证明华为的产品不仅具有成本优势，而且在技术上具有独立性和合法性，为其未来的海外拓展获得了"合法入场券"。华为之所以在这场较量中敢于同世界巨头碰硬并取得胜利，其重要原因之一，就是从 1998 年开始即花费巨大代价引入国际一流的咨询公司，从组织管理、财务流程、人力资源、质量控制等各个方面全方位地与国际标准接轨。通过引入 IBM 的 IPD 系统，华为在产品研发的全过程都严格按照知识产权保护法律进行自我约束，从而保障了技术研发上的"干净"，[①] 这种

---

① 《想当年华为如何应对思科的诉讼》，2019 年 11 月 29 日，搜狐网（https://www.sohu.com/a/128352082_ 355108）。

管理体制上的深刻变革使华为经受住了这场对日后开拓世界市场具有关键意义的巨大考验。

2004 年，华为与德国西门子公司成立合资企业，开始面向国内市场开发 TD – SCDMA 移动通信技术。同年，华为赢得中国电信国家骨干网优化合同，成功地进入了国家骨干网的两个超级节点。并为中国电信建造了 1200 多万个 ADSL 线路，巩固了作为中国电信最大战略伙伴的地位。与此同时，华为又赢得为荷兰运营商 Telfort 提供 UMTS 网络设备、价值超过 2500 万美元的合同，首次实现在欧洲市场的突破。随后，华为于 2005 年 3 月与德国一家全国性电信提供商 QSC AG 达成协议，宣布结成战略合作伙伴，共同建设覆盖德国二百多个城市的 NGN 网络。该网络的建成，将使 QSC AG 拥有德国最大的 VoIP 网络。对于华为来说，这份合同确实是得来不易。在长达 4 个月的设备对比测试中，华为公司的快速响应需求的能力和技术创新能力给 QSC AG 的高管留下了非常深刻的印象，才使华为最后战胜了老牌欧洲制造商，赢得了这份重要合同。此时，华为已经为包括北美和欧洲发达国家在内的世界 20 多个国家建设了近百个下一代商用网络，市场份额开始在业界领先。这一年，华为的海外合同销售额首次超过国内合同销售额，华为开始迈开了国际化的坚实步伐。

2006 年 8 月，华为宣布其全球用户量已突破一亿，移动软交换设备的出货量高居全球之首，名副其实地成为全球移动软交换市场的领导者。移动软交换与传统的核心网相比较，它具有容量更大、处理能力更强、网络部署更快等优势，可大大降低建设和维护成本。到 2007 年年底，华为已成为欧洲所有顶级电信运营商的合作伙伴。2008 年，华为被商业周刊评为全球十大最有影响力的公司。同年，据世界知识产权组织统计，华为在专利申请公司（人）排名榜上名列第一，LTE 专利数占全球 10% 以上。2009 年，华为继续被商业周刊评为全球十大最有影响力的公司，其无线接入市场份额也跻身世界第二位。到 2010 年，华为开始超越了老牌电信设备制造巨头——诺基亚、西门子和阿尔卡特朗讯，成为仅次于爱立信的全球第二大通信设备制造商，并获英国《经济学人》杂志 2010 年度公司创新大奖，还首次入围 2010 年《财富》世界 500 强，成为闯入世界 500 强的第二家中国民营科技企业。据赛诺 2010 年报告统计，凭借与中国电信的深度合作，华为终端在 EVDO 市场整体份额已达到 23.1%，继续保持市场第一。该年的 5 月，全球知名增长咨询公司 Frost & Sullivan 发布《2009 全球软交换市场研究报告》，显示华为移动软交换和固定软交换分别以 40.6% 和 26.5% 的份额均排名全球第一。2011 年，华为入选首批"国家技术创新示范企业"，并推出华为 honor 荣耀手机和华为 Vision 远见手机，开始了向手机市场的大进军。2012 年，华为在 CES 2012 展会发布了全球最薄的智能手机华为 Ascend P1，还在巴塞罗那 2012 年 WMC2012 展会上发布了第一款搭载自主研发的四核心移动中央处理器 K3V2 的手机"Ascend D quad"，该处理器由华为旗下的子公司海思研发，成为国内第一家推出自研手机移动中央处理器的手机厂商，此举对于打破国外厂家对手机 CPU 的垄断，具有重要意义。

到 2018 年，华为销售收入首超千亿美元，手机全球发货量突破 2 亿，稳居全球前三；有 211 家世界 500 强企业、48 家世界 100 强企业选择华为作为数字化转型的合作伙伴；华为的 5G 微波开启全面商用的新征程；发布全球首个覆盖全场景人工智能的 Ascend（昇腾）系列芯片以及基于 Ascend（昇腾）系列芯片的产品和云服务；发布 AI 战略与全栈全场景 AI 解决方案，在全云化网络基础上引入全栈全场景 AI 能力，打造自动驾驶网络；发布新一代人工智能手机芯片——麒麟980。[①]

如今，华为在 5G 领域的领先技术，已经引起美国的极大焦虑。在具有重要战略意义的高科技领域，美国还从没有如此大幅度地落后于他人。为此，美国政要在全球掀起了一场史无前例的国家对企业的不对称"围剿"战。先是以更加安全为由，将华为列入实体清单，企图断绝华为某些关键零部件的供应；其次，又以种种手段，胁迫欧美发达国家和日本拒绝华为参与其国内的 5G 网络建设，妄图困死华为；现在，一些美国高官甚至鼓吹以国家参股或控股一些网

---

① 《发展历程》，2019 年 11 月 20 日，华为集团网站（https://www.huawei.com/cn/about – huawei/corporate – information/milestone）。

络通信公司的办法，来培养壮大华为的竞争对手，以遏制华为的前进步伐。但这一切都是徒劳无益的，尽管遭受到美国的无理制裁，2019年，华为实现全球销售收入8588亿元，同比增长19.1%；净利润627亿元，同比增长5.58%；经营活动现金流914亿元，同比增长22.4%。而特别值得一提的是，2019年，中国首次超过美国成为国际专利申请的最大来源国。这一年，中国共提交了58990份专利申请，其中华为就以4411份PCT专利申请而连续第三年成为申请最多的企业。

华为从两万元起家，在并不长的30年时间里，发展成为年销售额达8500亿元的世界行业巨头，充分证明了深圳在打造城市创新体系方面所取得的巨大成功。华为所取得的成就，既有任正非这样杰出企业家的远见卓识和奋勇拼搏，又有深圳市政府的精心扶持和鼎力相助；既有许多华为科研人员的艰辛探索，又有无数员工在生产线上的默默奉献；既有华为花巨资打造的科研平台可以为创新探索提供广阔的舞台，又有大量集聚的先进产业集群能够为创新成果的转化提供有力的支撑。总而言之，是企业家的创新欲望、成熟的市场机制、完善的制度政策体系、良好的社会氛围、宽松的创新环境这一系列因素，造就了华为这一让中国人引以为傲的巨型民营企业，而这些众多的有利因素能够齐聚一起，也真实地反映了深圳这座城市其创新体系的发达程度。

（二）比亚迪：从电池代工厂到一流的新能源汽车制造商

1993年，27岁的王传福作为北京有色金属研究院301研究室的负责人，被派遣到深圳，成为院方与比格电池合资公司的总经理。到深圳后，王传福很快就感觉到了人们对手机电池的巨大需求，便萌发了下海创业的念头。1995年，王传福获得一笔250万元的投资，即创立比亚迪科技有限公司生产镍镉充电电池。1997年，一场巨大的金融风暴席卷东南亚，菲律宾、泰国等东南亚国家的金融市场和整个经济体系都受到极大冲击，使那些在东南亚地区设厂的日系电池生产企业也受损严重。此时，比亚迪却借机而起，因产品的低成本和交易方式的灵活多变，飞利浦、松下、索尼等知名巨头纷纷向比亚迪抛出了大额采购订单。尤其在镍镉电池生产方面，比亚迪仅用 3 年时间就将全球近 40% 的市场份额揽入自己的手中。在市场份额扩大的同时，王传福也敏锐地意识到自身技术积累不足将影响到未来的发展，于是便决定加大技术研发的投入力度，先后在欧洲、美国等地设立研究机构和分公司，使比亚迪很快掌握了更多的电池生产新技术。技术上的优势帮助比亚迪打败了竞争对手，于 2000 年获得了当时手机生产巨头摩托罗拉的首份订单。2002 年，比亚迪在香港上市，又开启了新的融资渠道，更增添了快速扩展的实力和底气。随着在电池领域不断研发出更先进的技术，比亚迪在手机市场的优势不断扩大，并最终赢得当时全球最大手机厂商诺基亚的电池供应合同，从而奠定了其在手机电池行业中的老大地位。

正当公司手机电池业务发展如日中天的时候，王传福却并不满足于行业老大的地位，他觉得对于比亚迪的发展来说，手机电池这个天地还是太小，于是他一眼瞄准了当时并不被人们看好的新能源汽车，决心在这个他认为将来是极为广阔的天地里发挥自身的电池技术优势。2002 年 7 月，比亚迪全资收购北京吉普的吉驰模具厂，开始为进军汽车制造行业做准备。2003 年，比亚迪又以 2.69 亿元拿下了陕西秦川汽车厂，成立比亚迪汽车公司，正式进入汽车制造与销售领域。但是，当时王传福的这一举动遭到了投资界的强烈反对，人们纷纷抛出手中的股票，使比亚迪的股价顿时从 18 港元急跌至 9 港元。然而头脑清醒、意志坚定的王传福不为所动，公司迅速确立了 3 个汽车制造业务的发展方向，即燃油汽车、电动汽车和混合动力汽车，并分别在西安建立了产能为 20 万台的比亚迪汽车生产线、在深圳成立了比亚迪销售公司、建立北京比亚迪模具有限公司、在上海建立比亚迪汽车检测中心等，显示了大举进军汽车行业的坚定决心，为了缩小技术上的差距，尽快造出价廉物美的好车，比亚迪走上了"逆向研发"的新路，不惜花费巨款购买各个品牌的全新车型进行拆解学习。2005 年生产出第一款车型 F3，虽然其外观和日本的丰田花冠相差无几，但 7.98 万元起的低廉价格却赢得了车友们的喜爱，因此一上市便成为爆款产品。2006 年，比亚迪的第一款搭载磷酸铁电池的 F3e 电动车研发成功，其电动机、减速器、电池组件以及控制系统全部自行研发自行生产。虽然当时还没有国家支持政策以及缺少充电设施，F3e并不具备上市条件，但比亚迪还是果断地将生产销售F3以及手机电池所获得的利润，大比例地投入到第一代混合动力新能源汽车的研发中去。

2008年，比亚迪推出全球首款量产的插电式双模电动车，揭开了批量生产新一代电动汽车的序幕。就在此时，随着汽车产业的异军突起，在世界权威的品牌价值研究机构——世界品牌价值实验室举办的"2008世界品牌价值实验室年度大奖"评选中，比亚迪凭借良好的品牌行业领先性和品牌公众认知度，荣获"2008年度中国市场购买者满意度第一品牌"大奖。也就在这一年，号称"股神"的巴菲特投入18亿港元力挺比亚迪，这是巴菲特唯一认购入股的中国民营企业，代表了他对比亚迪的认可。2009年，比亚迪成立了洛杉矶分公司，准备将旗下的新能源车拿到美国市场试水。2010年，比亚迪北美总部挂牌营业。与此同时，德国著名汽车制造商戴姆勒提出与比亚迪合作，生产由戴姆勒负责整车和内饰设计、比亚迪提供动力总成和电池组件的新能源汽车，比亚迪也因此而率先打破了过去中国企业只能"用市场换技术"与外资企业进行合作的传统模式，走出了一条用"技术换设计与质量"的新路子。2012年，比亚迪电动车e6率先成为深圳出租用车。2014年，国家推出了大力支持新能源产业的优惠政策，由此推动着比亚迪、北汽、江淮等国内汽车厂商的新能源车用技术的快速发展。此时比亚迪的e6电动出租车和K9电动大巴，不但成为国内多个城市公共交通运营车辆，而且足迹已遍布六大洲、50多个国家和地区共计300多个城市。新能源车的畅销使比亚迪从2015年起，取得连续四年全球销量第一的佳绩。

2016年10月13日，比亚迪研制成功的跨座式单轨——"云轨"在深圳举行全球首发仪式，正式宣告进军轨道交通领域。"云轨"是比亚迪旗下1000多人的研发团队，历时5年、耗资超过50亿元研发而成。在研发过程中，比亚迪坚持自主研发路线，掌握了轨道驱动、电机、电控、车身、底盘、转向架、轨道梁、道岔等全产业链核心技术。其占地面积小，整体建造周期为2年，是地铁的三分之一，总造价是地铁的五分之一，而且易改建或拆除。"云轨"还采用全球领先的列控技术，可真正实现无人驾驶；其搭载的动力电池系统，在紧急情况下，即使车辆断电，也能通过启用储能电池继续行驶5千米以上，确保乘客安全抵达车站，有望成为解决城市拥堵问题的便捷交通工具。现在，比亚迪海外首条云轨整体设计方案已获得巴西巴伊亚州州政府的批准，比亚迪将在其首府萨尔瓦多修建首条海外云轨线。

　　2019年11月7日，丰田汽车公司与比亚迪签订成立纯电动车研发公司的合资协议，双方各出资50%，开展纯电动车及该车辆所用平台、零件的设计、研发等相关业务。丰田曾于1997年推出世界首款量产混合动力车型，这是继戴姆勒之后，比亚迪与世界汽车巨头的第二次结盟，充分显示了其电池技术的先进性。到2019年年底，比亚迪在全球累计申请专利2.8万件，获得专利授权1.8万件。此外，在《财富》杂志发布的2019年度"改变世界的企业"榜单中，比亚迪位列第三。比亚迪还在2020年推出"刀片电池"，该电池在体积比能量密度上比传统铁电池提升了50%，具有高安全、长寿命等特点，整车寿命可达百万公里以上。25年来，比亚迪在制造业深耕细作，成长为横跨汽车、轨道交通、新能源和电子四大产业的国际型企业。2020年1月19日，全国民营企业家迎春座谈会在京隆重召开，王传福作为国家高质量发展企业代表发言。他在发言中表示，25年来，比亚迪坚持技术创新、苦练内功，在制造业深耕细作，令企业竞争力越来越强，路越走越宽。王传福最后说："面对百年变革，企业只有掌握核心技术，才能在激烈的市场竞争中脱颖而出；只有战略先人一步，跨入高门槛行业，才能赢得发展优势。比亚迪将持续加码技术创新，深耕制造业，为国家经济高质量发展做出更多贡献。"①

　　在20多年的发展历程中，比亚迪经历过多次挫折，也可以说是一步一个坎。从生产手机电池、代工IT开始，比亚迪不断拓展自己的发展新路，惯于不按常理出牌的王传福，硬是凭着自己的眼光和实力，顶着别人的嘲笑而成为业界的领袖。和华为一样，比亚迪也

---

① 《王传福谈高质量发展：坚持技术创新，深耕制造业》，2019年11月30日，比亚迪官网（http://www.byd.com/cn/news/2020－01－21/1514435846401）。

是伴随着深圳创新发展而成长为举世闻名的高科技企业的。与任正非相比，王传福同样具有敏锐长远眼光、非凡的勇气和百折不挠的毅力。不同的是，任正非更像一名指挥官，工程师出身的王传福则不但要指挥，而且还是这"乐队"中的第一小提琴手。伴随着深圳的创新发展而不断成长壮大，华为、比亚迪和中兴等其他著名企业一道，成为深圳闪亮的名片，它们向世人宣告：深圳的创新土壤是如此之肥沃，深圳的创新体系是多么的完备和富有成效，它能将一株株幼苗培植成参天大树。

二　迅速崛起的中小型民营企业

中小企业能够为社会提供数量极为丰富的产品，并能增加出口和扩大就业，是经济发展的重要推动力。同时，在大多数国家，中小企业还是科技产业创新的重要参与者。国外有学者认为，中小企业已经成为中国国家创新体系的重要组成部分，中国要避免落入中等收入陷阱，其方法就是要增强中小企业的创新能力。过去中国中小企业的竞争优势建立在低成本生产已经相对成熟的产品之上，然而，未来它们成功与否取决于产品创新的能力高低。[①]

事实也确实如此，截至 2018 年年底，我国中小企业的数量已经超过了 3000 万家，贡献了全国 60% 以上的 GDP 和 50% 以上的税收，是 70% 以上的技术创新成果和 80% 以上的劳动力就业的提供者。与大型企业相比，中小型民营企业在发展过程中所遇到的挑战更大、竞争也更为激烈，因此有效地开展技术创新活动，是中小型民营企业生存和发展的关键之所在。而在深圳，正是因为有一大批勇于创新、善于创新的中小型民营企业，才使得整个城市创新体系充满了生机和活力，推动着全市经济高速度、高质量地向前发展。据有关部门统计，到 2018 年 9 月底，深圳已经拥有 305.3 万户商事主体，也就是说，每千人就有企业 154.1 户，大众创业的密度和商事主体总数都位于全国各大城市的首位。尤为可喜的是，深圳不但拥有众多的民营中小企业，而且这些企业还成了深圳创新的重要主

----

① ［美］乐文睿等主编：《中国创新的挑战——跨越中等收入陷阱》，北京大学出版社 2016 年版，第 8 页。

体。据深圳市经贸信息委提供的数据，2018 年在全市 1.12 万家国家级高新技术企业中，以民营为主体的中小企业占据了 80% 以上的份额，其中具有"专精特新"特色的中小微创新型企业超过 5000家，数量位居全国大中城市前列。与此同时，不管是专利申请量也好，还是专利授权量也好，民营企业所占比重都已超过了全市总量的 70%，成为深圳科技产业自主创新名副其实的一支中坚力量。[①]深圳民营科技型龙头企业不断成长壮大和中小微创新型企业的快速发展，推动着互联网、文化创意、智能科技等产业的加速融合，催生出大量新行业、新业态，使深圳的产业结构不断向上攀升。

（一）大疆科技创新公司

2006 年，从香港科技大学毕业的汪滔和两位同学来到深圳开始创业，开始是以大疆公司的名义向客户出售无人机的零部件。当时的设想不过是尝试开发一两款新产品，能养活一个 10—20 人的团队就可以了。在经过早期内部纷争和员工流失之后，大疆逐渐建立起了自己的核心研发团队，持续开发新产品并尝试打开国外市场。当时，国外一些用户提出无人机应该从单旋翼设计向四旋翼设计转变，因为四旋翼飞行器价格更便宜，也更容易进行编程。得知这一消息后，大疆很快就着手研发更先进、具有自动驾驶功能的飞行控制器。为了减少零部件数量以及产品的重量，汪滔还别出心裁设法将无人机的电机连接到平衡环以减少电机的配备。经过不懈的努力，到 2011 年，大疆制造的飞行控制器成本由 2006 年的 2000 美元降到不足 400 美元，大大增强了产品的竞争力。

为了将无人机尽快引入美国市场，2011 年 8 月，大疆与美国商人合作，在美国得克萨斯州的奥斯汀市设立北美分公司，而此时的大疆公司已拥有生产一款完整无人机所必需的所有器件。2013 年 1月，公司发布了第一款开箱一小时内就能飞行的预装四旋翼飞行器——"大疆精灵"，靠着无人机简捷、好用和价格便宜的特点，"大疆精灵"很快就撬动了美国的非专业无人机市场，使公司收入一下猛增了 4 倍。随着美国市场的开发和新产品的不断问世，大疆公司

① 《众多深圳"民企"成世界"名企"》，《深圳商报》2018 年 11 月 3 日。

的产品很快就销往全世界，并一度占据了世界无人机市场70%的份额。2014年，大疆的营收达到了1.3亿美元。

2014年，大疆开发出来的不同系列产品先后被英国《经济学人》杂志评为"全球最具代表性机器人"之一；同年，又被美国《时代周刊》和《纽约时报》评为"十大科技产品""2014年杰出高科技产品"。2019年6月，大疆入选"2019福布斯中国最具创新力企业榜"；同年10月，胡润研究院发布《2019胡润全球独角兽榜》，大疆排名第15位；12月，大疆又斩获"2019中国品牌强国盛典十大年度新锐品牌"称号。

（二）柔宇科技有限公司

和华为、比亚迪、大疆这些土生土长的高科技企业不同，柔宇科技则是深圳推行高科技人才引进政策的结果，这也是深圳创新型企业成长的另一种模式，也体现了深圳良好创新环境的强大吸引力。

2010年10月，为了吸引海外人才来深创业、创新，深圳推出了著名的"孔雀计划"，凡是被纳入引进计划的海外高层次人才，都可享受80万元至150万元的奖励补贴，并在出入境、居留和落户、配偶就业、子女入学及医疗保险等方面享有优惠的待遇。这一计划对柔宇科技的创始人——刘自鸿产生了很大的吸引力。2006年，23岁的刘自鸿赴美国斯坦福大学电子工程系攻读博士学位，并成为该校校史上罕见的入学不到三年即完成博士学位的毕业生。2009年10月，他加入美国IBM公司；2012年3月，辞去美国IBM公司的工作，开始创业。被深圳所深深吸引的刘自鸿，便毫不犹豫地在美国硅谷、中国深圳及香港同时创立了柔宇科技有限公司，并担任董事长兼CEO。

2014年8月，柔宇科技成功研发出厚度仅为0.01毫米的全彩AMOLED柔性显示屏，卷曲半径小至1毫米，细过笔芯。该显示屏涵盖了新型电子材料的开发、高性能高稳定度的微纳米电子器件结构设计与工艺开发、新型显示背板工艺及生产流程优化等多项交叉领域，具有超薄、轻便且富有柔性的优异特点，可应用于新型智能手机、平板电脑、电视机、穿戴式电子等产品上，还可逐步拓展至移动广告、便携式智能家电和其他新兴终端电子产品市场。2015年

7月，柔宇科技的世界首条超薄柔性显示模组及柔性触控量产线在深圳正式启动，设计产能可达100万片/月；9月，发布全球首创的可折叠式超高清VR智能移动影院Royole-X；10月，率先启动柔宇国际柔性显示基地（全球首条类6代超薄彩色柔性显示屏量产）项目。10月19日，在全国大众创业、万众创新活动周，中共中央政治局常委、国务院总理李克强参观了柔宇科技公司。

2016年1月，柔宇科技被路透社评选为"2016年度CES[①]最佳"；3月，入选《科学美国人》中文版《环球科学》"2015年度新创企业榜"；9月，柔宇发布全新产品3D头戴影院Royole Moon，构建了一种"如影随形"的全新观影方式。2017年1月，3D头戴影院Royole Moon、柔性手机原型FlexPhone™、柔性电子智能背包三项产品共斩获CES 2017四项创新产品国际大奖。与柔宇的产品屡获殊荣的同时，刘自鸿本人也受到国内外社会各界的广泛关注。2015年，刘自鸿入选2015福布斯中美十大年度创新人物；2016年，刘自鸿荣获第20届"中国青年五四奖章"，并应邀参加习近平总书记主持召开的知识分子、劳动模范、青年代表座谈会，向总书记汇报了柔宇科技在科技创新方面取得的进展；2017年，刘自鸿入选《麻省理工科技评论》2017年度全球"35位35岁以下创新者"，并当选达沃斯世界经济论坛2017"全球青年领袖"。随着企业发展步伐的加快，柔宇科技于2018年完成了E轮融资，估值接近50亿美元，成为全球成长最快的独角兽科技创业公司之一。柔宇科技所研发的一系列柔性电子产品，为全球电子消费市场带来一种新的技术发展方向，也得到国际诸多科技专家以及权威媒体的关注和认可。

（三）华大基因研究院

长期以来，产学研脱节是制约我国科技产业创新取得实质性成效的突出问题。而在深圳，一些创新性企业则是把企业、大学、科研院所（研究机构）融为一体，发挥各自的优势资源和能力，在政府、金融机构和科技服务中介机构等相关主体的协同支持下，共同进行技术开发的协同创新活动，从而取得了丰硕的成果，华大基因

---

① 即国际消费类电子产品展览会。

就是一个典型代表。

华大基因曾是一个以学、研、用为主的专门从事生命科学的科技前沿机构，其研究领域涉及人类、医学、农业、畜牧、濒危动物保护等分子遗传层面，主要是为消除人类病痛、加强濒危动物保护、缩小贫富差距等方面提供分子遗传层面的技术支持。1999 年 9 月 9 日，随着"国际人类基因组计划 1% 项目"的正式启动，北京华大基因研究中心在北京正式成立。进入 21 世纪之后，为了更好地抓住新技术突破的机遇，2006 年 6 月，华大基因的科研主力来到深圳市盐田区，组建了"深圳华大基因研究院"。2009 年 12 月，华大基因又与国家农业部和深圳市人民政府携手共建"基因组学农业部重点实验室"。

2009 年 12 月 7 日，华大基因研究院和华南理工大学合作研究成果——《构建人类泛基因组序列图谱》，公开发表在国际著名科学期刊《自然》杂志的分刊《自然生物技术》上。这份研究成果是全球第一个通过新全基因组组装方法对多个人类个体基因组进行拼接，分析指出了人类基因组中存在"有或无"型的基因变异，从而首次提出了"人类泛基因组"的概念，标志着我国基因组学在世界上已经处于领先地位。2010 年 12 月，《科学》杂志公布了"2010 年十大科学突破"，华大基因研究院在"下一世代的基因组学"及"外显子组测序/罕见疾病基因"两项突破中获得 6 项科研成果。另外，《科学》杂志同时还编辑了十项自 2000 年以来改变科学的见解，华大基因对"人体内微生物群落"的研究发现也有突出贡献。

在科研成果不断取得重大突破的同时，华大基因加快了科研成果产业化的步伐，开始建立大规模的测序、生物信息、克隆、健康、农业基因组等技术平台。2009 年 1 月，建立农业植物平台；2010 年 1 月，华大基因购买了美国生物科技公司 Illumina 公司的 128 台 HiSeq2000 测序仪，成为全球测序通量最大的基因组中心，其基因测序业务当时已占到国内市场份额的 80%。2011 年 1 月，国家发改委正式批复同意依托深圳华大基因研究院组建深圳国家基因库。同年 10 月成立华大基因学院，该学院致力于国际化开放办学、尝试建立"以项目带学科、带产业、带人才"的新型培养方式。2012 年 4 月，正式成立华大基因科技服务有限公司，这是一个依托先进的测序和检测技术、高效的信息分析能力、丰富的生物资源搭建起来的具有世界领先水平的多技术平台。2013 年 3 月，华大基因成功收购人类全基因组精准测序的创新领导者、美国上市公司——Complete Genomics。二者整合之后，华大基因拥有了具有自主知识产权的基因测序仪，降低了对 Illumina 等上游公司的依赖，真正意义上实现了全产业链的掌控，测序服务成本也大幅降低。2013 年 2 月，全球历史最悠久的科技商业杂志——麻省理工《科技创业》杂志评选出 2013 年全球最具创新力技术企业，华大基因以其在生物医学领域的突出贡献，成功入选 50 强。麻省理工《科技创业》杂志发行人及总编 Jason Pontin 表示："技术变化的速度是惊人的。这些最前沿的企业，体现了颠覆性创新，将超越竞争，改变一个行业并改变我们的生活。华大基因就是一家这样的企业，它完成了全球数量最多的基因组测序并正在成为全球基因服务的提供商。"[①] 2013 年 6 月 20 日，总部设在伦敦的自然出版集团发布首份——《2012 全球自然出版指数》，根据自然出版指数对全球各个国家及科研机构进行排名。华大基因凭借 303 篇研究论文及 151.83 个贡献点数，在"全球 200 强"科研机构榜单中名列第 119。[②] 至此，华大基因的成就已引起世界的广泛瞩目，美国前副总统戈尔在其《未来：改变全球的六大驱动力》一书中，就曾多次提及深圳华大基因，并将其誉为中国崛起的代表。

　　作为中国基因测序的龙头企业，也是具有全球品牌影响力的中国生物科技企业代表，华大基因在国内主要城市设有分支机构和临床检验中心，并设有海外中心和核心实验室，服务覆盖全球 100 多个国家和地区。面对未来基因领域的广阔市场空间，华大基因致力

---

① 《华大基因入选麻省理工〈科技创业〉杂志 2013 全球最具创新力 50 强企业》，2019 年 11 月 30 日，测序中国网（http：//www. seq. cn/portal. php? aid = 203&mod = view）。

② 《首份全球自然出版指数出炉——华大基因名列"全球 200 强"科研机构》，《深圳特区报》2013 年 6 月 23 日。

于打造"华大生态圈",通过内部研发和外部投资,不断完善公司全产业链生态圈和前瞻性战略布局。尤其是在数据价值挖掘方面,华大基因拥有得天独厚的优势,遗传病检测、肿瘤筛查、传感染防控等领域都已分别构建多个组学数据库。在临床检测方面,华大基因更具有全球领先的数据优势,这将成为未来精准医学的核心竞争力。

2020 年年初,全国上下积极对抗新型冠状病毒,华大基因充分发挥自身的技术优势,积极投身于战"疫"工作。1 月 14 日,华大基因宣布,第一时间研发成功了新型冠状病毒核酸检测试剂盒;1 月 26 日,国家药品监督管理局应急审批通过 4 家企业的 4 个新型冠状病毒检测产品,其中,华大集团旗下 2 个产品成为首批正式获准上市的抗疫检测产品,这些产品对打赢抗"疫"战争做出了积极的贡献。而华大基因发明的、能够实现自动化检测的"火眼"实验室,更是出口到全球数十个国家,支撑全球各个国家的常态化检测能力,帮助人们尽可能地将疫情遏制在早期发展阶段。

第二节　不断扩展的新型产业集群

如果说企业是创新的主体,那么产业集群就是在创新体系中由众多这样的主体组成的子系统。产业集群的理论突破了企业和单一产业的边界,着眼于一个特定区域中具有竞争或合作关系的企业及相关机构的互动,从区域整体来系统思考经济、社会的创新和协调发展,从而全面有效地提升区域竞争优势。因此,能否培育出充满活力、覆盖广泛的新型产业集群,已成为影响城市创新能力的重要因素,也是构建城市创新体系必须关注的重要问题。要全面落实企业在科技产业创新的主体地位,就必须充分发挥产业集群的积极作用。深圳科技产业创新之所以能够取得显著成绩,其原因不但是拥有一批锐意创新、充满活力的行业龙头企业,而且还在于围绕着这些企业形成了具有一定规模和影响的产业集群。

一　新型产业集群有利于产业创新

（一）产业集群的概念辨析

产业集群实际上是一种产业集聚现象。早在 20 世纪初，德国著名学者韦伯在《工业区位论》中为了研究分析产业在空间上的集中分布现象，为此提出了"产业聚集"这一概念，来表述那些在某一空间共同发展、能够共享基础设施并带来规模经济效益的产业集聚现象。当然，他所提出的产业集聚概念与产业集群虽然有密切联系，但也有着明显差别的。因为形成产业集群的必要基础是产业的空间集聚，但并不是任何产业集聚都能形成产业集群。有的产业即使在空间上集聚在一起，由于彼此之间没有紧密的联系和合作关系，还是无法形成真正的产业集群。所以，产业集聚只是产业集群形成的一个必要条件，而非全部条件。同时，与传统的产业链概念相比，产业集群的内涵也不尽相同。产业链和生产链、供应链、价值链、商品链一样，都是强调某个行业中从头到尾各个环节之间的关联性，而没有空间集聚的概念。而产业集群却是既包括产业内部各个生产环节的企业之间的联系，也包括产业及其他相关机构间的联系，并且还强调空间的集聚度。因此，产业集群的实质就是在一定空间范围内产业的高集中度，这不但有利于降低企业的制度成本，提高规模经济效益和范围经济效益，从而提升企业的市场竞争力，而且还有利于知识外溢、技术扩散等科技产业创新活动。因此，从建设城市创新体系的角度来讲，产业集群的兴起和壮大，是对创新创业链的重要扩展，是必须高度重视的环节。

（二）产业集群是科技创新发展的内在要求

1990 年，美国学者迈克尔·波特在《国家竞争优势》一书中首次提出了"集群"这一概念。他通过对丹麦、德国、日本、美国等10 个工业化国家的研究，提出了"钻石"模型，认为一个地区产业集群的竞争力与六个相互关联的因素有关：要素条件；需求条件；相关产业和支持产业；企业的战略、结构和竞争以及政府和机遇，而这六个要素的相互作用便形成了产业集群的竞争力。他指出，产业集群可以从三个方面对竞争力产生影响：一是可以提高区域企业的生产率；二是能够指明创新的方向和提高创新的速率；三是有利于加快新企业的建立，从而起到扩大和加强产业集群本身的作用。这种理论认为，产业集群一旦形成，企业数目达到最初的关键多数时，就会触发自我强化的工程，而新的产业集群最好是从既有的集群中萌芽。① 从波特的产业集群理论中人们可以发现，产业集群和创新扩散活动之间存在着相互促进的关系：产业集群能够提高区域企业的劳动生产率，而劳动生产率的提高既是技术进步的结果，又能为企业的技术创新活动提供资金支持；技术扩散、知识外溢这些创新活动可以帮助新企业成长，新企业的成长壮大可以增加企业的空间集聚度，而企业空间集聚度的提升又加速了区域创新网络的形成。由此可见，技术扩散和知识外溢是实现产业集群技术进步、维持产业集群竞争优势的有效途径，一个企业的成功往往可以带动一大批具有分工合作关系的新企业产生，其学习效应呈裂变式扩张。

现代经济的竞争在很大程度上是新产品、新技术的竞争，因此，创新型产业集群是创新发展的内在要求和必然趋势。创新型产业集群可以概括为：以创新型企业和创新型人才作为主体，以技术密集型产业和产品为内容，以组织网络创新和商业模式创新为依托，以有利于创新的制度环境和社会文化环境为条件的产业集群。与传统型产业集群相比，创新型产业集群具有更多的技术密集型和知识型的特征，不但需要一批致力于创新的企业和企业家，需要有高新技术产品或技术含量较高的传统名牌产品，而且还必须拥有较为完善的创新组织网络体系和商业模式。同时，创新型产业集群还离不开集群内和周边地区质量较高而且数量众多的高等院校、科研机构、金融机构、中介机构、行业组织、公共服务机构以及市场组织和技术基础设施，等等，这些都是形成创新型企业集群的必要条件和基本特征。②

---

① 贾盈盈：《产业集群理论综述》，《合作经济与科技》2016 年第 9 期。

② 《创新型产业集群》，2019 年 12 月 5 日，百度百科（https：//baike. baidu. com/item/% E5% 88% 9B% E6% 96% B0% E5% 9E% 8B% E4% BA% A7% E4% B8% 9A% E9% 9B% 86% E7% BE% A4/273665？fr = aladdin）。

随着经济全球化和科技进步加快，一方面生产要素在全球范围内不断流动、扩散和聚集，另一方面分工和创新向高级化复杂化方向发展，这就使得培育创新性企业集群的任务显得十分紧迫。因为，只有这样才能够把高新技术产业通过分工专业化与交易便利结合起来，形成一种更为高效的企业空间组织方式，更好地解决集群式研发和生产的问题。单个的创新产业集群既是城市域自主创新体系中的重要载体，又可以构成次一级的创新体系，成为城市创新体系建设的基础和动力。因此，以龙头企业为核心，积极培育具有竞争优势的产业集群，对构建完善的城市创新体系具有积极的促进作用。

二 深圳加速建设高新技术产业集群

（一）深圳建设高新技术产业集群的基础

深圳在特区建立之初，主要是依靠引进外资来实现经济发展的。为降低成本，不断增多的外资企业产生了本地配套化的需求，生产链的扩充为本土中小企业的发展提供了市场机会，带来和催生了一系列企业，于是便围绕着一些优势产业逐渐形成了深圳的产业集群，如服装产业、家具产业、黄金珠宝产业等。到 20 世纪 90 年代初，发展高新技术产业开始成为深圳推动经济转型升级的战略举措，建设高新技术产业集群的任务便提上了政府的议事日程。

1991 年 8 月，深圳市政府发布了《关于依靠科技进步推动经济发展的决定》，开始重视高新技术产业的发展。1993 年 6 月，深圳又颁布了《深圳经济特区民办科技企业管理规定》，实际上已经形成了有利于民营科技产业集群的政策环境，在此背景下，南山区积极发展科技园，启动了建设高新技术产业集群的序幕。1998 年 6 月，中共深圳市委二届八次全体（扩大）会议提出，高新技术产业是深圳的希望所在、后劲所在，深圳要在产业升级上走在全国的前面，就必须大力发展高新技术产业，使之成为深圳的特色经济和第一经济增长点。随后通过制定《深圳市高新技术产业发展"九五"计划和 2010 年规划》，把高技术产业发展提升到战略决策的高度，并开始着手完善高技术产业制造链条。2000 年 10 月，深圳与北京、上海共同成为全国三个数字电视实验试点城市，深圳先后投入1.3亿元专项资金，带动社会资金13.7亿元，重点扶持了数字电视专用集成电路及关键部器件、数字电视软件、机顶盒等领域的优秀项目产业化，催生了数字电视产业链的形成，带动了相关企业的发展壮大，培育了一批专业技术人才。在短短的四五年间，深圳的电视制造业产值就增加到近百亿元，产业规模居全国大中城市前列，形成了较为完整的数字视频产品制造产业链，开始形成产业集聚的效应。应该说，这是深圳建立高新技术产业集群的最早尝试。

（二）深圳积极打造产业聚集基地和高新技术产业链

为加快产业集聚基地建设，2003年10月，深圳市政府出台了《关于支持发展产业集聚基地的若干意见》，制定了包括市、区财政按3∶7比例提供产业集聚基地开发建设配套资金；在市产业技术进步资金和市民营中小企业发展资金中为基地设立专项资金，用于补贴产业集聚基地的规划费用、对新建项目和技改项目给予贷款贴息、补贴基地公共技术平台和信息化平台建设费用等扶持、鼓励政策，并形成了由市政府分管副市长负责的统一组织架构。

2004年，深圳决定通过示范效应来全面推动全市产业集群的发展和升级，以提升产业竞争力。当时深圳开展的产业集聚基地建设不同于高新技术产业园和一般意义上的工业开发区，它是以传统产业和先进制造业为基础，在产业集聚基地内要有明确的主导产业，并且该产业在国内还必须具备一定的品牌基础和规模优势，主要产品在同行业中处于龙头地位、具有较高的科技含量和技术工艺水平，从而实现优势行业的相对集聚。同时，深圳还要求产业集聚基地内的企业能形成完善的配套生产链，有较高的关联度，要以有自主创新能力的龙头企业为依托，形成专业化分工、上下游配套、产业链完善的企业生态环境，从而带动相关产业的发展和整个产业结构的优化升级。

为了加速传统优势产业的集聚效应，促进专业化分工和产业链的完善，实现政策、服务等资源共享，降低企业在管理、设计、采购、生产、销售等环节的成本，2004年8月9日，深圳的服装、黄金珠宝、钟表、内衣、家具、模具六大产业集聚基地正式挂牌。这六大产业集聚基地通过建设行业公共技术平台、信息化平台、市场展示平台和现代物流配送体系，可以加快企业的技术改造和技术创新的步伐，加强基地内企业的集中与合作，从而全面增强企业的竞争力，进一步提升深圳传统产业的优势。

与此同时，深圳的高新技术产业已经呈现出迅猛发展的态势，2005年产值首次突破4000亿元。深圳正凭借着自身的产业优势和强大的配套能力，在技术引进的基础上不断强化自主创新，加快了新产品的研发和生产周期，使高新技术产业链逐步完善起来，为企业扎根深圳、创新发展提供了较好的产业环境。这一年，深圳已经形成了六个优势比较明显的高新技术产业链：一是通信设备制造产业链。深圳生产的数字程控交换机等通信设备占全国近50%的市场份额，光器件产品产值占全国六成，全球近三分之一的通信终端由深圳生产制造，深圳已成为全球最大的通信终端设备生产基地。二是计算机及外设制造业产业链。全市拥有龙头计算机生产及配套企业达1500多家，占全国近20%的市场份额。三是数字视听产品制造产业链。四是平板显示产业链。五是软件产业链。深圳在软件产值和软件出口方面，已连续6年一直位居全国大中城市前列。六是生物医药产业链。深圳已初步形成了从检测试剂、生物疫苗、生物芯片、生物药物到基因治疗药物的产业链雏形，生物医药企业和产品双双超过百家，在全国产生了一定的影响。① 深圳高新技术产业相对完备的产业链成为城市创新体系的一大特色，人才的不断聚集与强大的自主创新动能相结合，促进了产业链条的不断优化、完善，不但显著降低了自主创新的成本，也为高新技术产业集群的形成创造了有利的条件。

（三）深圳高新技术产业集群的扩展与产业链的完善

从"十一五"末开始，深圳进一步实施新一轮产业链拓展工程，着力建设更具有竞争优势的产业集群。为此，深圳开始系统梳理产业链中的薄弱部分和缺失环节，对关键环节大力实施"强链"和"补链"工作。同时，又瞄准产业发展新趋势和世界科技前沿领

① 《组图：自主创新引领深圳高新技术产业发展》，2019年12月7日，中国网（http://www.china.com.cn/zhuanti2005/txt/2005-08/24/content_5949847.htm）。

域，积极推进大数据、人工智能和实体经济的深度融合，精心培植若干新的产业链，推动制造业向全球价值链的高端进发。比如，为补齐缺"屏"这一短板，在深圳已具规模的平板显示行业基础上，投资规模达 245 亿元的华星光电一期项目于 2010 年 1 月在光明新区动工。华星光电落地深圳带动平板显示业上下游产业链加速集聚。此时的深圳已聚集了华星光电、旭硝子、欧菲光等数十家规模以上企业，构建了完整的上下游产业链，形成了一个年产值超 1500 亿元的平板显示产业集群。①

　　2017 年 1 月，深圳市六届人大三次会议提出实施"十大行动计划"，以加快推进建设国际科技、产业创新中心。"十大行动计划"的重要内容之一，就是规划建设十大未来产业集聚区，这实际上就是通过加大投入的方式来弥补产业体系中短板，加快深圳高新技术产业集群的扩展步伐。当年，7 个首批授牌的产业集聚区建设便正式启动。这 7 个未来产业集聚区规划用地总面积约 50 平方公里，预计总投资超 2000 亿元，涵盖了生命健康、军工、航空航天、机器人、智能装备等未来产业。其中坪山聚龙山集聚区瞄准新一代信息技术、可穿戴设备、高性能集成电路、机器人等核心技术，积极引入领军企业和推出重大核心项目，2018 年 2 月被工业和信息化部批准为第八批国家新型工业化产业示范基地。2018 年 7 月，深圳又正式启动第二批 8 个新兴产业集聚区建设工程。这 8 个集聚区涵盖了生物与生命健康、人工智能、石墨烯、集成电路、航空航天、第三代半导体、海洋、智能装备新兴产业，规划了超过 60 平方公里用地总面积。到 2020 年，8 个集聚区预计总投资超 1800 亿元。其中，罗湖大梧桐、龙华九龙山、龙岗宝龙科技城 3 个集聚区的产业规模将超千亿元。深圳期望通过布局这两批新兴产业集聚区建设，更好地发挥产业集聚集约发展的功能，积极促进产业结构调整，力争形成一批掌握未来技术、具有强大竞争力的产业集群，从而进一步壮大城市创新体系的主体。

　　在培育高新技术产业集群的建设中，优化产业生态链同样具有

---

① 《深圳制造：完整的产业链全球独有》，《深圳商报》2018 年 2 月 25 日。

十分重要的意义。因为没有良好的上下游的协作配套，创新的环境就不完善，产业集聚的实际效果也会大打折扣。因此，为适应新一轮产业变革趋势，进一步完善"基础研究＋技术攻关＋成果产业化＋科技金融"全过程创新生态链，做到缺什么补什么、难什么帮什么，深圳先后出台《深圳市鼓励总部企业发展实施办法》《深圳市工业及其他产业用地供应管理办法》等规定，鼓励大企业、好企业来深设立总部或落户产业项目。在土地供应十分紧张的情况下，深圳于2019年一口气推出了30平方公里产业用地，意图通过建立"遴选＋供应＋监管"全链条的用地供应机制，重点遴选一批处于产业爆发前夜且深圳具备一定产业基础的新兴前沿领域，在产业空间供应方面予以充分的保障，着力打造新型高技术产业集群，以集群发展来填补产业链的缺失，力争在新一轮产业变革中抢占更多先机。

深圳产业集群发展的良好基础，引起了国家和广东省的高度关注并给予大力支持。2019年11月，深圳的新型显示器件产业集群、人工智能产业集群和智能制造装备产业集群被列入国家战略性新兴产业集群发展工程。[①] 2020年9月28日，《广东省人民政府关于培育发展战略性支柱产业集群和战略性新兴产业集群的意见》正式对外公布，提出，要抓住建设粤港澳大湾区和支持深圳建设中国特色社会主义先行示范区的重大机遇，加快培育发展战略性产业集群。值得指出的是，该意见有30多处提及深圳。而在20个战略性产业集群行动计划中，也有80多处提及深圳，其中11个产业集群领域都是提出要"以深圳等地为核心，赋能产业集群建设"，涉及的产业集群包括新一代电子信息、智能家电、现代轻工纺织、软件与信息服务、生物医药与健康、半导体与集成电路、高端装备制造、前沿新材料、新能源、激光与增材制造、数字创意等。为此，各行动计划还对深圳发挥核心作用提出明确的要求，如：激光与增材制造产业集群行动计划中，深圳必须重点建设深圳激光谷产业园等，构建全省科技创新和市场应用核心区和引领区；软件与信息服务产业集群行动计划中，提出支持深圳建设国际开源服务中心、开源产业孵化基

---

① 《11个产业集群提出以深圳等地为核心》，《深圳特区报》2020年9月29日。

地和国家新型工业化产业示范基地（工业互联网方向），建设具有国际影响力的软件名城；在区块链领域，支持深圳依托数字货币研究院，布局以数字货币为主的金融科技产业，打造区块链特色的数字经济示范窗口；在智能机器人产业集群领域，深圳要重点发展服务机器人、特种机器人和无人机产业，推动以面向3C产业为主的工业机器人及集成应用，还要打造好人工智能创新平台，加强人工智能技术和机器人的深度融合。由此可见，在国家的重视和广东省的支持下，深圳产业集群还会出现超群发展的势头。

（四）深圳发展产业集群的积极效果

从实际效果来看，深圳着力打造的产业集群对高新技术发展起到了巨大的推动作用。在深圳的产业集群中，众多的专业化创新企业在不同的领域、不同的层次、不同的环节进行创新，实现了资源的有效配置，产生了产业链协同创新的分工效应。就拿深圳的无人机产业集群来说吧，无人机是以AI技术为核心，以控制技术及数字化移动通信技术和新材料技术、精密加工技术、动力电池技术等为基础的多元技术合成的新产业，没有一个企业可以单独生产无人机，众多的核心关键技术组成了无人机的产业链，而这些都是深圳独有的产业优势。首先，深圳拥有众多的纤维材料企业，这些企业从早期加工钓鱼竿、羽毛球拍、高尔夫球杆起步并不断发展壮大，能够为无人机大量生产机体、外壳及主要结构件。其次，能够生产无人机精密零部件的企业在深圳也为数不少，随着精密制造能力的提升，曾经为年产数亿只手机配套的深圳企业很快在无人机生产领域获得了新的发展机会。同时，深圳还是手机电池的重要生产基地，无人机从悬停状态达到最高速度时间越短无人机性能越高，对电池瞬时提高功率的要求也越高，这也会有力地推动传统手机电池生产企业加快技术创新步伐。还值得一提的是，微型电动机是无人机的关键构成部分，而磁性材料又是微型电机生产的核心材料，具有用量小、价值大、创新难度系数高的特点，单一企业生产要承受很大的风险。深圳市政府虽然没有预见到无人机产业的崛起，却意识到微型伺服电机是机器人产业发展的核心技术，因而对磁性材料的研究开发给予了关键性支持，对深圳电动机产业升级发挥了"四两拨千斤"的作用,① 也为深圳无人机占领世界市场奠定了基础。

从理论上分析,深圳创新型产业集群的兴起不但成为城市创新发展的重要载体,同时也是提高深圳产品国际竞争力的巨大动力。首先,创新型产业集群是培育企业学习与创新能力的基石,能够为企业提供更加良好的创新氛围。因为企业彼此接近、联系紧密,会更加真实、更加深切地感受到相互竞争的无形压力,这样就迫使集聚在集群内的相关企业都必须紧紧盯住产品研发的各个环节,不断改进和进行创新,以适应市场的迅速变化和合作方企业不断提高的技术要求。其次,创新型产业集群是促进技术和知识快速传播、扩散的组织形式。共同的产业文化背景和空间的接近性,大大加强了企业之间相互的频繁交流,有利于各种新观念、新思想、新知识和新技术的广泛传播,从而形成知识和技术的溢出效应,推动企业不断提升自身的研究和创新能力。最后,创新型产业集群可以降低企业创新的成本。创新型产业集群为区域内企业的竞争与合作提供了双重机会。竞争使产业内部的分工更加专业化,合作使企业间形成的产业链更加紧密。其目标是通过企业集聚形成外部经济,显著降低创新成本,提高整体创新能力。② 因此,不论是从实践效果来看还是从理论意义上讲,深圳大力推动优势产业集群的发展壮大,都是一种富有远见的举动。随着深圳高新技术产业集群的不断发展和壮大,这不但对整个城市的经济发展起到举足轻重的作用,而且对深圳城市创新体系也是一种很好的完善。

第三节　深圳促进创新主体发展的主要经验

建设以企业为主体、产学研相结合的技术创新体系,是推进国家和城市创新体系建设的突破口。深圳通过推动创新型企业和公共

---

① 唐杰、王东:《深圳创新转型的理论意义》,《深圳社会科学》2018 年第 1 期。
② 张明娟:《深圳研发产业集群与自主研发体系》,《高科技与产业化》2015 年第 10 期。

服务平台的建设，积极发挥各类企业特别是中小企业的创新能力，形成了以产业链为基础的高新技术产业集群，构建起充满活力的城市创新体系。深圳之所以能够在创新发展方面成就显著，其关键点就是成功培育出了以华为、腾讯等为代表的一大批创新型企业。因此，要真正理解和把握深圳打造城市创新体系的示范意义，那就不但要回顾深圳创新型企业的成长轨迹（如前所述），而且还有必要认真研究深圳积极培育大批科技创新企业茁壮成长的成功经验。

一　全方位落实企业创新的主体地位

2006 年，中央《关于实施科技规划纲要　增强自主创新能力的决定》指出，增强自主创新能力，关键是强化企业在技术创新中的主体地位，要建立以企业为主体、市场为导向、产学研相结合的技术创新体系。由此可见，在城市创新体系建设中，企业处于十分关键的地位。只有全面落实企业自主创新的主体地位、充分激发企业的创新潜力，城市创新体系才能显示出强大的活力。

企业是创新的主体，这一点在理论上人们都没有异议。但是，在实际工作中，如何突出企业的主体地位、充分发挥企业的创新潜力，由于不同的地方采取的举措各不相同，因此在效果上也相差较大。在一些较早建立起社会主义市场经济体制的地方，政府能够较为明智地妥善地处理好政府与市场的关系，将政府职能主要放在为企业营造良好的创新环境之上，公共服务和资源配置也主动向自主创新型企业倾斜。要全方位落实企业在科技产业创新中的主体地位。具体说来，首先，就是让企业真正成为技术创新投入的主体。企业要肩负起创新的主体重任，就应该密切关注市场的需求，自主选择能够发挥自身技术优势的创新项目，开展筹资、投资活动并承担相应的风险。同时，政府则要发挥政策的定位导向作用，根据国家的宏观发展战略和本地的经济社会发展目标，支持鼓励企业尤其是龙头企业加大对科技产业创新的投入力度。其次，要让企业真正成为技术研发的主体。过去，由国家投资的科技创新研发平台主要设置在高等院校和科研院所。由于这些科研机构对市场需求关注度不够和缺乏生产手段，使不少研发成果不能及时、有效地转化为现实生产力，结果产生很大的浪费。而企业身居激烈的市场竞争之中，能够做到以市场需求为导向，降低稀缺性要素成本，从而实现利益的最大化，这是企业追求技术进步的内在动力。正是依靠这一强大的动力，企业才会主动地根据市场需求选择合适的技术创新项目，积极地实施从产品开发到商品化的一系列技术创新活动。因此，政府应该帮助企业建立技术创新的研发平台，使企业能够拥有实力、有条件去开展技术创新活动。再次，还应该努力整合或借助高等院校和科研院所研发资源，鼓励企业与这些部门进行合作，发挥各自优势共同建立研发中心和技术联盟，这些都是一些地方积极培育大批科技创新型企业的成功做法。最后，要让企业真正成为创新利益分配的主体。企业在研发中的巨额投入，政府应该尽可能地加以资助；企业通过技术创新所获得的利润，政府也应该通过税收减免等方式来确保企业的利益，以最大限度地调动企业进行技术创新的积极性和创造力，只有这样，才能做到全方位地落实企业在创新中的主体地位。

从深圳的实践来看，不断强化和全面落实企业在科技产业创新中的主体地位，早已成为深圳推进创新型城市建设的一个关键举措。20 世纪 90 年代，在促进高新技术产业发展方面，深圳的最大特点就是将技术开发与经济要素紧密地结合起来，坚持以企业为主体，把企业直接推向科技创新的主战场。深圳市政府在制定科技创新发展规划和实施具体政策时，从资源配置和人才引进等方面都注重向高新技术企业倾斜，将每年科技三项经费的 80% 都投向企业。政府还定期邀请知名专家，对高新技术产业发展做前瞻性的研究，强化宏观指导，简化审批制度，提高应对高新技术企业发展中遇到问题的处理速度。在政府的大力支持和引导下，深圳高新技术企业都是以市场为导向，认真吸收、消化国内外的新技术，然后进行自主开发。据统计，1997 年，深圳市研究开发经费的 81.8% 来自企业。1998 年，129 家高新技术企业投入的研究开发经费达 18.68 亿元，占全市经费的 90% 以上，其中华为、中兴等公司的研究开发经费占年产值的 10% 以上。1998 年，全市申请专利 2093 件，申请人绝大多数来自企业，深圳也因此成为全国第一个以企业专利为主要构成的城市。与此同时，深圳的高新技术企业还纷纷把国内的科研院所和高等院校作为自己持续发展的强力依托，同200多所大学与几百家研究所建立了良好的合作关系。而由企业创办的研究开发机构也达到477家，占全市研究开发机构的91.7%，企业还集聚了全市90%左右的研究开发人员。这种完全以企业为主体的创新模式，使深圳的高新技术产业具有明显的自我发展能力和强大的市场竞争力，计算机、通信、微电子及新型元器件、生物工程、新材料、激光七大高新技术产业开始异军突起。

进入21世纪之后，深圳继续在强化企业主体地位上下功夫。2005年8月，时任深圳市委书记李鸿忠在《人民日报》发表题为《强化企业主体地位　提高深圳自主创新力》的署名文章，全面表述了深圳在构建城市创新体系中的主要成就，认为，经过10多年的实践和探索，深圳已经初步形成以企业为主体的自主创新体系，高新技术产业已经成为国民经济的重要支柱，自主创新成为调整经济结构、转变经济增长方式的第一推动力；出现了一批具有较强自主创新能力和国际竞争力的企业，培养造就了一批富于创新精神的企业家和技术专家，正在逐步形成有利于自主创新的体制环境、文化氛围和人才储备。同时，文章还认为，要深入推进深圳城市创新体系建设，深圳必须进一步强化企业的主体地位、更好地发挥企业家的核心作用，在这方面，深圳既要积极培育像华为这样的自主创新能力和国际竞争力较强的大企业，使其成为集成创新乃至整个自主创新活动的引领者和组织者；还要采取有效政策措施加大对科技型民营小企业的培育和扶持力度，要进一步优化法治环境、完善小企业综合服务体系，激发其原始创新活力，使其成为原始创新的主体，增强深圳在原始创新中的竞争优势。为此，深圳还需要在以下几个方面积极作为。一是要进一步强化企业家在自主创新中的核心地位，用良好的市场环境和文化氛围吸引富有创新精神的科技人员来深创业、创新，造就了一支具有强烈创新意识的企业家队伍。二是要充分发挥政府的作用，努力营造有利于自主创新的体制环境和文化环境，不断完善自主创新的综合服务体系，形成对自主创新的有效激励。三是要主要依托大企业建立和完善公共技术平台，重点支持各种投资主体积极创办多元化的科技企业孵化器，建立专业性、资源共享的科技数据库和科技信息网。四是加大政府对自主创新的直接投入，试行大科技管理体制，进一步优化科技资源配置。很显然，在当时深圳市领导班子看来，要实施好城市的创新发展战略，或者说打造城市创新体系，不但要注重发挥企业在创新中的主体地位，而且还必须充分发挥企业家的核心作用；不但要抓好骨干龙头企业发展壮大，而且要培育大批中小型民营科技企业，形成一支庞大的创新队伍，从而支撑起深圳创新发展的广阔天地。

　　10 年之后，深圳的科技型企业已超过 3 万家，其中国家级高新技术企业超过 4700 家，销售额超千亿元的也有 3 家。随着深圳企业自主创新的成果和影响力的不断显现，《中国质量报》于 2015 年的 8 月刊发题为《深圳强化企业创新主体地位》的文章，全面介绍了深圳以需求为导向、以应用促发展，充分发挥企业在创新决策、研发投入和成果转化等方面的主体作用，促进科技型企业跨越式增长的情况。文章认为，深圳正是通过全方位、多层次地强化企业在创新中的主体地位，有效地提升了企业的核心竞争力，使深圳在实施创新发展战略、构建城市创新体系中取得了四个方面的突出成绩：一是创新载体建设稳步推进，二是核心技术攻关能力显著增强，三是国家、省创新资源加快聚集，四是原始创新能力不断加强。同时，文章还分析了企业之所以能够在深圳创新发展中承担起主体责任，其原因主要有两条。其一，深圳十分注重建立以企业为主导的技术研发体制机制，积极在企业布局较为完善的创新载体，推动组建 3D 显示、大数据等 39 个产学研资联盟，逐步形成了以市场为导向，以企业为主导，产学研相结合这样一种自下而上的协同创新机制，促使具有高成长性的创新型中小企业不断涌现并茁壮成长。其二，深圳在实施创新驱动发展战略中，强调通过科技投入方式的改革来有效激发企业的创新活力。例如，深圳于 2014 年出台了全国首个《科技研发资金投入方式改革方案》，就是通过改革，巧妙地利用财政资金的引导、放大和激励作用，全面撬动资本要素投向科技创新的主战场，使深圳成为国家引导社会资本进入科技创新领域的先行区，为有效解决中小微创新型企业在融资难、融资贵的问题提供了新路径。

简而言之，在历届深圳市政府的精心培育、细心呵护、全力支持下，一大批创新型企业从无到有、从小到大茁壮成长起来，这是深圳打造城市创新体系而形成的一道最美的风景线。腾讯、华为、中兴、比亚迪、华大基因、大疆……，这一串串闪亮的名字，是深圳的骄傲，也是民族的希望，因为它们托起了科技产业自主创新的一片新天地。

二　充分发挥企业家的核心作用

2020 年 10 月 14 日，习近平总书记在深圳特区 40 周年庆祝大会上发表重要讲话，指出："要进一步激发和弘扬企业家精神，依法保护企业家合法权益，依法保护产权和知识产权，激励企业家干事创业。"① 这就表明深圳创新发展离不开企业家重要作用的发挥。

"企业家"这个名称是从法文演变过来的，它本身就包含着组织、创新、冒险等含义。对企业家的内涵、职责、作用的研究已有 200 多年的历史。1800 年，法国早期政治经济学代表人物萨伊就创造了"企业家"这个词，并初步探讨了企业家的职责和作用。他认为，要把经济资源从生产率较低的地方转移到产出较高的地方，就必须依靠企业家的努力。因此，企业家是能够将土地、劳动力和资本这三个生产要素结合在一起，并能有效进行生产活动的第四个生产要素，而且企业家还要承担可能破产的风险。19 世纪末，英国剑桥学派创始人马歇尔认为，企业家是能使生产要素组织化的人，他以自己的洞察力、创新力和统率力，发现市场的不均衡性，创造交易机会和效用，使生产均衡化。而熊彼特对企业家的经典论述更是尽人皆知。实际上，从市场经济的发展和世界工业化的进程来看，没有企业家就没有企业和产业的发展，就没有经济和社会的进步。为此，著名经济学家、诺贝尔奖获得者爱诺教授就指出，是市场经济培育了企业家，但又是企业家构建了市场。从某种意义上来说，市场经济就是企业家经济。在瑞士举行的由欧洲货币基金会举办的世

---

① 《深圳特区 40 周年庆祝大会举行，习近平出席》，2020 年 10 月 19 日，观察者网（https://www.guancha.cn/politics/2020_10_14_568005.shtml）。

界经济变革讨论会说得更直白：世界正处于一个新时代的开端，这个新时代可称为企业家时代。①

从严格的意义上讲，企业家并不是单一的个人，而是一个群体。在激烈竞争和生存的压力下，这个群体是社会中最具有创新活力的细胞之一，因此也是经济发展中一种特殊、必不可少的人力资源，是企业的灵魂和主导力量。熊彼特认为，企业创新的动力在于企业家精神。企业家不同于资本家和股东，是具有冒险和开拓精神的"一种特殊的类型"，是"实现新组合的实体"。企业家精神是企业家追求自我实现需要的满足，是企业家为了体现自己特殊的权力和地位、展示自己的才华、获得事业成功的欲望。企业家或企业家精神是企业创新的动力源。在一个外部环境变化越来越快、竞争越来越激烈的时代，企业的生存发展更加依赖企业家的聪明才智和胆略。为了适应环境的变化，企业家需要对企业管理进行创新，对生产要素组合进行创新，对商业模式进行创新，还要对产业形态进行创新。一句话，在新的挑战面前，企业家的决策显得尤其重要。好的、果断的决策能够促进企业抓住机遇、直面挑战，赢得发展的先机；而错误的决策则会拖累企业的发展，导致企业的亏损甚至倒闭。今天，企业都普遍面临着经济全球化的严峻挑战，新型企业家应该是对科研、生产、销售经营管理和产权交易十分熟悉的综合体。他们不但要具备一般企业家所应有的才干，还要有经济学家和战略家的长远眼光，要有哲学家的逻辑思辨和求实探索精神，要具备高超的领导艺术。一个掌握了技术、信息并且在组织、指挥、协调、经营到人力资源管理等方面都具有卓越才干的企业家群体，是保持国家和城市创新体系的活力和提升科技产业创新绩效的关键。"现在世界上出现了一些以创新为重点的产业集中地区，如美国的硅谷，但是各处的大小不一。除了它们在本地的嵌入性，从结构上还有很多可以学习的创新之处。比如说已经是老生常谈但却仍然非常重要的商业领袖身上的冒险精神，他们不断探索新的可能并且创

---

① 胡筱舟：《深圳高新技术产业化研究》，博士学位论文，西南财经大学，2002年。

造着新的市场机会。"① 对于深圳这座新型的城市来说，有很多令人称羡的城市品质，其中最令人印象深刻的莫过于荡漾在这座城市每个角落的企业家精神。创业创新既是从无到有地创造出一个新产品的过程，也是培育出一家创新型企业的过程，是优秀企业家永不言胜的成长过程。只有不断创新才能在国际国内市场的残酷竞争中生存下来并发展壮大，这就是深圳企业家精神的真实写照。"一座创新型城市，一个创新型国家核心就是企业家创造企业家过程。100名创新企业家带动 100 名创新企业家能够持续不断推进的结果就是边际收益递增的过程。"②

深圳的发展史，可以说就是企业家不断诞生、成长和壮大的历史，深圳经济发展史上许多为世人所称道的破冰之举，都是深圳企业家们改革创新的实践结果。他们凭借着敢为人先的勇气、勤劳苦干的精神、敏锐卓越的商业智慧，推动着企业快速发展。这些企业不仅生产出多种多样的高质量产品，满足了居民生活需求，还提供了大量的工作岗位，扩大了就业，并使"深圳制造"遍布全球，让深圳这座原先经济基础极为薄弱的边陲小城蜕变为享誉世界的"创新创业"之城，为打造深圳城市创新体系做出了历史性的重大贡献。这样一支队伍堪称中国企业家的尖兵、闯将，他们所精心打造的华为、腾讯、比亚迪……，不但是深圳的骄傲，而且成为中国在世界上的亮丽名片之一。2018 年 10 月 24 日，全国工商联在北京举行新闻发布会，发布了《改革开放 40 年百名杰出民营企业家名单》，其中就有任正非、马化腾、王传福等 6 位深圳企业家上榜。

充分认识企业家在经济发展、科技产业创新中的核心地位，越是在经济转型的紧要关头就越要发挥好企业家的重要作用，要将经济发展的压力变成企业家经营企业的动力，这已经成了历届深圳市委、市政府领导的一种共识。为此，深圳采取了四个方面的有力举措，大力加强企业家队伍建设。一是致力于打造宽松的制度、政策环境，吸引和鼓励各方面人才来深创业、创新，使深圳成为企业家

---

① ［美］乐文睿等主编：《中国创新的挑战——跨越中等收入陷阱》，北京大学出版社 2016 年版，第 64 页。

② 唐杰、王东：《深圳创新转型的理论意义》，《深圳社会科学》2018 年第 1 期。

成长的沃土。二是积极构建"亲""清"的新型政商关系，常态化地举办企业家座谈会，建立企业家与市主要领导和政府相关部门负责人面对面的对话交流机制，通过建言献策、相互沟通来凝聚共识，齐心协力地推进深圳城市创新体系的建设。三是重视营造有利于企业家成长的社会舆论氛围，加强对优秀企业家先进事迹和突出贡献的宣传报道，大力弘扬努力拼搏、敢于突破、善于创新的企业家精神，形成了全社会对优秀企业家的热爱和尊重之心。四是着力改善、优化深圳的营商环境，通过为企业送政策、送服务，落实减税降费各项政策措施，支持和促进创新型民营经济超常规发展，为优秀企业家施展才华提供了广阔的用武之地。

为了更好地倡导尊重企业家的创业创新精神，凸显企业家的重要地位，扩大企业家的社会影响，2019 年 10 月 31 日，在深圳六届人大第三十六次次会议第二次全体会议上，深圳市政府提请市人大确定每年的 11 月 1 日为"深圳企业家日"的议案获表决通过，深圳自此成为全国首个设立"企业家日"的城市。目前，深圳正处于一个新的历史发展时期，深圳要完成中央赋予的建设"先行示范区"和"城市范例"的使命，就必须更好地发扬企业家的创业、创新精神，从路径规划和设计上，为城市发展确定方向，接续深圳的辉煌发展史。深圳的经济发展反映在企业发展上，就是企业的迭代更新。而企业的迭代更新，从某种角度而言，则正是产业迭代更新的必然。可以深信，随着"深圳企业家日"的建立，深圳将会涌现出更多开拓创新、锐意进取的优秀企业家和优秀企业，助推深圳创新型城市建设不断迈向新的高度，为建设中国特色社会主义先行示范区做出更大的贡献。

三 全面提升企业的创新能力

国家创新体系的建设和完善归根结底取决于企业创新能力的提升。西方很早便确立了现代企业制度，在企业规模不断扩大、组织结构不断变迁的基础上积极推进技术创新，催生了一批富有竞争力的世界一流企业，从而有效地推动市场经济的发展，保证了经济的长期增长。2014 年 6 月，在香港举办了"新兴经济环境下的知识创造和创新的全球化"论坛，来自世界多个国家和地区的数十位学者发表了演讲，从不同角度阐释了中国创新所面临的机遇和挑战。他们认为，中国要跨越"中等收入陷阱"，就必须在微观的组织行为、宏观的组织与战略、知识的创造与创新、产业政策等诸多方面确立变革的新思想、新方向，使中国的企业与社会在质量及效率方面有大的飞跃。2020年9月17日，习近平总书记在湖南山河智能装备股份有限公司考察时强调指出："创新是企业经营最重要的品质。"由此可见，全方位提供企业的技术创新和组织创新能力，这无论是对企业的自身发展也好，还是对城市创新体系的构建也好，都是一个至关重要的问题。

所谓企业的创新能力，就是指企业在多大程度上能够系统地完成与创新有关的各项活动的能力，主要包括技术创新能力和组织创新能力。

（一）提升企业的技术创新能力

和落实企业的主体地位、发挥企业家的核心作用一样，提升企业的技术创新能力也是既要靠政府的有效作为，又要靠企业和企业家自身的努力。回顾深圳创新型企业的发展足迹，可以明显地看出政府和企业在提升技术创新能力方面都做出了长久而艰苦的努力。

虽然深圳高新技术产业起步较早，但是同其他地方一样，深圳的企业特别是中小企业在技术创新方面也存在着创新动力不足、研发能力不强、人才素质不高、管理手段落后、资金投入有限、创新文化氛围不浓等诸多问题。为此，深圳一方面积极倡导勇于改革、敢于创新的城市品格，大力培育"大众创业、万众创新"的社会文化氛围；另一方面则采取有效的措施，激发企业的创新动能，完善企业的创新平台，强化企业的创新人才队伍建设，帮助企业不断提升自身的创新能力和管理水平，并形成了系统化的政策环境。例如，2016年4月颁发的《中共深圳市委　深圳市人民政府关于支持企业提升竞争力的若干措施》就总结了过往的成功经验，提出要继续采取和完善6个方面的举措，来支持、帮助企业提升创新能力。其中包括：一是鼓励企业加大技术改造力度，落实技术改造事后奖补等帮扶政策，发挥财政资金的杠杆作用，激励企业增加技改投入，以全面提升企业的设计、制造、工艺和管理水平。支持投资额大、带动性强的技术改造项目申报国家财政专项资金，同时还要鼓励企业利用银行贷款开展技术改造并给予贴息资助。二是鼓励企业建设技术和产品创新载体，引导和鼓励企业在基础性、前瞻性、战略性产业领域建设具备先进水平并能服务产业发展的创新基础设施，对认定为国家技术创新示范企业的给予财政资金支持。三是加大对首台（套）重大技术装备扶持力度，对符合国家首台（套）重大技术装备推广应用指导目录的产品，按首台（套）产品销售价格的最高30%（不超过1000万元）给予奖励，同时建立首台（套）重大技术装备保险补偿机制。四是提高军民融合协同创新水平，设立军民融合创新研究院，推进军民两用高端技术研发与科技成果转化。五是支持企业提升工业设计水平，鼓励企业建设国家级和省、市级的工业设计中心，鼓励"设计＋品牌""设计＋科技""设计＋文化"等新业态发展，打造国际一流工业设计展会。支持行业协会设立工业设计创投基金，加快设计成果产业化。六是发挥人才对企业创新的支撑引领作用，大力培养和引进国际国内一流企业家，加快技能型人才培养，加大企业高端人才和紧缺人才的引进力度，鼓励政府部门或政府部门委托的中介机构组团赴海外招聘。[1] 上述六条举措，基本上都是深圳已经采用并经实践检验被证明是行之有效的政策措施，这些政策的制定和系统化，对提升深圳企业的创新能力起到了很好的促进作用。

与此同时，在政府的倡导和支持下，深圳一批颇具竞争力的企业也表现出令人惊讶的技术创新能力。除了前面所提到的华为、比亚迪、大疆、华大基因等几家著名企业之外，深圳还有不少智能化、轻资产的中小企业手握高端核心技术，擅长跨界式生长，蕴含强大的创造潜力和巨大的经济效益，它们在促进深圳经济结构调整、产业配套升级、突破技术壁垒等方面扮演重要角色，成为加快经济社会发展的重要力量。例如，全球领先的多旋翼无人机系统制

① 《中共深圳市委　深圳市人民政府关于支持企业提升竞争力的若干措施》，2019年12月12日，深圳政府在线（http：//www.sz.gov.cn/cn/zjsz/fwts_1_3/tzfw/tzzn/content/post_1318788.html）。

造商——深圳一电航空技术有限公司（AEE），率先通过了多项管理体系认证，同时引进并推广了工业工程（IE）技术等先进管理方法，保证国内外高端客户对产品高品质的要求。现如今，其产品畅销全球50多个国家，直销全球数千个大型连锁卖场。

（二）提升企业的组织创新能力

在常人看来，企业的创新似乎就是产品和技术的创新。但是，从深圳企业成长的实践来看，不但大力推进产业技术创新对企业发展至关重要，而且对企业内部的组织结构和运行方式进行创新也具有突出的意义。正如熊彼特所指出的，重建产业组织、创建新的经营组织和运输方式，这也是企业家应该承担的创新任务。因此，企业内部组织创新的作用和意义，同样需要将其纳入城市创新体系建设的全局来加以分析和把握。

国内学者张志学、仲为国曾对中国企业应如何跨越组织创造力障碍的问题进行专题研究，并单独列举了腾讯和华为这两家深圳本土企业作为案例来加以分析。他们认为，腾讯之所以能够从一个简单的模仿者成长为一家创新和成功的企业，其最大的竞争优势就是将自身的社交平台包括QQ、QQ空间、腾讯微博、朋友网、微信和在线游戏等资源整合成一个独特的生态系统，而这种生态系统的形成则有赖于腾讯强大的组织创新的能力。腾讯开发出了一种独特的创新和管理创新的方法，形成了以持续创新为核心的重视产品经理的企业文化，在超过200个部门的总经理中，超过80%的是从产品经理提拔上来的。企业鼓励员工在实践中学习，邀请用户参与促进学习，以及在需要的情况下重复这一过程。此外，腾讯保持着分权的研发结构，这一扁平结构使得研发人员可以探索产品可能的方向。在研发团队层面，研发人员与用户碰面以确保快速检测和确认产品设计方向与用户价值相一致。在部门层面，管理人员协同不同产品团队的努力，以便同时进行探索式和利用式的创新。当然，作为一家较早的互联网应用的民营企业，腾讯也没有受到那些阻碍创新的组织惯例和惯性的困扰，可以成功地做到不是靠关系导向而是靠市场导来把控自己的发展。例如，高管向一线员工传达的最重要的信条是"一切以用户价值为依归"，是用户最终决定产品的价值，腾讯只需要做让用户满意的事情，这既是一种卓越的组织创造力，又是一种强大的产品创新原动力。另外，互联网也帮助腾讯消除了地方保护主义和市场分割所导致的困难及阻碍，因为在互联网上，几乎没有什么力量可以阻挡腾讯为用户提供及时有效的服务。腾讯依托互联网建立起了一个巨大的平台，它帮助不同地区有着不同企业家精神的管理者有效沟通。因此，腾讯可以充分利用不同类型企业家精神的协同效应，加快自身内部组织创新的步伐。

作为中国最成功的全球化企业，华为在与很多全球巨头的竞争中显示出卓越的发展战略和超强的组织创新能力。在发展战略方面，华为采取的是创新追随战略，将目标定位于完善已有的产品来更好地满足用户需求，而不是第一个制造出新产品。为了消除创新上的障碍和提高组织创新能力，华为形成了自己既基于关系又基于市场的创新途径。从 1998 年到 2003 年，为了向那些已经展开创新的公司学习，华为与 IBM 签订了管理咨询服务合同，在管理和产品开放结构上实现了重大转型。同时，华为又通过与拥有市场份额的利益相关者保持求同存异的关系，寻求技术拥有者和市场拥有者的结合，通过共享创新收益来换取一部分市场。在组织创新方面，华为对内部组织结构进行了有效整合。华为坚信，只有一线员工才能真正了解市场需求，从而为企业创新指明正确的方向。因此，所有的员工都需要与用户直接打交道，收获来自用户的反馈。研发工程师需参与到销售和营销中去，而销售人员也要参与研发活动，共同推动技术和产品的创新。同时，华为作为一个业务遍及全球的大型企业，还紧紧地依靠自身的内部信息系统和战略领导力，努力实现跨地区的企业战略协同。华为要求所有的部门和地区子公司都必须及时收集区域信息并识别商业机会。然后基于集中的信息系统，华为可在整个公司层面吸收利用这些信息。

有鉴于此，张志学、仲为国认为，腾讯和华为成功的关键，就是它们的市场导向创新战略，能够与用户保持着密切的关系，并对用户要求做出快速回应。华为的用户导向服务战略使其产品在用户中大受欢迎，腾讯的产品是基于用户体验和需求开发出来的，这些都充分代表了腾讯和华为两家企业促进组织创造力的创新策略。①
实际上，深圳许多具有代表性的创新型企业，在自身组织创新能力
方面都有着不同寻常的表现。因此，如果只看到深圳企业在技术创
新方面取得的成功，而忽视了这些企业在组织创新方面所做出的大
胆探索和辛勤耕耘，就无法真正把握深圳之所以能够全面发挥企业
创新活力的真谛。

① ［美］乐文睿等主编：《中国创新的挑战——跨越中等收入陷阱》，北京大学出版社 2016 年版，第 302—306 页。

第四章

深圳日益丰富的创新资源

所谓创新资源，一般是指支撑创新活动的物力、财力、人力和中介系统等各种要素的总称，其中最主要的是创新人才、创新集群、创新平台、创新金融体系和创新中介体系等。深圳过去曾是一个创新资源极为贫乏的地方，在构建城市创新体系的过程中，深圳市委、市政府极为重视创新资源的培植和引进，持续不断地着力补齐人才、创新平台等短板，有效地激发了创新体系的整体功能，从而加速了创新型城市的建设步伐。

第一节　人才旺地筑起创新高地

人才在创新活动中具有特别重要的意义。习近平总书记指出："人才是创新的第一资源。没有人才优势，就不可能有创新优势、科技优势、产业优势。"[①] "国以才立，政以才治，业以才兴。"支撑和推动创新的根本是人才，综合国力竞争归根到底也是人才的竞争。因此，加快科技人才队伍建设，健全集聚人才、发挥人才作用的体制机制，创造人尽其才的政策环境和制度，这是建设城市创新体系的关键。

经济基础极为薄弱和科技人才十分贫乏，这是深圳过去的真实写照。据说特区建立之初，深圳仅有两名中级职称的技术人员。为

[①] 《习近平叮嘱加快科技人才建设：功以才成，业由才广》，2019年12月20日，人民网（http：//cpc. people. com. cn/xuexi/n1/2016/0611/c385474 - 28425138）。

了有效破解人才缺乏这个制约深圳创新发展的最大困局，40 年来，深圳始终不渝地加强党对人才工作的领导，把尽揽四方之才、择天下英才而用之作为人才队伍建设的基本方针，努力建立灵活实用的人才管理机制和科学的人才评价制度，着力打破各种阻碍人才流动和使用的体制机制障碍，积极营造有利于人才发挥作用的政策环境和社会文化环境，统筹加强高层次创新人才、青年科技人才、实用技术人才等方面人才队伍建设，最大限度支持和帮助科技人员创新创业，使深圳很快就由人才的"荒地"变为人才的"旺地"，用智力支撑起深圳创新发展的宏伟蓝图。

一　"三管齐下"解决人才缺乏的紧迫问题

深圳特区建立伊始，就面临着人才极为缺乏的严峻挑战。为此，深圳市委、市政府果断决策，采取破除旧体制束缚、大力引进高技术人才、加强技能人才建设这三项举措，初步解决人才缺乏的当务之急，满足了特区经济结构调整和产业升级的需要。

（一）率先打破旧体制对人才的束缚

深圳特区创立之后，随着对外开放政策的实施，大量外商纷纷涌来投资办厂，各行各业的飞速发展都急需大批实用型人才。显然，深圳已无法依靠自身的培养来解决人才紧缺的问题，而从内地大量引进人才便成了深圳解决人才问题的主要途径。虽然当时中央和广东省给予深圳在人才调配方面很大的支持，但是，随着对人才需求量的急剧增加，单靠坐等人才自己找上门的办法已经远远无法满足各单位的需求。为此，到 1981 年，深圳便决定主动出击，"走出去"从全国各地招聘人才。这对于在计划经济体制下，必须通过计划调配这样一种指令性方式安置干部的方式来说，无疑是一种大胆的突破，显示了深圳在人事制度上敢为人先的创新精神。

当时全国各地都处于百废待兴的时期，人才缺乏已成为一个相当普遍的现象。特别是当时的人事制度还未来得及改革，人事安排基本上是以组织调配为主，人才还是属于单位所有，个人并不能自由选择职业和单位，人才能否流动只能靠组织说了算。再加上人们对深圳还了解不多，所以在外出招聘初期也遇到不少阻力。为了能够顺利招聘到急需的人才，求贤若渴的深圳向中央申报情况，结果获得了中央组织部的支持，给予了深圳到各地招聘人才的通行证。有了这个"尚方宝剑"，1982 年，深圳先是兵分三路赴北京、上海、天津进行招聘，后来逐渐扩大到了沈阳、长春、西安、武汉等地。据统计，从 1980 年到 1992 年，深圳从内地引入技术干部约 25 万人，接收应届院校毕业生 8 万多人。

深圳除了如饥似渴地在国内寻觅人才之外，还很早就把眼光投向了国外，开始在西方发达国家进行招聘和引进人才，这在中国人才制度上无疑是一个具有历史意义的创举。考虑到深圳是以外向型经济为主导，产业发展急需有国际视野的海外留学生，深圳于 1992 年便以市政府的名义到美国招聘留学生，这在国内还是第一次。从当时的角度来看，这还是一件很敏感的事情，一时间在海外引起很大的反响，一些美国新闻记者还纷纷跟踪报道。在招聘中，深圳为归国留学生开出了优惠的条件，包括一套公务员标准的福利房，企业技术入股和参与投资，并且保证留学生国内国外"来去自由"。深圳这种打破常规、从世界范围内广泛引进人才的创新之举，无疑为我们国家人事管理制度改革开了先河，同时也为深圳后来实施创新发展战略、打造城市创新体系开辟了吸引优秀人才的新途径。

而更值得指出的是，深圳很早就出台政策，积极鼓励科技人员打破旧制度的约束，离职创办民营企业。1987 年 2 月，深圳市人民政府颁布了《关于鼓励科技人员兴办民间科技企业的暂行规定》，其中最具有开拓意义的条款就是承认知识产权的价值，允许科技人员用专利等知识产权入股。这份文件完全打破了科技人员属于单位所有的旧体制束缚，极大地激发了科技人员自主创业的积极性，同时也等于正式宣告了中国民营科技企业的诞生，因为深圳最早的民营科技企业就是由一批体制内的技术人员所创办，这在当时是一个很了不起的创举。在这个规定出台的短短一年时间里，深圳共批准兴办民营企业 104 家，其中就包括一些大名鼎鼎的创新型民营企业。用任正非自己的话来说，"就凭一个红头文件"，为华为打开了一扇大门，使他最后下定决心"下海"创业。他用自己转业的 3000 元钱，又吸收了其他几名股东，凑足 2 万元注册了华为公司。从此，任正非走上了一条极其艰辛的创业路，华为也一步一个脚印地成长为世界著名的高科技企业。而深圳也正是凭着这样的政策创新，吸引着越来越多的高素质人才来此创新创业。16 个月之后，国家出台《中华人民共和国私营企业暂行条例》，正式肯定和推广深圳这一创举。

（二）着力引进高新技术产业人才

高新技术产业的发展状况决定着一个国家和地区的竞争力，同时也是城市创新体系是否有活力的重要标志。深圳一直把培育高新技术产业作为城市创新发展的主要着力点，大力发挥政府引导和支持作用。在"八五"计划期间，深圳提出经济发展要以"先进工业为基础，第三产业为支柱"的方针；"九五"时期，深圳又提出了科教兴市战略，强调要以高新技术为先导来建设新的产业基地；1998年 6 月，中共深圳市委二届八次全会进一步提出，发展高新技术产业是深圳未来发展的希望所在、后劲所在，高新技术产业要成为全市的特色经济和第一增长点。

高新技术产业的发展必须依赖于科学的进步和技术的突破，而科学技术的进步归根结底又取决于高科技人才队伍的建设。从国际上一些因高科技产业集聚而著称的城市来看，如美国的"硅谷"、日本的筑波、英国的剑桥，其成功必须具备多方面的条件，一是要拥有大量的高新科技人才；二是有一群著名大学和研究机构，能够为科技创新提供源源不断的智力支持，能够不断研发出新的高科技产品；三是有一批将高新技术转化为著名的品牌的成功范例，从而能够吸引大批科技精英和创业者集聚；四是城市的基础设施和中介机构健全，能够为高科技企业成长创造良好的生存环境；五是风险投资活跃，这些风险投资敢于投资默默无闻的小企业，支持高新科技成果的产业化。这 5 个要素中，前面 3 个因素与人才有直接的联系。可以说，人才、技术和资金是高新技术产业发展的三大基本要素，其中的人才是"要素中的要素"。因为人才集聚机制能够导致一系列的集聚，比如技术集聚、资金集聚、项目集聚，等等。只有通过人才集聚，才能产生蒸蒸日上的高新技术产业，对此，深圳市委、市政府很早就有极为清醒的认识，并采取了一系列有力措施加以规划和引导。

从 20 世纪 90 年代开始，深圳的高新技术产业呈现蓬勃发展的态势，而高新技术人才的缺乏很快就成为产业发展的一个重要制约因素。为了有效缓解高新人才紧缺问题，深圳把人才工作的着力点放到了引进和培养高新技术人才上。1998 年 6 月 8 日，深圳市人事局颁布的《关于加快高新技术产业人才队伍建设和人才引进工作的若干规定》指出，为了更好地贯彻落实市政府《关于进一步扶持高新技术产业发展的若干规定》，加快高新技术产业人才队伍建设和人才引进工作，为深圳第二次创业提供高素质的人才保障，决定成立"市高新技术人才队伍建设领导小组"，由市人事部门主要领导任组长，定期召开高新技术企业人才工作座谈会，听取意见，研究发展对策；确定每年的 6 月份为开展"高新技术产业人才服务月"，市人事部门组织有关业务处（室）、中心深入高新技术企业调研，现场办公解决问题。

2001 年 7 月，深圳市委召开三届三次全体（扩大）会议，专题讨论了深圳市高新技术产业的发展大计，提出"以建设高新技术产业带为新的起点，努力把深圳建成高科技城市"的战略目标。此时，深圳的高新技术产业从 20 世纪 90 年代初开始起步，短短 10 年间已经得到了迅速的发展。1991 年全市高新技术产品产值仅 22.9 亿元，2002 年已达到 1709.92 亿元，占限额以上工业总产值的比重由 8.1% 提高到 47.12%。高新技术产品的出口也高速增长，1992 年高新技术产品出口额仅有 1.92 亿美元，2002 年已达 156.86 亿美元。而深圳的高新技术产业和科技人才队伍也从无到有，从小到大，迅速发展。深圳的科技人才几乎都是来自全国的四面八方，当时全国已有 130 多所大学、100 多家科研院所和 300 多家军工企业在深圳设点办厂，进行科技成果的产业化。[①]

此后，深圳又加大财政投入，进一步强化和完善了引进高新技术产业人才的政策和措施，并积极为高新技术人才发挥作用创造良好条件，这一切都为 21 世纪深圳高新技术的快速发展打下了良好的

① 深圳市科技信息局：《深圳市高新技术产业科技人才现状与对策》，2019 年 12 月 30 日，https：//www.docin.com/p-982784.htm。

基础，提供了强有力的智力支撑。

（三）加强技能人才队伍建设

技能人才是指掌握专门知识和技术，具备一定的操作技能，并在工作实践中能够运用自己的技术和能力进行实际操作的人员。在技能人才队伍中还有一部分属于高技能人才，他们具有高超技艺和精湛技能，在生产一线熟练掌握专业技能，在关键环节能够解决操作难题，在企业开发新产品、新工艺的实施过程中具有不可替代的重要作用。

进入21世纪后，随着深圳经济结构调整和新兴战略性产业发展步伐的加快，深圳急需一大批掌握精湛技能和高超技艺的高技能人才做支撑。为了培养急需的高素质专业技术人才，深圳于1993年创办了深圳高等职业技术学院（1997年更名为深圳职业技术学院）。学院于2001年前后与国内129所高校签订联合培养硕士研究生、博士研究生协议，2003年通过教育部高职高专人才培养工作水平评估，2009年成为首批国家示范性高等职业院校。2012年首次开始招收本科生。截至2018年，学校拥有留仙洞、西丽湖、官龙山、华侨城、凤凰山五个校区，校园总面积236.02万平方米，校舍建筑面积58.84万平方米。设有电子与通信工程学院等16个二级学院和体育部、工业中心、国际教育部等教学单位，招生专业70个，成为深圳一个十分重要的专业技术人才培养基地。

2006年7月，深圳市人民政府下发了《关于进一步加强技能人才队伍建设的实施意见》，要求坚持以改革创新为动力，以高技能人才培养为主题，以企业培养为主体，以优化技能结构为主线，紧紧抓住技能人才培养、考核、引进、使用、待遇5个环节，有效整合现有职业培训资源，着力建设技术技能、复合技能、知识技能3类技能人才队伍，为深圳创新发展提供强有力的人才保证和技术支持。争取到2010年，深圳市技能人才总量从当时的154万人增加到210万人，技师以上技能人才从7000人增加到1.2万人；形成一个较为合理的技能等级结构，高级工以上技能人才与中级工、初级工比例达到18：45：37，与中等发达国家水平一致。

2008年，深圳市委、市政府关于加强高层次人才队伍建设的

"1+6"配套文件已经正式出台，这一系列文件是深圳第一个比较系统、完整的关于加强高端人才队伍建设的配套文件。文件对"高层次专业人才"做出了明确界定，并首次把高技能人才纳入高层次人才范围。至此，深圳市技能人才队伍建设开始形成一个比较完善的制度机制，并产生了积极的效果，对支撑深圳经济结构转型和企业创新发展发挥了重要作用。到2017年年底，深圳市技能人才总量已经发展到331万人，比上年增长23万人；其中高技能人才96万人，增长14.4万人，高技能人才占技能人才比例提升至29%。①

二 着力建设人才旺地，积极打造创新高地

在初步解决了人才极为紧缺的当务之急后，为了建设国家创新型城市，深圳进一步举全市之力发展高等教育事业、加快高素质人才的引进步伐，并运用法治手段来全面加强人才队伍建设，以人才旺地来筑造创新高地。

（一）多措并举、大力发展高等教育

高等教育是培育高素质创新人才的主阵地。为了摆脱本地高素质人才严重不足的困境，深圳很早就着手发展高等教育事业。1983年，当年深圳的财政收入仅1亿多元，深圳市领导在财力这么困难的条件下却以非凡的胆识和魄力，决定拿出5000万元来创办一所深圳大学，寄希望其为经济特区的发展提供骨干人才和高端科技成果。深圳大学的建立，得到了中央、教育部和地方政府的高度重视和支持，也得到了北京大学、清华大学、中国人民大学等名校的倾力援建和社会各界的热情支持。深圳大学从提议创办到正式招生开课，仅用了半年多时间，体现了锐意创新的"深圳精神"和追求卓越的"深圳速度"。

为了满足建设创新型城市的需要，深圳大学在新时代积极通过体制改革释放办学活力，力图从高水平教学型高校转变为高水平研究型高校。从2012年9月至2017年，学校先后出台近200项综合改革举措，使办学综合实力跃居全省高校前列，办学内涵、科研能

---

① 《深圳技能人才总量突破330万》，《经济日报》2018年2月7日。

力、生源质量、社会认可度和满意度显著提升，越来越多的优秀学子选择深圳大学，连续多年招生分数稳居广东省高校前四。深圳大学始终把培养符合地方经济社会发展需要的创新创业人才作为服务地方的核心使命，培养了 10 余万优秀学子，其中包括马化腾、史玉柱、周海江、张志东等为代表的一大批知名企业家和一流的创新拔尖人才。深圳大学的毕业生绝大多数都留在深圳工作，在这 10 多万校友的背后是几十万个家庭和成千上万家企业、团队，他们和亲人、朋友、同事及相关社群一起，共同构成了一个锐意创新创业的"深大圈层"，不但给深圳贡献了产值和税收，还塑造了一个新的营商体系和创新生态，为深圳经济社会创新发展提供了有力的智力支撑。如今的深圳大学不但是培育人才的重要阵地，也是一个面向国际的"科研平台"。通过在全球范围内招聘引进众多优秀人才，组成了一批以院士和知名科学家领衔的科研团队，大大强化了学校的学术氛围、增强了学校的科研实力。目前，深大拥有 81 个重点实验室，全部对本科生开放，而且学校提供经费支持致力于从事科研的学生，尽早开发其科研潜力。不少本科生在国际、国内重要刊物上发表学术论文，使一些优秀学生的科研成果甚至达到了博士生的培养标准。深大还与境外 201 所高校（机构）建立了交流合作关系，遍布全球 32 个国家和地区，合作伙伴不乏国际名校，如美国哈佛大学、哥伦比亚大学、宾夕法尼亚大学，英国牛津大学、剑桥大学等。此外，学校每年拿出 500 万元，专门资助学生参加各类国际交流项目，单项奖金高达 10 万元人民币。同时，深圳大学还与美国"硅谷"建立以科研、教学与实习为一体的海外基地，与法国南特商学院合作成立国际南特商学院，未来还将建立更多联合学院，联合实验室，均为学校的本科生提供与国际接轨的教育资源。[①]

　　为了弥补深圳高教资源的不足，深圳还曾创造性地创办了虚拟大学园和深圳大学城，但由于缺少全日制本科生，使引进名校与扎根本土之间的距离一直未能弥合。为了提升城市发展的源头创新能力，2007 年 6 月，作为高起点创办的新型特区大学——南方科技大

---

① 李战军：《深圳大学，教育明珠》，《文化深圳》2017 年第 11 期，2019 年 12 月 30 日，搜狐网（http://www.sohu.com/a/280784818_125321）。

学筹备办公室挂牌成立。2009 年 9 月，曾任中国科技大学校长的朱清时受聘为南科大校长。2011 年 6 月，《南方科技大学管理暂行办法》经深圳市政府五届二十九次常务会议审议并通过，该办法明确南科大的定位是"以培养创新型人才为核心，通过知识创新和技术创新，为地方和国家发展服务，探索建立具有中国特色的现代大学制度，建设成为国际知名的高水平研究型大学"。2011 年 2 月，南方科技大学正式开学。一年后，南方科技大学成立了由杨祖佑、何志明、戴聿昌、陈刚、张翔五位世界级学术权威担任委员的首届顾问委员会。同年 4 月，教育部同意建立南方科技大学，要求南方科技大学"不断探索具有中国特色的现代大学制度，探索创新人才的培养模式"。2015 年 1 月，中国科学院院士、北京大学原副校长陈十一出任南方科技大学第二任校长。到 2016 年 9 月，南方科技大学在校生已达到 3228 人，其中本科生 2927 人，硕士研究生 164 人，博士研究生 130 人，而前两届毕业生中有超过 60% 的学生被世界名校录取，绝大多数进入博士专业学习。2016 年 11 月，联合国教科文组织总干事伊琳娜·博科娃女士来南方科大考察，她充分肯定了该校高等教育创新中心的建设工作。2018 年 5 月，南方科技大学成为国内最快获得博士授权单位的高校。2018 年 9 月 26 日，2018—2019 年度泰晤士高等教育世界大学排名公布，作为一所新创办的大学，南方科技大学首次上榜便位列全球前 350 强，在中国内地高校中排名第八。借鉴世界一流理工科大学的办学模式和学科设置，积极面向国家和珠三角地区战略性新兴产业发展的重大需求，以理、工、医学学科为主，在本、硕、博层次办学并在一系列前沿学科开展研究，这就是南方科大所肩负的使命。①

　　为了加快高层次人才的培养步伐，深圳还大力推动高等教育跨越式地发展，先后引进国内外著名高校来深圳联合办学，其中有香港中文大学（深圳）、深圳北理莫斯科大学、清华伯克利深圳学院等。2014 年，深圳市人民政府、清华大学与加州伯克利大学联合组

　　① 《南方科技大学》，2020 年 1 月 5 日，百度百科（https：//baike. baidu. com/item/% E5% 8D% 97% E6% 96% B9% E7% A7% 91% E6% 8A% 80% E5% A4% A7% E5% AD% A6/8617297？ fr = aladdin#reference - ［44］ - 1215910 - wrap）。

建了清华—伯克利深圳学院。该校立足深圳面向世界，沿着环境科学与新能源技术、精准医学与公共健康、数据科学与信息技术三大前沿方向建立跨学科研究中心并设有 16 个实验室，整合两校优质教育和科研资源，构建国际化的创新型人才教育与研究体系，以应对和解决区域乃至全球所面临的科技和社会发展问题。深圳北理莫斯科大学则是由深圳市人民政府、莫斯科国立罗蒙诺索夫大学和北京理工大学三方合作举办的一所高等教育机构。2014 年 5 月 20 日，中俄两国教育部门在两国元首见证下签订谅解备忘录，支持莫斯科大学与北京理工大学在深圳合作举办大学。根据协议，深圳北理莫斯科大学以建成世界一流的独具特色的综合性大学为目标，面向全球科技及经济发展，为中俄战略合作与区域经济社会发展培养高质量人才，提供高水平学术成果。2016 年 11 月，深圳北理莫斯科大学正式拿到了教育部的批文，2017 年开始面向全球招收本科生和硕士研究生，并计划 2018 年启动博士招生工作。一批专业化、开放式、国际化特色学院，正成为深圳科技创新人才的重要孵化基地。

（二）全面推进高层次专业人才队伍建设

高层次创新创业人才是国家发展的核心竞争力，是建设创新型国家的主体力量。深圳要实施创新驱动战略、构建完善的城市创新体系，其中一个关键问题就是要建立一支规模可观的高层次专业人才队伍。为此，在 2008 年 9 月，中共深圳市委、市人民政府出台《关于加强高层次专业人才队伍建设的意见》，明确指出：要大力推进人才强市战略，优化高层次专业人才吸引、培养、使用、激励、服务的政策体系，以国家级领军人才为龙头、地方级领军人才为骨干、后备级人才为基础，分步骤、有重点地建设高层次专业人才梯队，营造高层次专业人才安心生活、称心工作、专心发展、潜心提升的适宜环境，为建设国家创新型城市和中国特色社会主义示范市提供核心人力资源和智力支持。与此同时，深圳还出台了六个配套文件，形成了从引进、培养、开放、使用、激励、服务这样一整套完善的高层次人才队伍建设政策体系，对加快深圳市高层次人才队伍建设起到了极大的促进作用。

在上述意见颁布后不久，为了进一步打造人才高地，2011 年 4 月，深圳又启动了"孔雀计划"，出台《关于实施引进海外高层次人才"孔雀计划"的意见》以及高层次人才确认办法、认定标准、享受待遇、专项资助、团队评定办法 5 个配套文件。这是深圳市委、市政府围绕人才强市目标加快引进海外高层次人才团队的重大决策部署。围绕着深圳坚持创新驱动、跨越式发展的战略目标，"孔雀计划"重点以推动支柱性产业发展和培育战略性新兴产业为重点，力图从海外吸引、聚集一大批高层次的创新创业人才和团队。"孔雀计划"的实施，可以很好地补齐深圳高端人才不足的短板，对完善城市创新体系具有十分重要的意义。通过其中一系列对优秀高端人才的重点支持政策，大大提升了深圳对海外人才的吸引力，能够把一批在国外学有所成的人才吸引回来，借助深圳良好的创新环境和产业优势专心研发，将为整个城市的创新发展提供新的、强有力的智力支撑。同时，"孔雀计划"对深圳技术创新型企业的发展也是一个有力的支持。一方面，大量的财政资助可以帮助有潜力的初创企业解决资金困扰问题，让科研人员一门心思研究新技术、新产品，使企业能够有效保障科研创新过程的持续性。另一方面，财政资金对"孔雀"团队项目的青睐，也对社会资本产生了引导、放大和激励作用，吸引大量社会资金流向创新型企业。此外，在社会认可程度上看，获得"孔雀人才"的称号还体现了政府对公司发展潜力的认可，能帮助企业吸引更多的优秀人才加盟，增加了公司在品牌等方面的无形价值。

广栽梧桐树，引得"孔雀"来。依托"孔雀团队"，深圳现已会集了多位中外院士、长江学者、世界 500 强企业研发高管。一个"孔雀团队"在深圳扎根发芽，能够吸引一批"孔雀人才"来深圳安居乐业，是加快建设国家创新型城市的有效途径。通过实施"孔雀计划"，深圳形成了高层次人才不断增加、顶尖人才队伍迅速扩大、原始创新成果不断涌现的局面，而原始创新缺乏正是深圳在创新发展中亟待解决的一个关键问题。现在，深圳"孔雀团队"的研究论文在《自然》《科学》等国际顶级期刊上出现的频率越来越高，所申请的国际 PCT 专利和发明专利也越来越多，还制定或参与制定了多项国际标准和国家标准。① 一批又一批海外高层次人才来深创新创业，有效提升了城市的原始创新能力和产业核心竞争力，为深圳建设国家创新型城市和国家自主创新示范区、构建城市综合创新生态体系提供了有力的人才保障和强大的智力支撑。

（三）把人才队伍建设纳入法治化轨道

《中共中央　国务院关于支持深圳建设中国特色社会主义先行示范区的意见》明确要求深圳要用足用好经济特区的立法权，要打造法治示范城市。事实上，自从 1992 年 7 月 1 日，第七届全国人大常委会第二十六次会议正式授予深圳立法权之后，深圳充分利用这一项重大政策优势，敢于先行先试，在不少领域率先在全国进行立法，助推深圳在各个领域始终走在全国的前列，其中人才队伍建设更是如此。

为了给实施创新驱动战略提供更好的政策法治环境，深圳不断加大政策创新的力度。2016 年 3 月，深圳连续出台了《关于促进科技创新的若干措施》《关于促进人才优先发展的若干措施》《关于支持企业提升竞争力的若干措施》3 份文件，其中对人才优先发展从 20 个方面制定了 81 条具体措施，包括通过实行更具竞争力的高精尖人才培养引进政策、加快培养和引进国际化人才、大力引进培养紧缺专业人才、加快建设人才培养载体、努力提高技能人才培养水平等内容，积极营造人尽其才、人才辈出的政策环境和社会土壤，以全面提升深圳的核心竞争力。为了解决创新人才来深工作后的住房问题，2016 年 9 月深圳专门出台《关于完善人才住房制度的若干措施》，从健全和完善人才住房制度顶层设计、人才住房建设和供应力度、人才住房工作保障机制这三大关键问题入手，积极通过政策创新来缓解人才住房困难、改善人才居住条件，从而增强深圳对优秀创新人才的吸引力。

2017 年 8 月 17 日，深圳市人大常委会审议并通过了《深圳经济特区人才工作条例》，该条例对深圳经济特区的人才培养、引进、流动、评价、激励、服务和保障等工作制定了一系列规范性的条

---

① 《"孔雀计划"打造人才高地》，2020 年 1 月 15 日，深圳新闻网（http：//www.sznews.com/news/content/2016 - 11/02/content_ 14139430. htm）。

文，将深圳多年来为加强人才队伍建设而推出来的，并取得明显成效的政策以立法的形式加以固化，提升人才制度的刚性约束力，从而形成较为完备的人才工作政策法规体系，将人才政策优势努力转化为人才立法优势，为广聚"天下英才"提供法治保障。其中，最大的亮点之一，就是把人才真正当作在市场经济条件下推进创新活动最重要、最活跃、最具效力的第一资源和强大动力素，并从为最大限度激发人才活力这点出发，着力消除制约人才发展的各种体制机制障碍。为此，深圳决定采取以下几个方面具有法定意义的重要举措。一是"放权"。例如，符合条件的行业协会和学术团体，均可以承担专业技术资格和水平评价这类职业资格的评定工作。二是"松绑"。即放宽或取消在使用人才方面的各种限制，如支持高校、科研机构吸引企业创新人才兼职、鼓励事业单位科研人员离岗创业等。三是"破壁"。即破除各种有形或无形的壁垒、打通人才和其他资源的流动渠道，比如，由财政资金投入为主的科研基础设施应当向相关科研人才开放，党政机关和国有企事业单位可吸收其他经济组织和社会组织中的优秀人才，获得高级工以上职业资格的技能人才可申请评定工程类专业技术资格，等等。

实际上，深圳最早的人才立法工作还可以追溯到 2002 年 7 月出台的《深圳经济特区人才市场条例》。此后近 20 年来，深圳通过出台政策和颁布法规条例的形式，从人才引进到人才培养、从人才流动到人才激励、从技能人才到高层次领军人才，形成了一整套覆盖各个层面的人才法规政策体系，成为城市创新体系中一个重要的子系统。在政策法规的引导和保障下，深圳对人才的吸引不断增强，迅速发展为一个人才的"旺地"，大批优秀人才也真正成了深圳创新发展的第一资源。到 2018 年年底，深圳的人才队伍总数高达 510 万人，其中有两院全职院士 41 人；经认定的高层次人才 12480 人，其中国内的高层次人才有 8171 人；"孔雀计划"共引进海外优秀人才 4309 人，其中 2018 年新增 1355 人。随着创新人才队伍的不断扩大，企业吸引的创新人才也越来越多。据统计，有超过七成的高层次人才在企业中工作或是在自主创业，普通科技研发人员在企业工作的占比更是超过了九成，成为深圳民营企业创新发展最有力的人才保障和可靠的智力支撑。①

第二节　科技创新平台强化创新实力

创新平台是科技创新的基础性设施,是科技创新成果的培育基地,也是展示城市创新实力的重要载体。因此,建设一流的创新平台,是构建和完善城市创新体系的重要环节,也是一项长期的战略任务。

一　建设科技创新平台是深圳面临的紧迫任务

《国家中长期科学和技术发展规划纲要(2006—2020)》指出:"科技基础条件平台是在信息、网络等技术支撑下,由研发试验基地、大型科学设施和仪器设备、科学数据信息、自然科技资源等组成,通过有效配置和共享,服务于全社会科技创新的支撑体系。"这一界定,明确了科技创新平台的具体内涵、作用范围、发挥作用的途径以及其重要意义,对于建设好城市创新平台系统具有指导作用。

在城市创新体系中,创新平台是一个基础性的环节。虽然深圳已经成为一个区域经济中心和高新技术产业中心,但从科技资源来讲,不管是科技创新人才还是科技创新平台,深圳都比较缺乏。由于其建市的历史较为短暂,当北京、上海、广州等中心城市对原有科研院所进行整合与改制时,深圳面临的任务却是如何创建自己的科技创新平台。有学者对国内47个城市进行调查研究,其结果表明,从大学、科研机构和研发团队的资历、规模、水平、能力等方面来看,深圳与其他几个一线城市相比都有着显著差距。尽管深圳的科技转化能力排在了第2名,但深圳的科技竞争力却排在了第14位。② 因此,为改善科技资源缺乏、科技创新平台不足的状况,打

---

① 《深圳吸引各类人才支持民企创新发展　人才队伍总量达510万》,《深圳特区报》2019年1月7日。

② 冯冠平、王德保:《创新技术平台对深圳科技经济发展的作用》,《中国软科学》2005年第7期。

造城市创新体系，深圳只有另辟蹊径、积极探索，采取重点投入、正确引导的方式，加快创新平台的建设步伐。

实际上，早在经济特区成立之初，深圳就开始了科技创新平台的建设，不过早期建立的公共技术平台其功能主要是以检测服务为主。从 20 世纪 90 年代开始，随着深圳高新技术产业的发展，创新平台建设更加具有紧迫性。1992 年之后，深圳一共出台了 50 余个有关鼓励自主创新和发展高新技术产业的规范性文件，其中包括《关于鼓励深圳市科技企业孵化器发展的若干规定》《深圳市市级重点实验室管理办法》《深圳市研究开发中心（工程中心类）管理办法》《深圳市市级研究开发中心（技术中心类）管理办法》《深圳市工业行业公共技术平台管理暂行办法》，将创新平台建设与科技创新和科技产业发展的需求更加紧密地结合起来，使该项建设工作进入以重点实验室和企业研发中心为重点的新阶段。

到 21 世纪初，深圳的科技创新平台建设已取得一定成效。一是通过与中科院和清华、哈工大等国内著名大学和科研机构合作共建，迅速形成了一批规模和研发能力都属一流的技术研发平台。二是从大力发展重点产业的需要出发，在计量、认证、检测等领域建立起具有国际通行的检测、认证资质的先进技术服务机构。三是建立了手段先进、体系完善、功能齐全的产权交易、企业孵化、信息共享等资源配置平台，从而为企业特别是小微企业的创新发展提供了有力的引导和良好支持。① 这些创新平台的建设和完善进展，不仅完善了深圳产业配套环境，降低了创新创业成本，更重要的是提升了企业的持续创新能力。

2007 年，深圳颁布《深圳市科技创新公共技术平台"十一五"发展规划（2006—2010）》，要求着力建设和完善科技创新公共技术平台体系，重点打造科技文献服务和管理决策支持平台、大型仪器设备共享和科技资源保障平台等十大平台，以提高社会研发效率和增强自主创新能力，积极构建较为完善的城市创新体系，并产生了显著效果。2016 年 11 月 3 日，时任深圳市市长许勤在广东省科技

---

① 参见冯冠平、王德保《创新技术平台对深圳科技经济发展的作用》，《中国软科学》2005 年第 7 期。

创新平台体系建设工作会议上，全面汇报了深圳建设科技创新平台体系的情况。他指出，加强创新平台建设、构建综合创新生态体系是深圳近些年工作的重点。为此，深圳以前瞻性的布局，超常规建设了一批重大科技基础设施和创新载体，逐步构建起多层次、宽领域、广覆盖的科技创新平台体系。许勤还表示，深圳下一步将着眼于国家的发展战略，瞄准科技创新前沿，争取国家信息、生物等国家实验室落户深圳，规划建设未来网络、超材料、下一代光传输等重大科技基础设施，加快推进海外创新平台布局，在数字生命、材料、数学等领域，谋划建设十大基础研究机构，加快提升深圳的原始创新能力。①

到 2017 年年底，深圳已经建起 334 家工程中心（其中包括 7 家国家级和 130 家省级工程中心）；235 家技术中心（其中国家级 24 家、市级 211 家）；重点实验室 271 家（国家级重点实验室 14 家、省级 24 家）。深圳还拥有 5 家诺贝尔奖科学家实验室和 7 家海外创新中心，全球最大的基因库之一——国家基因库国家和超级计算深圳中心、大亚湾中微子实验室也纷纷落户深圳。② 这些都充分显示了深圳科技创新平台建设的超常发展，为深圳今后的再次腾飞插上了坚强的翅膀。

2019 年 2 月，中央在《粤港澳大湾区发展规划纲要》提出了"开放仪器共享、加强产学研融合"的明确要求。为此，为解决全市各科研机构部分先进仪器设备利用率不高、存在闲置浪费和重复购置等问题，深圳决定建设科技创新资源共享平台，以整合全市的仪器设备、盘活科技创新资源的存量，纳入这个共享平台的单位共 370 家，入库仪器总数近 1 万台套，仪器原值逾 74 亿元。③ 这一重要举措，将有力地推动全市科技创新资源的综合利用效率，大大降低中小微科创企业的经营成本，更好地激发城市创新活力，进一步完善

---

① 《坚持改革创新系统谋划布局　加快科技创新平台体系建设》，《深圳特区报》2016 年 11 月 4 日。

② 王苏生、陈博：《深圳科技创新之路》，中国社会科学出版社 2018 年版，第 89、91、69 页。

③ 《61 亿元设备！深圳打造科技创新资源共享平台，开放大型仪器设备》，《南方都市报》2019 年 10 月 25 日。

城市创新体系的功能。

二　深圳建设科技创新平台的主要经验

以创新技术平台为基础，建立起完善的、高效的、低成本的城市创新体系，提高城市的整体创新能力，这一直是深圳实施创新驱动发展战略的一个突破口。经过多年的努力，深圳科技创新平台建设已经取得重大进展，同时也积累了丰富的经验。

（一）良好的运作模式是创新平台发展的基础

经过实践中的不断探索，深圳科技创新平台的建设已经形成了各具特色、行之有效的不同运作模式。这些运作模式主要有项目带动型、基地认定型、市场运作型、机构实体型4种。项目带动型就是通过设立专项计划，以项目申报的形式组织相关单位加以组建创新平台；基地认定型就是通过政策优惠和资金支持的方式，把由单位建立的创新基地纳入平台管理；市场运作型就是通过政府引导、规范和扶持建立起来的市场化运作的创新平台；机构实体型就是由行业协会等中介机构投资，而组建起来的、以独立法人机构形式运作的创新平台。[①] 当然，不管是哪种运作模式能够取得成功，都很好地显示了深圳企业、政府和科研院所在科技创新平台建设过程中各自的努力和担当。例如，华为依靠自己的研究人员，于1996年就成立了国家宽带移动通信核心网工程技术研究中心、深圳市数字通信工程技术研究开发中心、华为技术有限公司技术中心等工程技术创新平台。纳入国家863计划、总投资达12.3亿元的国家超级计算深圳中心，是由中国科学院和深圳市政府于2009年共同建设的，也是深圳建市以来由政府投资最大的重大科研基础设施项目。作为我国基础科学领域最大的国际合作项目——大亚湾中微子实验项目，其总投资达1.6亿元，也得到深圳市政府和广东核电集团的积极支持。深圳华大基因院负责组建和运营的深圳国家基因库，于2011年10月获得国家发改委等4部委的批复，这是继欧洲生物信息研究所、美国国家生物技术信息中心和日本DNA数据库之后世界上

---

① 陈黎、黄智华：《广州、深圳科技创新平台建设对比分析》，《科技管理研究》2012年第11期。

第四个国家级的基因库，已存储多种生物资源样本1000多万份，其综合能力排名全球前列，有望成为世界最大的基因数据产出平台。

（二）政府的支持是创新平台发展的保障

从20世纪90年代以来，深圳在坚持创新驱动的过程中，始终走的是深圳以企业为主体、以市场为导向、以政府支持为保障的发展道路。为加强政府对创新平台建设的支持力度，深圳曾设立四个建设专项并设立科技研发资金，重点支持实验室、工程中心、公共技术服务平台和科技孵化器的建设。特别是根据国家发展战略性新兴产业的需要，深圳还专门设立了互联网、生物、新能源等产业的专项发展资金，对这些领域的工程技术和公共技术服务平台进行专项资助。深圳每年对科技创新平台的支持力度是很大的，例如，市级重点实验室建设可以得到最高500万元的资助，市级工程（技术）研究中心建设可以得到300万元的资助。同时，深圳对优秀工程技术中心及重点实验室也都设有专门的提升发展专项资金，以帮助提升其整体的研发能力。对评估优秀的国家级、省级重点实验室、工程中心，可给予最高1000万元的创新能力提升资助经费，对评估优秀的市级重点实验室也可以给予最高500万元的创新能力提升资助。除了资金支持之外，深圳还采取一些措施，对创新平台在政策上加以鼓励和支持。如：企业技术中心在符合国家规定的前提下，进口所需的科研和技术开发用品，可以享受便捷通关服务和进口税收优惠政策；工程技术中心可以享受高新技术企业的各项优惠政策，优先纳入市固定资产投资计划和新产品试制鉴定计划，并可优先承担市科技开发任务及项目。① 这一系列扶持政策的推出，无疑是对企业建设科技创新平台的强大推动。

（三）机制创新是创新平台发展的关键

前面我们已经提到，从科技创新平台原有的基础和规模来说，深圳在中心城市中不具有优势地位，有些方面甚至还相当落后。但是，深圳现有的平台在推动创新发展方面却发挥了积极的作用，究

---

① 陈黎、黄智华：《广州、深圳科技创新平台建设对比分析》，《科技管理研究》2012年第11期。

其原因，关键的一点就是深圳的创新平台都十分注重体制机制的创新，从而较好地解决了科研与市场需求和企业生产脱节、科研成果无法及时转化为现实生产力这样一个老大难问题，打通了科研与生产直接相连接的"最后一公里"。当然，科研与生产脱节的问题并不是中国所独有的弊端，而是一个世界性的问题，只不过是表现形式有所不同而已。有美国学者就认为这是一种美国也正在扩大的"鸿沟"，"创新的鸿沟——大学常常注重深奥的基础研究，而企业专注于增加产品研发——近几十年来已经变宽了。而且国家没能缩小鸿沟"。① 美国是号称市场经济最为发达的国家，仍然面临着研发投入与市场需求两者间鸿沟不断扩大的问题，由此可见创新平台机制的创新确实既紧迫又具有相当大的难度。

如果说华大基因是从一个科研平台转化为集科研与生产为一体的创新型企业，那么清华大学深圳研究院则是一个创新平台通过转化机制从而抓住了发展契机的典型案例。早在1996年12月，深圳市政府和清华大学就携手建立了清华大学深圳研究院，建立之初就定位为以企业化方式运作的事业单位。在实践探索中，清华大学深圳研究院坚持体制机制创新，逐渐形成了独具特色的"四不像"运作模式：第一，既是企业又不完全像企业，实现目标创新。第二，既是事业单位又不完全像事业单位，实现机制创新。第三，既是研究机构又不完全像科研院所，实现功能创新。第四，既是大学又不完全像大学，实现文化创新。通过这种体制机制上的大胆突破和创新，该研究院很快就摸索出一整套科技创新孵化模式，以企业和市场为导向，市场需要什么，实验室就开发什么。同时，研究院还积极协助企业开展人才培训和引进工作，并通过举办各种培训和学术报告会等方式向入驻企业实行全面开放。通过这一系列体制机制创新，清华大学深圳研究院逐渐发展成重要的科技成果孵化基地，造就了上千名亿万富翁和千万富翁，孵化了力合股份、拓邦电子、安泰科技、飞乐音响、数码视讯等数十家在中小板和创业板上市的公司，企业在孵期间销售额平均增加了7.8倍，利润平均增加了8.1

---

① ［美］史蒂夫·C. 柯拉尔等：《有组织的创新——美国繁荣复兴之蓝图》，清华大学出版社2017年版，第139页。

倍，发展速度是社会上同类公司的 6 倍。研究院还先后投入 4 亿多元，组建起光机电与先进制造研究所、电子信息技术研究所和生物医药及先进材料研究所等科研机构，承担了国家自然科学基金重点项目、"973"、"863"、科技支撑计划、省部产学研等重大科研项目，推出一批重大自主创新科研成果并获得了国家技术发明奖、国家科技进步奖等重大奖项。研究院在培养了大批优秀人才的同时，还积极为深圳引进海外人才。2009 年 12 月，在美国"硅谷"成立"深圳北美创新创业中心"，这是国内高等学校在境外建立的第一家人才引进、技术研发、企业孵化、创业投资基地，被列为深圳市十大创新工程之一。[①]

清华大学深圳研究院之所以能够取得如此骄人的成绩，该院的有关负责人曾做过这样的总结，他们认为，要建设好创新技术平台，机制比经费更重要。不建立好机制，即使建好了实验室和平台、把钱花完了，但也可能没有成果，这样的事在全国屡见不鲜。因此，没有好的机制，哪怕钱再多也可能是浪费，甚至建成的东西还会成为负担。"有了好的机制，没有钱可以得到钱，研究院不把平台建设当作一个简单的花钱项目对待，而是当作一个发展项目对待，将经费、机制和人捆绑在一起，并在用人的开放性、竞争性和流动性、激励的客观性和效益关联等方面实行新机制，研究院的创新技术平台因此得以飞速发展。"[②]

第三节　科技、金融的融合激发创新潜力

深圳在科技创新方面能够取得显著的成绩，这与金融体系对科技创新的大力支持是分不开的。深圳目前是全国的第三大金融中心，2019 年，深圳金融业实现增加值 3667.63 亿元，同比增长 9.1%，金

---

① 《深圳清华大学研究院"四不像"理论促科技创新》，中国高校之窗（http://www.gx211.com/news/2011525/n629652580.html）。

② 冯冠平、王德保：《创新技术平台对深圳科技经济发展的作用》，《中国软科学》2005 年第 7 期。

融业增加值占同期 GDP 的比重为 13.6%。在 2019 年 9 月最新一期"全球金融中心指数"（GFCI）中，深圳进入全球十大金融中心行列，列全球第 9 位，国内仅次于香港（第 3）、上海（第 5）和北京（第 7）。① 正是凭借着雄厚的金融实力，深圳较早就开始探索促进科技与金融的深度融合，从而有效地激发起企业的自主创新潜力。

一　金融是推动科技创新发展的核心要素

当今的世界，金融已经成为影响经济发展的核心问题。2008 年爆发的国际金融危机，对世界经济发展所产生的巨大震撼，就是一个明证。

而科学技术要真正成为推动经济发展的第一生产力，就必须同现代金融有机地结合起来。国外学者曾这样描述金融资本与技术创新双方之间的互动：早期新技术的崛起是一个爆炸性的增长过程，会导致经济增长过程中的不确定性甚至带来极大的动荡。为获取高额利润，风险资本家会快速投资于新技术领域，形成金融资本与技术创新的高度耦合，带来技术创新的繁荣和推动金融资产呈几何级数的增长。因此，科技金融从本质上讲既是一种创新活动，即科技发明是被企业家通过融资将其转化为商业活动的创新行为总和；又是一种技术——经济范式，即技术革命作为新经济模式的引擎，金融是这种新经济模式必需的燃料，只有二者的有机结合才是推动新经济模式发展的动力。② 这一理论在欧美发达国家早已得到了证实。例如拥有当今世界上最发达、最完备的科技金融体系的美国，很早就形成了科技与金融的深度融合，同时拥有活跃的风险投资市场和风险贷款市场。其高效的资本市场分为三个层级：主板市场、二板市场和场外交易市场。其中二板市场就包括全国证券经纪商协会自动报价系统——纳斯达克和美国证券交易所。美国证券交易所主要关注于易被忽略的中小市值公司，为其提供一个交易平台；纳斯达

---

① 深圳市地方金融管理局：《2019 年深圳市金融业运行情况》，2020 年 1 月 15 日，http://www.jr.sz.gov.cn/sjrb/ydmh/xxgk/sjtj/content/post_6926255.html。

② 房汉廷：《关于科技金融理论、实践与政策的思考》，《中国科技论坛》2010 年第 11 期。

克上市门槛比较低，可以为达不到正规上市要求的创新型高科技企业提供一个融资渠道，苹果、微软这些美国最具潜力的高科技企业90%以上都是在纳斯达克上市；场外交易市场则是向中小企业提供股权融资的分散的无形市场。美国的多层次的资本市场构成了完整的科技金融体系，给高成长型企业提供了多元化股权融资渠道，这是美国能够引领世界创新大潮的重要原因。

在邓小平提出"科学技术是第一生产力"的著名论断之后，我国也开始了对科技金融融合机制的探索。1985年3月，中央做出《关于科学技术体制改革的决定》，提出了必须依靠科学技术来推进经济发展，科学技术工作必须面向经济建设的战略方针，并要求"广开经费来源，鼓励部门、企业和社会集团向科学技术投资"，还可以设立创业投资对"变化迅速、风险较大的高技术开发工作"给予支持，就预示着我国科技与金融有机融合的时代即将到来。到20世纪90年代，随着我国经济发展模式开始转型，科技创新的重要性更加彰显，科技对金融支持的要求也越来越迫切。为此，科技界、金融界的专家学者会同有关单位，于1995年成立了一个全国性的非营利性社会组织——中国科技金融促进会，这是我国最早开展科技金融工作的重要平台。自此，科技与金融结合的步伐明显加快。到2008年，从无到有的创业投资行业，已经拥有近500家创业投资和私募股权基金，总共管理着2000多亿元的创新资本；同时还成立了300多家科技担保公司，为近万家科技型中小企业提供资金贷款担保。[①]

2011年11月，科技部印发了《关于促进科技和金融结合　加快实施自主创新战略的若干意见》，在重申科学技术是第一生产力的同时，强调"金融是现代经济的核心"。该意见明确指出，金融政策环境的完善与科技创新能力的提升一样，都是加快实施自主创新战略的基础和保障，要把促进科技和金融结合作为"支撑和服务经济发展方式转变和结构调整的着力点"。为此，就要建立科技和金融结合协调机制以优化科技资源配置，要培育和发展创业投资和

① 房汉廷：《关于科技金融理论、实践与政策的思考》，《中国科技论坛》2010年第11期。

发展多层次的资本市场，并引导银行业金融机构加大对科技型中小企业的信贷支持力度，这是强化有利于促进科技和金融结合的重要保障。① 这些重要举措的出台，标志着我国科技金融开始进入一个多层次、全方位发展的新时期。

2016 年 11 月，国务院印发《"十三五"国家科技创新规划》，其中第十七章又专门强调了关于"健全支持科技创新创业的金融体系"的问题，要求发挥金融创新对创新创业的重要助推作用，开发符合创新需求的金融产品和服务，大力发展创业投资和多层次资本市场，完善科技和金融结合机制，提高直接融资比重，形成各类金融工具协同融合的科技金融生态，② 从而进一步从国家宏观政策层面来加速推进科技与金融的融合。

二 深圳科技金融的发展历程和基本经验

（一）深圳率先推进科技金融的融合发展

作为中国市场经济发展最早的地区之一，深圳金融产业规模长期位居全国前列，并已成为深圳市的支柱性产业之一，这无疑给深圳推进科技与金融的融合提供了较好的基础，深圳也由此成为全国率先开展科技金融工作的城市之一。

伴随着经济结构从劳动密集型产业为主转型至高新技术产业为主，深圳较早就开始了把科技与金融融合起来的探索。1991 年，深圳明确提出"以科技进步为动力，大力发展高技术产业"的发展战略，决心建立"以高新技术产业为先导，以先进工业为基础"的工业体系。1992 年，《特区科技》刊发题为《科技金融携手合作扶持高新技术企业》③ 的文章，意在通过科技和金融的融合来推动深圳高新技术发展，这是"科技金融"一词在我国的首次出现，也是深圳开展科技金融融合创新的重要标志。

---

① 科技部：《关于促进科技和金融结合 加快实施自主创新战略的若干意见》，2020 年 1 月 20 日，科技部网站（http://www.most.gov.cn/fggw/zfwj/zfwj2011/201111/t20111102_90639.htm）。

② 《国务院印发〈"十三五"国家科技创新规划〉》，2020 年 1 月 20 日，中央政府网（http://www.gov.cn/xinwen/2016-08/08/content_5098259.htm）。

③ 丁革化：《科技金融携手合作扶持高新技术企业》，《特区科技》1992 年第 4 期。

　　1995 年 10 月，深圳颁布《关于推动科学技术进步的决定》，强调要加快科技创新成果向现实生产力的转化步伐，切实把经济发展模式转到依靠科技进步和提高劳动者素质这样的轨道上来，并提出了 2000 年的发展目标——科技进步对经济增长的贡献率要达到 45% 以上，高新技术产品产值占工业总产值的比重要达到 30% 的目标。为此，该决定要求加大全社会对科技工作的投入力度，要建立和完善多层次、多渠道的投入体系，使全社会的研究开发经费在 2000 年达到占国内生产总值的 1.5%。① 此后，随着国家"建设世界一流高科技园区"的试点园区之一——深圳高新区成立，其对发展高新技术产业的一系列优惠、扶持政策和良好的创新氛围吸引了众多初创期的高新企业入驻，使得当时深圳中小企业对融资的需求急剧上升。1997 年 9 月 4 日，深圳市政府二届第七十六次常务会议决定在深圳成立全国首个由市长担任组长的"科技风险投资领导小组"，负责领导创建科技风险投资机制的工作，这标志着深圳科技风险投资体系的创建工作正式拉开了序幕。同时，为更快启动科技风险投资的资本市场，1997 年 12 月，深圳市又率先成立风险投资市场的中介组织——"中科融投资顾问有限公司"，为高新技术公司与投资机构及投资人牵线搭桥，促进科技与金融的结合。1998 年 4 月，由深圳市政府出资并发起的市高新技术创业投资公司（简称"高新投"）和高新技术产业投资基金分别宣告成立，这是尝试引导社会资金及境外投资基金投资深圳的高新技术产业的一个大胆尝试。高新投的首笔资金 438 万元就投给了当时刚成立不久的大族激光，当高新投退出大族激光时，这笔创投资金回报高达 800 倍。②

　　正当深圳创新投资市场逐步建立起来的时候，1998 年 6 月，国家科技部专门批准深圳为首家科技风险投资试点城市。在这一政策利好的推动下，为加大对科技企业的金融支持力度，1999 年 8 月，深圳专门设立创新科技投资有限公司（简称"创新投"），其注册资

---

　　① 《中共深圳市委、深圳市人民政府关于推动科学技术进步的决定》，《特区科技》1995 年第 6 期。
　　② 《〈时代篇章　深圳故事〉第十八篇：创投资本催生深圳高新技术产业发展》，2020 年 1 月 25 日，搜狐网（https://www.sohu.com/a/277821615_207434）。

金 7 亿元（其中政府投入 5 亿元）。这家公司虽然是由政府控股，但成立伊始就被授予了完全自主投资决策的权力，其投资范围可以不受区域的限制，投资收益也可以按照一定比例转为员工的奖励资金。时至今日，"创新投"已经被人们称为中国最大的"红土创业投资资本"，并进入了哈佛大学商学院的案例教学研究。[①] 在中国创业投资史上，到 2000 年，深圳已经拥有专业创投公司及有关机构共 122 家，创业投资资本总规模已经发展到 100 多亿元，投资项目也超过了 200 个，其资本规模和机构数量远超上海和北京同期水平。为了更好地发挥市场机制的作用，建立一个规范、成熟的创业投资体系，此时的深圳又尝试从政策法规方面对创投市场进行法治化的监督管理。2000 年 10 月，深圳出台了全国第一部地方创业投资法规——《深圳市创业资本投资高新技术产业暂行规定》。依据这部法规，深圳市创业投资同业公会于同年成立，成为国内首个依法设立和运作的创投行业自律组织。2003 年 2 月 21 日，深圳市三届人大常委会第二十二次会议通过《深圳经济特区创业投资条例》，这是国内第一部规范和鼓励创业投资的地方性法律，对推动深圳创业投资健康发展并领先于全国发挥了重要作用，也为 2005 年由国家税务总局、国家工商行政管理总局、中国银监会、中国证监会和国家外汇管理局等十部委联合制定的《创业投资企业管理暂行办法》提供了蓝本。事实证明，深圳发起设立的"创新投""高新投"不但有力地推动了深圳高新技术产业加速发展，而且对我国创投产业坚持走"政府引导，市场化运作和按国际化惯例管理"的道路真正起到了先行示范作用。

在创投产业不断发展和完善的基础上，2004 年 5 月，中国证监会批复同意深圳证券交易所设立中小企业板块的实施方案，这是落实《国务院关于推进资本市场改革开放和稳定发展的若干意见》中关于分步推进创业板市场建设要求的重要举措。抓住这一契机，同年 7 月，深圳制定《加强发展资本市场工作的七条意见》，提出要从战略高度和全局视野来认识发展资本市场的重要意义，大力发展

---

① 《深圳口述史——唐杰：从制度建设源头推动创业投资产业发展》，2020 年 1 月 25 日，搜狐网（https://www.sohu.com/a/109889488_355794）。

资本市场中介服务机构，努力营造促进资本市场发展的良好环境，积极完善资本市场创新机制，加快建立多层次资本市场体系。同时，该意见还提出了要着力培育一批具有核心竞争力和行业龙头地位的上市公司，努力把深圳建设成为创业投资的乐土、中小企业的成长基地、资本市场中介机构和机构投资者的聚集中心。至此，深圳科技金融多层次资本市场开始形成。到 2007 年年底，深圳创投公司管理的资本总额已达 600 亿元，投资了光机电、数字媒体、先进制造、生物医药等众多领域的 1000 种左右项目，投资总金额为 400 多亿元。这表明，经过十多年的积极探索，深圳已成为全国创业投资最活跃的地区之一，初步形成了由资金、项目、股权交易市场和中介机构组成的创业投资市场体系，风险投资已成为推动深圳高新技术产业迅速发展的重要力量。

当时深圳的创业投资虽然十分活跃，但也面临着一个问题，那就是创业投资只有不到 10% 的金额投向种子期、起步期和初创期的创业企业，致使一些很有发展前景的初创企业得不到资金的支持，这种市场失灵的现象在一定程度上影响了高新技术产业的发展。为此，2008 年 9 月，深圳市政府开始酝酿设立一个 30 亿元规模的政府创投引导基金，发挥政府资金的杠杆作用，以期吸引更多的民间资金进入创投领域，加大创投资金对初创企业的扶持力度，同时也期望吸引更多的创业者来深圳落地创业。[①]

2011 年 11 月，科技部、中国人民银行等五部委印发《关于确定首批开展促进科技和金融结合试点地区的通知》，确定了包括深圳在内的首批 16 个地区开展促进科技和金融结合试点工作，要求积极发挥金融对实体经济的支撑作用，切实解决实体产业企业特别是初创型高科技企业融资难、融资贵的问题。深圳高度重视该项试点工作，并于 2012 年 4 月成立了促进科技和金融结合试点工作领导小组，负责统筹规划全市促进银政企合作的试点工作。6 月，又挂牌成立了深圳市科技金融服务中心，并出台了一系列壮大天使投资引导基金、促进股权投资和科技金融服务体系建设等方面的文件和配

---

① 《深圳市政府酝酿设立 30 亿规模创投引导基金》，《21 世纪经济报道》2008 年 9 月 23 日。

套政策。同年11月，深圳进一步提出要建立科技资源与金融资源有效对接机制的要求，以求通过创新科技投入方式来促进科技和金融的紧密结合，期望利用财政资金引导和放大作用，撬动民间资本加大科技投入，为新兴产业创造良好的投融资环境。在深圳市科技创新委员会的指导和支持下，这一年的12月由深圳科技金融中心牵头，成立了全国第一家"深圳市科技金融联盟"。目前，已有来自银行、交易所、创投、保险和高科技企业等成员单位300多家，为深圳市高新技术产业和金融业这两大支柱产业的融合发展创造了更好的机遇。

为了给科技金融发展提供法律保障，2013年12月25日，深圳市人大常委会对2008年颁发的《深圳经济特区科技创新促进条例》进行了修订，强调要"建立以企业为主体、产学研相结合、保护知识产权的技术创新体系，以制度创新、机制创新推动区域创新体系建设"。为此，该条例明确规定："市政府可以发起或者参与设立创业投资基金，引导社会资金流向创业投资企业"，"市政府可以发起或者参与设立再担保机构，重点扶持担保机构对企业科技创新活动提供担保"，"对于市政府设立的再担保机构为担保机构担保科技创新型企业提供再担保而发生的亏损，实行财政有限补偿担保代偿损失"。① 这一条例突出了政府在有效保障科技创新资金投入方面应负的责任，对加快科技金融的融合起到了很好的促进和保障作用。

2014年5月，国务院批复同意深圳为首个建设国家自主创新示范区的城市。此时，如何更加有效地提升科技金融创新服务业的规模和质量，便成了建设国家自主创新示范区中的一项重要内容。这一年，深圳出台了《关于充分发挥市场决定性作用　全面深化金融改革创新的若干意见》，明确提出了加快科技金融服务体系建设步伐、进一步拓宽科技金融融合发展的新途径。随后，为落实科技金融在构建城市创新体系上的重要作用，深圳科技创新委员会也相继制定了《深圳市科技研发资金投入方式改革方案》《深圳市科技创新券实施办法（试行）》等规范性文件，以求全面推进科技和金融

---

① 《深圳经济特区科技创新促进条例》，2020年1月30日，中央政府网（http://www.gov.cn/zhengce/2016-02/18/content_5042975.htm）。

的深层次结合。据统计，到 2016 年年底，深圳制定并颁布的有关科技金融方面的政策文件近百件，其出台的政策文件的数量之多、涉及内容之丰富均位居全国首位。① 随着这一系列政策文件的制定和实施，深圳开始逐步构建起足以覆盖创新全领域、全链条的一流的科技金融生态体系。

（二）深圳发展科技金融的基本经验

从打造城市创新体系的角度来讲，经过多年的努力，深圳实际上已经构建起一个比较完善的科技金融服务体系，能够较好地支持全市科技产业的创新发展，其成功经验主要体现在两个方面。

1. 发挥好政府的引导服务作用，积极营造良好的科技金融发展环境

政府认真转变职能，积极有为地做好服务保障工作，这是深圳成功构建科技金融体现的重要保障。一方面，深圳发挥经济特区可以先行先试的体制优势，不断深化科技体制改革，积极探索、勇于创新，着力发挥好政府在政策制定、统筹协调等方面的作用。为此，深圳专门成立了由分管副市长担任组长的促进科技和金融结合试点工作的领导小组，其成员包括科技、金融、财政、税务、法制等 11 个部门，从而有效地建立起推进科技金融融合的跨部门、跨领域的协调沟通机制。在创新体制机制的同时，深圳还着力加强政策引导，出台《关于促进科技和金融结合的若干措施》等一系列政策措施，市财政也制定了相应的支持建立科技金融的具体举措，直接通过财政资金和贴息等方式，来资助和强化银政企合作、科技保险保费、天使投资引导项目等方面的工作，积极构建和完善促进科技和金融深度融合的政策体系。同时，由于银行传统贷款评估体系重视固定资产抵押，为了解决科技企业固定资产比重小、无形资产比重大而导致技企业难以向银行申请贷款的问题，深圳在 2012 年 4 月还专门出台了《深圳促进知识产权质押融资措施》，在一定程度上缓解了轻资产高知识密度型科技企业融资难问题。

另一方面，为更好地挥财政资金的引导功能和杠杆效应，深圳

---

① 王苏生、陈博：《深圳科技创新之路》，中国社会科学出版社 2018 年版，第 113 页。

还积极探索财政资金投入方式的改革，以撬动更多的社会资本投向科技创新领域。2013 年，深圳出台《科技研发资金投入方式改革方案》，其目的就是要通过科技和金融相互结合、相互促进的方式，实现科技研发资金的良性循环和保值增值，以全面撬动银行、保险、证券、股权基金等各种资源投向科技创新领域的积极性。例如，由深圳市财政一次性拿出 4 亿元作为委托贷款本金，以定期存款的方式存入与政府进行合作的银行，再由银行按其额度的 6—10 倍对科技部门项目库中的有关企业发放贷款，其中还包括一定比例的无担保、无抵押的信用贷款。同时，市财政每年再拿出 4200 万元贴息资金，对获得委托贷款的企业给予贴息补助。另外，市财政每年再安排风险准备金 800 万元，对合作银行产生的实际坏账损失予以风险补偿。① 以此来充分调动企业和银行双方申请、发放科技创新贷款的积极性。

与此同时，为了最大限度地汇聚科技金融服务资源，打造企业和资本双方直接对接的大舞台，深圳又率先建立起具有集多种服务功能的"科技金融服务中心"。这样的服务中心成员包括银行、保险、证券、交易所、创投机构、担保机构和高科技企业，以最大限度地发挥成员的各自优势，加速科技金融的全面融合。目前，科技金融服务中心已经形成了创业服务平台、创业投资服务广场、知识产权服务平台、国际技术转移平台等八大公共服务平台，产生了良好的聚合效应。其中的创业投资服务广场这一平台，已经引进了 100 余家银行、券商、风投资本、产权交易、会计等中介服务机构，其管理的资金达到上千亿元，为初期创业者和处于不同发展阶段的中小型科技创新企业提供紧缺的资本服务。此外，通过开展交流会、推介会、展示会等活动，使科技企业和金融机构面对面地直接交流、沟通，共同探寻双方互惠互利的合作机会，这也是深圳发展科技金融的有效举措。正是通过这一系列的体制机制上的改革，在政府的积极作为下，依靠政策引导和资金支持，深圳科技金融的融合发展出现了相当不错的势头。

---

① 袁永、李金惠：《深圳市促进科技金融发展的经验做法及启示》，《广东科技》2015 年第 19 期。

2. 创新和完善多层次资本市场，拓宽科技型企业的融资渠道

只有发挥市场在资源配置中的决定性作用，才能充分发挥科技金融融合的效益。而深圳在这方面，也正是把政府的积极作为和市场的有效调节很好地结合起来，着力发挥市场对创新资源配置的决定性作用。通过对财政科技资金投入方式的改革和创新，深圳逐步建立起了包括银行信贷、创业投资、证券市场、担保资金和政府创投引导基金等覆盖创新全链条的多层次的投融资体系，形成了较为完善的科技金融市场，引导着金融资源源源不断地投向科技创新主战场，走出一条具有深圳特色的科技金融发展之路。

首先，通过鼓励创新信贷模式，加大金融机构对科技创新企业融资的支持力度。为解决银行等金融机构的传统运作模式难以适应科技金融发展的现实问题，深圳大力支持银行等金融机构在法律框架下主动推进金融产品和服务方式的创新，从而实现为科技型企业提供差异化的金融服务。一是鼓励金融机构设立科技特色支行。截至 2017 年年末，深圳共设立 43 家科技特色支行，23 家机构推出科技金融专属信贷产品，为科技型企业发放贷款 2324.32 亿元，较年初增长 16.59%。二是通过实行知识产权质押贷款、股权质押贷款、无形资产抵押贷款等新型贷款模式，鼓励贷款方式创新。到 2016 年年底，深圳共有 15 家银行开展了知识产权抵押贷款业务，专利权质押登记金额近 29 亿元，占广东全省质押总额的八成左右。[1] 三是支持政银合作成立科技银行联盟。2014 年 3 月，深圳市科创委和建行深圳分行共同发起，联合深圳的国家高新技术企业成立了"Z2Z"[2] 科技银行联盟，目的就是要为全市数万家高新技术企业提供从融资到融智的综合一体化金融服务，其中包括"六大创新产品"和"六项特色服务"。四是建立自主创新信用再担保体系，该体系由市财政、担保机构和贷款银行通过保证金认购方式组建，共认购保证金 10 亿元，其中市财政出资 6 亿元。另外，深圳还成立了中小企业信用再担保中心，委托管理政府再担保资金，对会员担保机构符合条件的

---

① 王苏生、陈博：《深圳科技创新之路》，中国社会科学出版社 2018 年版，第 117 页。
② "Z"是英文"ZONE"和"ZOOM"的首字母，同时也是"融资""融智"汉语拼音首字母，分别代表科技与金融。

担保业务提供信用再担保，降低贷款门槛，增加企业信用贷款额度。① 五是利用企业纳税信息为小微企业提供信用融资支持。近年来，中行深圳市分行、建行深圳市分行等8家银行与深圳市国税局合作推出"互联网＋税银合作"综合服务，实现税银信息平台自动化、平台化数据对接，为银行对小微企业贷款提供信用资讯。《2016年深圳银行业创新报告》显示，截至2016年年末，深圳银行小微企业贷款同比增长31.08%，较其他各项贷款增速高出5.27个百分点，其余额为6468.75亿元，占当年全部贷款余额的比重为13%，较2011年年末全市小微贷款余额1719亿元增长了3倍。其中，科技型企业贷款余额3151.51亿元，比年初增长31.73%，高出同期贷款平均增速5.91个百分点，占当年小微贷款余额比重为48%。② 到2018年年底，深圳的小微企业贷款余额同比又增长了27.6%，这就在很大程度上改善了中小型科技企业的贷款难的问题。

其次，积极发展创业投资，建立和完善包括产业投资引导基金、天使投资、风险投资、私募股权在内的创业投资产业链体系，满足科技型创业企业的直接融资需求。深圳市政府一直以"真金白银"扶持着各类创投机构开展各项投资业务。2009年，深圳专门设立了扶持创新创业发展的市"创业投资引导基金"；2015年8月，深圳市政府又决定设立远期总规模为1000亿元的市政府引导基金，并注册了引导基金公司。到2016年年底，财政投入已达500亿元，撬动近5000亿元的总资产。截至2017年10月，引导基金共评审通过101只子基金，承诺出资587亿元，这个数量已经领先于全国。经过多年的发展，深圳目前已经成为全国最活跃、集中度最高、人才最密集，对高新技术企业发展最有促进力的创业投资集聚中心。大族激光、光启、柔宇科技、大疆都是深圳创投资本支撑起来的新一代高新技术企业。深圳市政府1999年出资并引导社会资本出资设立的、专业从事创业投资的"创新投"，已经被誉为中国最大的

---

① 袁永、李金惠：《深圳市促进科技金融发展的经验做法及启示》，《广东科技》2015年第19期。

② 王苏生、陈博：《深圳科技创新之路》，中国社会科学出版社2018年版，第114页。

"红土创业投资资本"，共投资企业四百家，有 80 家企业在全球 17 个资本市场上市。[①] 目前，深圳创投机构已超 5200 家，累计管理创业资本近 1.5 万亿元，累计投资项目 7000 多个，累计投资总额 3000 多亿元，其中 40% 投资深圳地区。在创业板上市的公司当中，有深圳创投背景的企业占 1/3 以上。[②]

最后，完善多层次资本市场，拓宽科技型企业的直接融资渠道。为了满足不同发展阶段科技型企业的资金需求，深圳积极推动科技型企业境内外上市，不断扩大企业直接融资渠道。目前，深圳已经形成了包括主板、中小板、创业板、柜台交易、技术产权交易等在内的、多层次的资本市场体系，科技创新型企业可以通过主板、中小板、创业板等途径上市融资，也可以在场外市场挂牌获取资金。截至 2018 年年底，深圳共有上市公司 285 家，居全国第六；上市公司总市值 4.6 万亿元，仅次于北京居全国第二。这一年，全市有 11 家企业首发上市，募集资金 431.3 亿元。新三板挂牌公司 642 家，占全国 6%；年内新挂牌企业 25 家，募集资金 35.4 亿元。

第四节　完善的科技服务体系是创新的助推剂

按照一般的说法，科技服务业是专门为科技创新和科技成果商业化运作提供各种服务的行业，是科技创新体系不可缺少的组成部分，在科技创新过程中发挥着不可替代的重要作用。作为科技服务领域中的中介和载体行业，科技服务业在科技创新与企业发展中起着黏合剂的作用，是企业实施科技产业创新的助推力量。构建高效的城市创新体系，不但要有政府的财政投入和科技创新平台的建设，关键还在于企业自身技术创新能力的提升。这就不仅需要激活

---

① 《〈时代篇章　深圳故事〉第十八篇：创投资本催生深圳高新技术产业发展》，2020 年 2 月 1 日，https://www.sohu.com/a/277821615_207434。

② 《深圳 5200 多家创投机构累计管理资本近 1.5 万亿元》，《经济日报》2017 年 11 月 20 日。

企业的创新积极性，同时还要科技服务行业为企业创新提供各种便利条件，使企业能够更好、更快地将创新成果转化为市场的畅销产品。因此，加快建设科技创新服务体系，是实施创新驱动战略的重要抓手，是实现创新能力提升的重要保障，是打造城市创新体系的一项长期任务。

深圳科技服务机构诞生于 20 世纪 80 年代。1984 年，随着深圳开展大规模的城市现代化建设，中国建筑设计咨询公司深圳分公司在南山区注册，这是深圳最早的科技咨询企业之一。20 世纪 90 年代，深圳加快经济转型的步伐，高新技术产业蓬勃兴起，推动着深圳整个科技服务业不断发展，在全市的经济结构中所占比重和影响越来越大。2014 年《国务院关于加快科技服务业发展的若干意见》下发后，深圳更是把科技服务业摆在现代服务业发展的突出位置上，率先出台《关于促进高技术服务业发展的若干措施》，并采取成立科技服务业协会、设立技术服务专项资金等举措，大力培育科技服务市场主体，鼓励和引导开展各类科技服务，逐步形成了全面覆盖产品研发设计、技术转移、知识产权、检验检测认证、创投孵化等在内的科技服务体系。目前，深圳已成为国家首批科技服务体系建设试点城市和"中国创新驿站"首批试点地区，科技部正式批复在深圳成立国家技术转移南方中心。近些年，科技服务行业年均增长率达 25%，2015 年其增加值达到 1483 亿元，规模以上科技服务机构超过 500 家。①

一　以深圳高交会为代表的高科技产品交易市场

科学技术是第一生产力，但科学技术本身并不是生产力，只是潜在的生产力，科学论文、技术专利永远不会自动转化为生产力，而只有通过企业的生产才能转化为现实的生产力。"新发现和新应用于创新而言，犹如剪刀之两翼，缺一不可。在实现创新的过程中，科学技术知识重要，但是，科技转化成生产力更重要。"②

深圳高新技术产业起步于 20 世纪 90 年代初，1991 年全市高新

---

① 李永华：《坚持自主创新战略的深圳实践》，《行政管理改革》2016 年第 9 期。
② 吴金希：《创新生态体论》，清华大学出版社 2015 年版，第 73 页。

技术产品产值仅 22.9 亿元，但到 1998 年便迅猛发展为 655.18 亿元；占工业总产值的比重由 8.1% 提高到 35.44%。其中，高新技术产品出口也呈现高速增长的态势，从 1992 年的 1.92 亿美元增加到 1998 年的 44.31 亿美元。不过，从全国范围来看，高新技术产业发展刚刚起步，还面临着不少问题，特别是科研成果在转化为现实生产力方面存在着许多障碍。有资料显示，当时我国每年专利技术有 7 万多项，省部级科研成果有 3 万多项，但专利技术实施率仅 10% 左右，科技成果转化为商品的规模其比例仅为 10%—15%，这远远低于发达国家的 60%—80% 的水平。同时，高新技术产品产值仅占工业总产值的 8% 左右，同样大大低于发达国家 30%—40% 的水平。我国科研经费和科研成果转化资金比例在 1∶1.1 至 1∶1.5 之间，而根据国际经验，科研资金、科研成果转化资金、批量生产资金这三者的比例应为 1∶10∶100，才能使科研成果较好转化为商品。[①]

　　由此可见，要将科研成果转化为现实的生产力，就需要一座将两者连接起来的桥梁，也就是科技产品交易体系。因此，科技产品的交易是促成科研成果转化为生产力的重要途径，是创新生态链中必不可少的环节，也是整个创新体系的重要组成部分。为了把科学技术与经济建设有机地结合起来，更好地解决在科技产业创新中的人才、资金、中介机构、交易渠道、政策保障等方面的问题，探索科技成果转化的新途径，1999 年 10 月 5 日，经国务院批准，由国家多个部委和深圳市政府联合举办的"中国国际高新技术成果交易会"在深圳隆重开幕。这是中国高新技术产业发展的一个里程碑，时任国务院总理朱镕基亲自出席开幕式，并宣布："为了促进中国与世界各国的经济技术合作，中国政府决定每年在深圳举办中国国际高新技术成果交易会。"中国国际高新技术成果交易会以"国家级、国际性、高水平、大规模、讲实效、专业化、不落幕"的特色，以"成果交易"为主题，以"促进成交"为核心，集高新技术成果交易、高新技术产品展示与交易、项目招商、高层论坛、人才

---

　　① 林嘉骅：《深圳高交会经验值得借鉴》，《华东科技》2000 年第 1 期。

服务、信息交流于一体，为参加高交会的海内外客商提供寻求项目、技术、产品、市场、资金、人才的便捷通道。每届高交会都有无数的科研成果与投资基金、科技企业之间进行洽谈、沟通、交易，推动了大批高新科技企业的诞生和发展。马化腾正是在首届高交会上募集到第一笔风险投资——IDG 资本和盈科数码投资的 220 万美元，从而使腾讯发展成为一个享誉世界的高科技公司。因此，高交会得到了海内外高新技术企业的认可和欢迎，历届高交会均有美、英、德、法等数十个国家的代表团和微软、IBM、英特尔、西门子等数十家国际知名跨国公司，包括港澳台在内的全国各省、自治区、直辖市、计划单列市和数十家著名高校组团参加展示交易洽谈，数百家海内外新闻媒体的逾千名记者到会采访，参观人数达 30 万人次左右，自第六届高交会移师深圳会展中心后，参观人数更达到 50 万人次以上。目前，高交会已成为中国及世界高新技术领域内一个颇具影响力的知名展会品牌，也是中国规模最大、最具影响力的科技类展会，有"中国科技第一展"之称。

深圳虽然只是中国国际高新技术成果交易会的举办方之一，但交易会放在深圳举办，这本身就是对深圳高科技产业发展的肯定，也是对深圳在科技成果转化方面的实力的认可。在交易会的参展商中，有相当一部分是深圳的高新技术企业和科研机构，因此，对于完善深圳城市创新体系来说，高交会是一个重要的推动力量。而值得指出的是，一向缺少著名大学和科研院所的深圳，在首届高交会期间，深圳"借鸡生蛋"，宣布"虚拟大学"隆重开园。首批入园的有中国工程院、清华大学、北京大学、中国科技大学、香港大学、香港科技大学、北京理工大学、武汉大学、南开大学、复旦大学22所大学和科研机构。这不但为深圳培养高素质人才提供了便利，更重要的是能够打通国家一类的科研成果与深圳蓬勃兴起的高新技术产业深度融合的便利通道。虚拟大学园与高交会交相辉映，成为深圳高科技产业创新领域两道亮丽的风景线。

二　促进科技资源多维流动的中介服务体系

有学者认为，国家创新体系是政府、企业、大学和科研院所、中介机构等为了一系列共同的社会和经济目标，通过建设性的相互作用而构成的网络体系。因此，技术创新是一根完整的链条，包括孵化器、公共研发平台、风险投资、围绕创新所形成的产业链、产权交易、法律服务、物流平台等不同的环节。[①] 这就明确了凡是有利于科技资源多维互动、能支撑和推进科技产业创新的中介服务机构，都是创新体系中不可或缺的部分。为此，《深圳市科学技术发展"十二五"规划》提出，要"适应科技创新对服务要素的阶段性需求，发挥科技服务业对科技创新的支撑作用，构筑从基础研究到技术发明和成果转化环环相扣无缝对接的服务链，不断完善科技创新支撑服务体系"。事实上，深圳把建设科技创新支撑服务体系作为完善城市创新体系的重要环节，起步较早而且成效显著。在这方面，除了前面所介绍的金融服务体系和交易服务体系之外，在促进科技资源多维流动方面，深圳还着力建设公共技术服务平台、企业孵化器、众创空间和发展高新技术产业园区。

（一）公共技术服务平台

我国拥有数量庞大的中小企业，它们在科技产业创新中正在发挥着越来越明显的作用。但是，由于受自身规模、人才、资金等方面的限制，在技术研发方面遇到一些问题往往难以解决，成为制约技术创新和产业转型升级的瓶颈。因此，建立公共性技术服务平台，为企业发展提供所需要的基础技术服务，提升企业特别是中小企业技术创新能力，是不少发达国家在推进产业技术进步的一条成功经验，也是完善创新体系的必要举措。所谓公共技术服务平台，就是指在具有一定产业优势，并且产业化程度已经较高的地区，由政府、企业、高校、行业组织等多元主体投入并采用市场化机制运作，为中小企业提供技术开发和试验、产品设计、加工、检测、产品推广等公共技术支持系统。这个面向社会开放的中介服务系统，其宗旨就是为提高本地区的创新能力服务。

围绕高新技术创新产业发展需求，大力建设公共技术服务平台，这是支持中小企业开展创新活动不可缺少的重要举措。2018 年，深

---

① 李文军、齐建国：《创新驱动发展——力量、问题与对策》，社会科学文献出版社 2018 年版，第 216 页。

圳已拥有中小企业 196.7 万家，占企业总数的 99.6%，这就彰显了建设公共技术服务平台的必要性、紧迫性。2017 年，深圳出台《关于促进科技创新的若干措施》，其中就明确要求"支持产业配套全程化，为创新创业者提供工业设计、检验检测、模型加工、知识产权、专利标准、中试生产、产品推广等研发制造服务，实现产业链资源开放共享和高效配置"。为此，由深圳市经贸信息委牵头，联合市发改委、市场监管委、各区政府等单位，在标准、计量、检验检测和认证认可等质量基础设施领域，围绕着电子信息、新能源、生物医药、节能环保等战略性新型产业，全力打造"十大生产性服务业公共服务平台"，以提升公共服务能力，推动产业结构优化调整，为科技产业创新提供更加有力的支撑。

深圳在建设公共技术服务平台的实践过程中，具有两个鲜明的特点。首先，就是政府支持、整合力度大。由于公共服务往往存在着"市场失灵"的问题，所以从世界范围看，不少发达国家的政府在建设公共技术服务平台方面都发挥着关键作用，通常是采用资金投入和行政组织的方式这两种方式来介入、推动公共技术服务平台建设。深圳一开始就对公共技术服务平台建设给予了大力支持。2004 年，深圳提出要完善区域创新体系、增强高新技术产业的核心竞争力，就提出要坚持政府推动、市场运作方式，依托企业、科研机构、高等院校、行业协会及其他社会团体建设公共技术平台，并从市科技研发资金和市产业技术进步资金中分别拿出一定比例的资金来资助公共技术服务平台的建设。① 此后，深圳便开展了对公共技术服务平台的专项资助，按照不超过申报单位上年度实际投资额（其中固定资产投资不低于 40%）的 30% 给予资助，单个项目最高不超过 500 万元，以此显示政府支持公共技术服务平台发展的决心和力度。在加大对公共科技服务平台建设资金支持力度的同时，深圳还借鉴国内外先进经验，积极创新体制、优化功能，加快现有公共技术平台的资源整合，提高公共技术服务水平。其中具有特殊意义的就是 2019 年 10 月"深圳科技创新资源共享平台"正式上线启

---

① 《中共深圳市委、深圳市人民政府关于贯彻落实〈中共广东省委、广东省人民政府关于加快建设科技强省的决定〉的实施意见》，2004 年 7 月 27 日。

动，深圳的个人、企业都可以根据需求申请使用该平台的大型仪器设备等科技资源，这就大大降低了深圳中小微科创企业的经营成本，进一步激发了创新活力。其次，就是平台建设参与者多、覆盖面广。深圳公共科技服务平台建设以开展应用研究为重点，以高新技术领域研究开发为目标，可以为企业技术创新过程中的试验验证、测试评价、开发设计、中试生产等各个环节提供技术装备平台和各类科技资源库，并与国家、省的公共技术平台实现互动。由于该项服务深受企业的欢迎，市场前景广阔，因此在政府的积极鼓励和大力资助下，不少机构纷纷设立此项服务平台，其服务范围覆盖了创新创业的方方面面。例如，华南产权交易中心于 2005 年成立深圳市技术产权交易公共技术服务平台后，天威视讯股份公司于 2006 年又成立了有线数字电视公共测试公共技术服务平台。随后，由市计量质量检测研究院建立起来的 LED 检测公共技术服务平台、市人民医院建立的干细胞与细胞移植公共技术服务平台、依托深圳市高新区信息网有限公司建立起来的电子商务云计算公共技术服务平台也纷纷宣告挂牌成立。这些公共技术服务平台广泛分布于高校、科研院所和其他技术管理和服务机构。截至 2017 年年底，深圳市共建立起 167 家公共服务平台。[①]

（二）科技企业孵化器

科技企业孵化器是培育和扶持高新技术中小企业的公共服务平台，它可以为众多新创办的科技型中小企业提供空间场地、基础设施等一系列服务支持，能够有效地降低创业者的创业成本和风险，提高创业的成功率。科技企业孵化器对促进科技成果的转化、培养成功的企业和企业家、推动高新技术产业发展，都有着重要的作用，是城市创新体系的子系统——科技服务系统的重要组成部分。

1987 年，我国第一个企业孵化器诞生于武汉东湖。随后，深圳市科技创业服务中心也于 1989 宣告成立，拉开了深圳孵化器建设的序幕，到 20 世纪 90 年代末初具规模。2003 年，《深圳市鼓励科技企业孵化器发展的若干规定》出台，正式认定北科产业、南山区

---

① 王苏生、陈博：《深圳科技创新之路》，中国社会科学出版社 2018 年版，第 93 页。

科技创业服务中心、虚拟大学园、深圳清华大学研究院、宝安区科技创业服务中心、龙岗区留学生创业园等一批园区和机构为深圳科技企业孵化器，其中南山创业服务中心、北科创业等还被科技部评为国家高新技术创业服务中心。此后，深圳下属各区也积极推进孵化器的建设。例如，2008年，宝安就实施《宝安区科技企业孵化器管理办法》。而此时的南山，通过政府主办、官民合办、政校合办、企业自办4种方式建立起来的孵化器有28家，面积超过60万平方米，在孵企业超过1500家，其销售收入则超过800亿元，占据了深圳市孵化器产业的半壁江山。

为了加大对科技企业孵化器的支持力度，2012年11月，深圳决定实施创业苗圃、孵化器、科技园区和加速器相结合的大孵化器建设战略，制定了《关于促进科技企业孵化载体发展的若干措施》。该措施要求，市科技研发资金每年都应该安排专项经费支持孵化载体建设项目，同一载体最高累计可享受500万元的各类资助；对符合条件的孵化载体扩大规模、提升服务质量也可给予资助，单个项目最高可资助300万元。同时，在每年新增的创新型产业用房、用地和旧工业区改造项目规划中，市、区两级政府都要优先保障孵化载体的建设用地和用房需求。在政府的强力推动下，深圳的科技企业孵化器规模迅速壮大，截至2017年年底，深圳共有各类孵化载体533家，其中科技企业孵化器223家（国家级22家），众创空间310家，孵化总面积达500万平方米，孵化器总企业数近9000家，为构建充满活力的城市科技创新生态体系做出了积极的贡献。

（三）众创空间

"众创空间"来源于国外的"创客空间"。国外最早的创客空间是1984年在德国柏林创建的混沌电脑俱乐部，美国麻省理工学院微观装配实验室的建立则标志着创客空间的兴起。2014年，美国总统奥巴马把创客提升到打造新一轮国家创新竞争力的高度，并宣布每年6月18日为"美国国家创客日"。[①] 与科技企业孵化器主要用于培育科技型中小微企业不同，众创空间是面向大众，为小微创新

---

① 丁琪、张丽萍：《深圳众创空间发展现状、问题与对策研究》，《特区经济》2017年第8期。

企业成长和个人创业提供低成本、便利、全要素服务的开放式综合平台，是互联网时代的新型孵化器。

作为改革开放中崛起的最年轻的移民城市，深圳历来都具有浓厚的创新创业文化氛围。为激励"大众创业、万众创新"，从2014年起，深圳每年都举办中国（深圳）创新创业大赛，大赛设立奖金和3000万元的创赛专项资助，对接政府创业资助、银政企合作贴息资助和股权有偿资助，吸纳4.5亿元社会创投资本，提供大赛合作银行授信优惠、大赛创投对接服务平台、孵化器场地优惠等支持政策，帮助创业者实现创业需求和发展目标。2015年，深圳又陆续出台了《关于促进创客发展的若干措施（试行）》《深圳市促进创客发展三年行动计划（2015—2017年）》等文件，并设立创客专项资金和创客基金，从2015年开始每年分别投入5亿元和3亿元，用于降低创新创业的门槛，吸引全球创客汇集深圳。深圳的这一系列举措，有力地推动了"大众创业、万众创新"活动蓬勃兴起，形成"四创联动"（创新、创业、创投、创客）和"四众发展"（众创、众包、众扶、众筹）新局面。近几年，深圳的众创空间如雨后春笋般涌现，截至2016年年底，深圳建成的各类众创空间达295家之多，其中包括深圳市留学生创业园、布吉大芬油画村创业孵化基地、罗湖水贝黄金珠宝创业园、南岭中国丝绸文化创意园等一批具有鲜明特色的双创服务机构，[1] 初步形成了较为完备并具有一定规模的创新创业培育孵化体系。

（四）高新技术产业园区

高新技术产业开发区是指改革开放后在一些知识、技术密集的大中城市和沿海地区率先建立起来、旨在发展高新技术的产业开发园区。高新技术产业开发区的兴起，是中国经济体制、科技体制改革的重要成果，是中国高新技术产业发展的必然趋势和有效途径。一大批高新技术产业园区在全国各地的成功建设，为众多的创新型企业发展提供了良好的环境，吸引了大批海内外优秀科技人才人员和企业家入园创业创新，成为科技创新和科技成果产业化的重要基

---

① 丁琪、张丽萍：《深圳众创空间发展现状、问题与对策研究》，《特区经济》2017年第8期。

地，在区域经济发展中发挥着强大的辐射和带动作用。

进入 21 世纪之后，由政府主导建设的各类产业园区已成为城市创新体系的重要支撑。深圳高新区的前身是 1985 年由深圳市政府和中国科学院共同创办的中国大陆第一个科技工业园——深圳科技工业园。1991 年，经国务院批准，深圳科技工业园成为首批国家级高新技术产业园区。作为改革开放和世界新技术革命潮流相结合的产物，深圳高新区肩负着试点建设世界一流科技园区的历史使命。为此，高新区致力于推进自主创新和建设区域创新体系，积极汇聚海内外创新要素和创新资源，大力发展拥有自主知识产权的高科技产品。经过 20 多年的开发建设，深圳科技工业园已成为招商环境优越、高新技术企业众多、科技开发实力雄厚、人才资源广泛而专业的高科技工业园区。

目前，深圳科技工业园拥有长城计算机、长城国际、珀金埃尔默、艾默生、康泰、金科、科兴、长园新材料等一批高新技术企业，形成了电子信息、生物工程、新材料和机电一体化四大主导产业，成为深圳的计算机与通信产品、生物工程制药、电子元器件的重要生产基地。同时，深圳的高新区中还集聚了一批以天安、硅谷动力、灵狮等为代表的民营科技园，它们以促进民营科技创新与科技成果转化为主要目标，依靠市场机制来培育和发展民营科技企业，大大地加速了深圳民营科技企业的孵化成长过程。现在，深圳民营科技园区已经呈现出规模化、集团化、集约化的发展趋势，以其灵活的运营机制不断开辟市场，获得了极大发展空间，并呈迅速成长态势。①

---

① 王苏生、陈博：《深圳科技创新之路》，中国社会科学出版社 2018 年版，第 93 页。

第五章

深圳不断优化的创新环境

　　根据 MBA 智库百科的解释，创新环境是指在创新过程中，影响创新主体进行创新的各种外部因素的总和。其中主要包括国家对创新的发展战略与规划，国家对创新行为的经费投入力度及社会对创新行为的态度等。① 由此可见，创新环境实质上就是企业创新的整个社会环境，包括政治体制、经济发展模式、政策法规、教育水平、社会意识、创新文化以及国际创新体系环境等。城市创新体系的现实能力不但取决于其主体结构的功能，而且受到其赖以生存的社会环境的制约。因此，要提升城市的创新能力，既要培育好创新主体和优化创新体系的框架结构，还要注重创新的环境建设，并促使这两者之间的关系能够处于一个协调的状态，这本身也是建设城市体系的重要任务。

　　应该说，在构建城市创新体系方面，人们对创新环境的研究还显得不够，致使其重要性并未得到足够重视。其实，环境不但对企业而且对个人创新潜能的发挥都有着至关重要的作用。有学者就指出，虽然比尔·盖茨的确聪明到足以进入哈佛大学学习，但是他作为科技巨人的成功，在很大程度上依赖于他早期以一种非同寻常的方式进入计算机领域——实际上就是依赖当时他的社会背景与社会关系所提供的环境优势：就读于一所设有校立计算机社团的高校、一次偶然的在同学父母公司测试软件的机会、一次协助建立发电站计算机系统的邀请，盖茨紧紧地抓住了这些机会，花费了超过 1 万

---

① 2020 年 2 月 5 日，https://wiki.mbalib.com/wiki/% E5% 88% 9B% E6% 96% B0% E7% 8E% AF% E5% A2% 83。

小时进行编程，才为后来的成功奠定了基础。① 既然环境背景对个人的成长具有这么重要的作用，同样地，要建立完善的城市创新体系，也必须有良好的市场环境和创新环境，需要营造适宜于创新的制度和组织文化。美国学者萨克森宁在总结"硅谷"的成功经验时就认为，"硅谷"之所以能够在 20 世纪 80 年代中期抵挡住日本企业的竞争，并且重新走向复苏和繁荣，主要是由于"硅谷"所具有的那种合作与竞争的制度环境而形成的紧密的创新网络，这种创新网络促进了专业生产企业相互之间的创新与协作。② 由此可见，政府要发挥自身在创新体系中的主导作用，就必须注重政策创新和制度创新，着力培育良好的创新环境和社会氛围。事实上，深圳之所以能够在科技产业创新方面处于全国的先进行列，这与深圳优异的地理环境、浓郁的创新创业社会文化氛围、完善的市场经济体制、强有力的制度保障体系是分不开的。

第一节　鼓励创新的文化社会环境

2015 年，中共中央、国务院在《关于深化体制机制改革　加快实施创新驱动发展战略的若干意见》中指出，要"大力营造勇于探索、鼓励创新、宽容失败的文化和社会氛围"③。创新文化，广义上指与创新相关的物质、制度、行为和精神成果的总和；狭义上指创新的精气神。创新文化，可以说是一种从价值理念、人文氛围等不同角度体现出来的文化形态，也是一种有利于创新、让人才能够充分发挥自己聪明才智的社会氛围。浓郁的、有利于创新的文化社会氛围是培育创新理念、培养创新人才、催生创新成果的沃土，是蕴含在城市创新体系中虽然看不见，但又具有巨大影响力的无形力量。深

---

① ［美］史蒂夫·C. 柯拉尔等：《有组织的创新——美国繁荣复兴之蓝图》，清华大学出版社 2017 年版，第 37 页。

② 黄海洋、陈继祥：《国家技术创新体系建设与创新政策的策略选择》，《毛泽东邓小平理论研究》2012 年第 9 期。

③ 2020 年 2 月 7 日，中国文明网（http://www.wenming.cn/xj_ pd/ssrd/201503/t20150323_ 2518210. shtml）。

圳的创新，离不开那种积极鼓励创新的社会文化环境。

一　创新文化是培育创新的沃土

"创新文化"，这是一个近年来被人们提起的词语。把创新与文化紧密地结合在一起，说明两者之间存在着天然的内在联系。创新就意味着推陈出新，要做到人无我有、人有我精。作为一种创造性的劳动，创新活动与人的精神因素密切相关，而人的精神状态又与所处的人文环境关系密切。一个缺乏崇尚和激励创新文化氛围的地方，是难以吸引、留住有创新激情的人才的，人处于这样的环境也不可能焕发出强烈的创新动力。而文化的形成和发展，本质上也是一个不断推陈出新的过程，离开了创新，文化也就会因僵化而失去生命力。因此，创新文化是培育创新的沃土，也是建设城市创新体系必须具有的社会氛围，正是深圳浓郁的创新文化，为城市创新体系建设提供了巨大的精神动力。

（一）创新文化是文化与科技创新的互动和融合

文化代表着一个民族的文明程度，科技创新是提高社会生产力、促进社会进步的重要手段。文化是一个国家软实力的重要组成部分，科技创新则是一个国家综合实力的重要体现，两者间相互依存、相互影响、相互促进，这就使得创新文化能够成为一种主流文化。科技创新为创新文化提供思想源泉，创新文化又能加快科技创新的步伐。因此，促进文化与科技创新的有机融合，加快形成文化创新与科技创新的"双轮驱动"的发展模式，既能促进城市创新体系的完善，又能培育更加浓厚的、有利于创新的社会文化氛围。

文化与科技创新的有机融合主要体现在两者的互动上。一方面，文化是科技创新的基石，对科技创新具有驱动作用。保守的传统文化往往容易成为阻碍科技创新的绊脚石，因此需要更新观念，破除陈规陋俗，培养创新理念，形成具有创造性和批判性思维特点的创新文化，进而注入科技创新实践之中。同时，还要破除体制性障碍，形成有利于创新的制度安排，如加强知识产权保护的力度等，大力提倡尊重知识、尊重人才，在全社会形成鼓励创新的文化氛围。尤为重要的是，任何具有突破意义的科技创新都是在经历了无数次失败之后才能成功，整个创新过程是一条充满艰辛的道路，因此在关键时刻必须依靠科技创新人员的精神品质与信念，只有激情向上的文化才能促使科研人员积极面对各种困难挑战。而且文化还影响着科技创新人员的创新价值，只有明确而又准确的价值导向才能引领创新方向，实现创新目标，所以先进文化对创新的驱动力是不言而喻的。另一方面，科技创新对于文化发展同样具有很好的促进作用，几乎每一项对于文化可能产生影响的科技创新都会同步运用于相应的文化产品之中。例如，通过 IT 通信技术建立起的信息送达渠道使得文化产品的传播速度更快、受众范围更广。文化的表达形式也会随着科技创新而不断丰富，如数字影像、LED、激光特效等技术都在改变着传统的文化符号。同时，一项科技创新注入文化产品之后，往往产出不止一种文化产品，如随着互联网的不断普及，随之而来便出现了包括在线电影、电视、游戏、电子书等品种繁多的文化产品形态，这自然会不断加速文化成果的转化，丰富文化的内涵。另外，随着科技创新，文化的内容、形态、传播等各方面都不断地受到影响，文化企业为了占据市场份额而大规模地应用先进的技术，工艺的改进与效率的提升最终会导致文化产业的优化升级。[①] 这一切，都有利于更好地发挥文化的教育、引导、激励功能，营造出更加浓郁的创新社会氛围。

（二）创新文化是推动科技创新的强劲动力

文化对科技创新的影响更多地体现在创新文化上。创新文化是一个具有丰富内涵的概念，既包括技术创新文化和知识创新文化，又能在影响人们日常生活和消费的社会文化中得到体现。无论是知识创新还是技术创新，都不可能是一个简单的、线性的发展过程，它受到社会复杂系统许多因素的相互影响和制约。从人类社会发展的历史中可以清楚地看到，科学技术的发展与社会生活的进步是一个相互渗透、相互影响、相互促进的互动过程。实际上，要凝练社会的创新理念、培育大众的创新爱好、提高人们的创新能力、完善有利于创新的制度环境，都必须发挥文化的关键作用，因为只有文

---

① 胡达沙等：《创新驱动发展战略背景下文化与科技创新有机融合问题研究》，《科技管理研究》2014 年第 22 期。

化才能对群体和个人的思维模式和行为方式产生深刻而持久的影响。首先，由于文化广泛存在于社会群体的各个层次之中，具有群体共性和普遍性的特点，因此通过多层次的文化熏陶一定会影响到群体中的每一个个体，不受某种社会文化熏陶的人是不存在的。其次，文化是群体在生存发展过程中经过长期演化而逐渐形成的，有着悠久的时空积淀，是被历史长河反复打磨、洗刷而逐渐演变而来的，具有一定的稳定性、刚性和黏滞性，因此，它会对生活在其中的人群产生全面、深刻、长久的影响。最后，文化是在群体内部长期形成，并得到共同遵守的一种行为准则和共同信仰，因此它还具有重要的导向功能，既能够指引也能够约束人们的某些行为，是群体中人们判断是非、区分优劣的重要标准。那些符合文化传统的行为往往会得到社会的认可与鼓励，而有悖于传统文化的行为则往往受到排斥甚至打击。① 许多事例都表明，创新的种子要发芽生长，需要有适宜的土壤和环境。文化能够对人的价值体系和发展目标进行指引，它不仅会影响到创新种子的基因，也深刻影响到种子生长的土壤和环境。

正因为如此，要使人们积极主动地去大胆创新，就不但需要有资本、资源等有形要素的参与，还需要有适宜于创新的社会环境，特别是鼓励创新的创新文化。创新文化虽然是一种隐含性的经验知识，但仍然是城市创新系统的重要内容，是城市竞争优势的重要源泉。一个城市的社会文化环境一般包括居民的文化水平、心理素质、风俗习惯和价值观念，是由人与人之间、组织与组织之间长期协作和彼此信任所形成的一种无形资源，它直接影响着人们是否有追求创新的热情。影响城市创新的社会文化环境包括三个方面。一是创新活动主体的精神状态。比如，人们对创新的接纳、认可程度，是否具有敢于冒险的热情和勇气等。二是行为创新主体之间的信任与协作。城市创新系统只要真正形成系统联动的创新合力，创新主体间就要能够保持长期、稳定的合作关系，而这种关系只能建立在友好、诚信、相互协同的基础之上。三是整个城市社会是否享有开放

---

① 吴金希：《创新生态体系论》，清华大学出版社 2015 年版，第 107—108 页。

的思想交流氛围。宽松的工作学习环境和开放的信息交流环境，可以提高新知识、新技术的传播和扩散速度，是创新主体相互交流、相互学习、相互借鉴、共同提升创新能力的重要保障。

英国经济学家阿尔弗雷德·马歇尔在其《经济学原理》中指出，在一个企业聚集区域里只要存在着浓郁的创新气氛，新工艺、新思想就能很快地被接受和传播。这种"创新气氛"应该说就是一种文化环境。20世纪70—80年代，一些经济学家在研究意大利艾米利亚—罗马格纳、德图巴登—符腾堡、美国"硅谷"等产业区的过程中也注意到文化环境对区域创新的影响和作用。1985年，欧洲成立区域创新环境研究小组，并在1989年在巴塞罗那会议上，首次提出区域创新环境的概念是"在有限的区域内，行为主体通过相互之间的协同作用和集体学习过程，而建立的非正式的复杂社会关系。这种关系可以提高本地的创新能力"[①]。从这些表述中可以看出，西方学者在研究创新环境时比较关注"集体学习过程"，实际上是一种创新的社会文化环境。而深圳的创新实践也表明，重视创新的社会文化氛围，正是深圳城市创新体系中最具有生命力的部分。

二　深圳的创新文化与文化创新

在构建城市创新体系的实践过程中，深圳重视加强文化创新与科技创新的融合互动。一方面，大力倡导创新文化，为推进科技创新营造良好的社会氛围；另一方面，又积极开展文化创新活动，利用高科技手段积极发展文化创意产业，促成文化与创新、创意的相互交融，实现文化创新与科技创新的双轮驱动。

（一）创新文化是深圳创新发展的力量之源

实践早已证明，技术发明必须与观念创新相伴而行，一旦离开了新观念的不断推动，科技发展往往会受到极大的限制。因为只有靠观念的开放、碰撞与融合，产生新的更具生命力的文化，才能更好地推动创新创业。因此，在分析深圳之所以能够在"大众创业、万众创新"的热潮中勇立潮头的原因时，深圳学者王京生、陶一桃

---

① 周民良等：《中国区域创新战略研究》，中国言实出版社2013年版，第114页。

就认为，"大众创业、万众创新"浪潮之所以垂青深圳，与深圳的观念创新以及由新观念引领的发展具有重要关系。事实上，深圳的新观念浪潮与创业浪潮之间也确实存在着清晰的关联。如果将"深圳十大观念"与新创企业比重放在时间轴上做比对，就会发现，每一次创业浪潮都对应着新观念的集中涌现。同时，他们还指出，文化流动对创新具有重要意义，它更能解释新兴城市的创新成就及文化辐射力。深圳作为一个在全国最具有代表性的移民城市，原住民所占比例不足 5%，外来人口数量占绝对优势。移民城市使来自国内各地的谋求更好生活的人会聚到一起，其较高的社会流动性，能够不断地产生观念碰撞、文化沟通，并能创新性地整合各种资源，引发商业模式、科学技术方面的不断创新。移民文化使深圳创造出一系列支撑创新创业的正式制度与非正式制度，为深圳创新创业提供了根本性的驱动力。①

移民文化是深圳浓郁的创新文化氛围的天然禀赋，但创新之所以能够成为深圳的城市品格，还离不开这些年来深圳持之以恒开展的观念创新和文化创新活动。在社会历史发展的不同时期，都会产生一些影响巨大的思想观念，这些观念往往是社会变革的先导，同时也推动着科技产业创新的持续发展。2010 年 8 月，在深圳举办的庆祝经济特区成立 30 周年的活动中，就有数百万市民踊跃参与评选"深圳十大观念"的活动。活动最终评选出"时间就是金钱，效率就是生命""空谈误国，实干兴邦""敢为天下先""改革创新是深圳的根，深圳的魂""鼓励创新，宽容失败""深圳，与世界没有距离""让城市因热爱读书而受人尊重""实现市民文化权利""送人玫瑰，手有余香""来了，就是深圳人"十大观念。在这当选的十大观念中，其中就有两条直接提到了"创新"，特别是把"改革创新"看作"深圳的根、深圳的魂"，便充分体现了深圳人所特别富有的改革意识和创新精神。

事实上，在一个原先经济基础十分薄弱、科技资源极为贫乏的边陲小城，深圳的科技产业创新活动能够在短短的 40 年间发生如此

---

① 王京生、陶一桃：《"双创"何以深圳强？》，海天出版社 2017 年版，第 93—96 页。

翻天覆地的变化，其深层原因就在于流淌在深圳人血脉之中的那种敢闯敢干、敢于创新的天性。改革开放以来，深圳市场化的生存方式孕育了创新动力，政府及时提供了创新的制度保障，城市人文精神建设激发了人们的创新能量，海纳百川城市品格打造了鼓励创新、宽容失败的城市品格。在科技、人才、制度、政府和市场等要素的相互作用下，深圳的创新文化得以快速形成与完善，成为深圳科技产业创新的孵化器和助推器。创新是深圳经济特区的灵魂，也是深圳发展的永恒主题。敢冒风险、敢为人先、追求卓越创新精神，引导深圳人克服了怕出错、求保险、不敢创新、不担风险的传统思维定式，形成了锐意进取、开拓创新的时代精神。不唯上、不唯书，不崇古、不崇洋，"鼓励创新、宽容失败、脚踏实地、追求卓越"，创业创新意识已经深深地融入了深圳的城市品格。以创新为导向的深圳文化，实际上就是一种能够激励创新深入持久开展的价值理念、制度安排、社会评价系统和舆论环境，它使得整个城市到处都充满了创业的激情和创新的欲望。从政府到民间、从企业到个人，创业和求新的精神在深圳到处涌动，鼓励改革、崇尚创新成了社会的时尚。无论是原始创新还是消化吸收创新，无论是单项创新还是集成创新，在深圳都能得到足够的尊重和支持。正是在创新文化所营造的充满创新活力的社会环境中，文化"软资源"不断催生出创新的"硬实力""硬效益"。保证了深圳"大众创业、万众创新"活动的高效运作。

在世界范围里的激烈竞争中，深圳始终保持着良好的竞争优势。经过四十年的拼搏奋斗，创新已经成为深圳的城市品格。1987年，深圳人第一次提出"开拓、创新、献身"的特区精神；在此基础上，1990年，深圳精神被概括为"开拓、创新、团结、奉献"；2002年，深圳精神被再次扩展为"开拓创新、诚信守法、务实高效、团结奉献"；2010年，深圳市第五次党代会报告对深圳精神做了新的概括，认为，深圳精神就是敢闯敢试、敢为天下先的改革精神，就是海纳百川、兼容并蓄的开放精神，就是强调"时间就是金钱、效率就是生命""实干兴邦"的创业精神，就是追求卓越、崇尚成功、宽容失败的创新精神，就是不畏艰险、勇于牺牲的拼搏精神，就是顾全大局、对国家和人民高度负责的奉献精神，就是团结互助、扶贫济困的关爱精神。2020 年 10 月 9 日，深圳市委六届十五次全会发布了"新时代深圳精神"，将其概况为"敢闯敢试、开放包容、务实尚法、追求卓越"，再次为这座城市叩响新的时代强音，为特区砥砺前行提供强劲的精神力量。而"敢闯敢试""追求卓越"都是创新的具体体现和根本追求。40 年来，深圳的城市面貌发生了沧海桑田的巨变，"深圳精神"的内涵也不断扩展和升华，但"创新"意识却一直贯穿始终、历久弥新，成为深圳精神最稳定、最宝贵的核心组成部分。在深圳这片神奇的土地上，改革开放、开拓创新是几代深圳建设者的文化传统，是特区不断发展壮大的精神动力。①

（二）文化创新强化了深圳的创新文化氛围

所谓文化创新，一般是指文化从体制、机制到内容、形式及传播手段的创新。虽然文化创新与创新文化是两个不同的概念，但二者之间还是有着紧密的内在联系的。文化创新是创新文化形成的重要途径和必要条件，而创新文化则是实现文化创新的思想基础，它对于培养创新意识、倡导创新精神、营造创新氛围、激发创新活力、建设创新队伍等都起着十分重要的作用。党的十七大报告指出，要运用高新技术手段来创新文化生产方式、培育新的文化业态，这实际上就是一个提倡文化创新的问题。前面我们已经提到，文化与科技创新具有互动融合的效应，例如数字出版产业就是建立在计算机和通信网络技术、存储技术等高技术基础上，将原有的文字信息以统一的二进制代码的数字化形式进行存储、处理、接收和显示。这种产业的生产模式、运作流程、传播载体和阅读消费习惯都发生了极大的变化，同时也为科技创新提供了更加便捷的信息来源。而类似数字出版的这种新型文化业态，也必然会随着科技创新的不断发展而更多地涌现，这就可以有效地为科技创新打造更加浓郁的社会文化氛围。

深圳将自主创新作为城市发展的主导战略、基本特色和动力源泉，这既集中表现在科技产业创新上，也同样体现在文化创新上。

---

① 深圳创新文化研究课题组：《深圳创新文化基本要素与内部循环分析》，《马克思主义研究》2008 年第 3 期。

2003 年 1 月,中共深圳市委三届六次全会首次提出要实施"文化立市"的战略。为此,2004 年 3 月 2 日,深圳召开了实施"文化立市"战略工作会议,对将深圳建设为高品位文化城市的任务进行了具体部署。2005 年 5 月,深圳召开第四次党代表大会,会议要求全面实施"文化立市"战略,把文化产业积极培育成深圳的第四大支柱产业。2011 年,深圳正式将文化创意产业与互联网、生物制药、新能源、新材料和新一代信息技术并列,确定为战略性新兴产业,文化产业也由此成为全市六大新兴产业的组成部分。同年,深圳又制定了《深圳文化创意产业振兴发展规划》,确定重点发展文化软件、创意设计、动漫游戏、新媒体及文化信息服务、数字出版、文化旅游、高端印刷和工艺等产业,为构建现代文化产业体系奠定了基础。2016 年 1 月,《深圳文化创新发展 2020(实施方案)》正式出台,标志着深圳开始全面实施"文化创新发展 2020"工作,力求将深圳逐步打造成为精神气质鲜明突出、文化创新引领潮流、文艺创作精品迭出、文化活动丰富多彩、文化设施功能完备、文化服务普惠优质、文化传媒融合发展、文化产业充满活力、文化形象开放时尚、文化人才群英荟萃的国际文化创意先锋城市。

在当代,科技已交融渗透到文化产品创作、生产、传播和消费的各个环节。因此,文化产业不但具有高附加值的特征,而且是拥有高科技含量的新经济业态,科技开始成为文化产业发展的核心支撑和重要引擎。文化创新与科技创新、产业创新的融合既是推进文化繁荣发展的重要途径,又是科技创新、产业创新的重要动力。这种融合正在成为世界经济发展的重要引擎,在推动全球经济复苏、资源优化配置、产业结构调整中发挥着重要作用。深圳把促进文化与科技、产业的融合作为推进"文化立市"战略的重要举措,坚持以体制改革为动力,以内容创意为核心,以科技创新为支撑,大力利用数字技术、信息技术、互联网技术,建立起了有很大影响力的文化产业集聚区。随着文化与科技产业的深度融合,深圳建成了在全国居于前列的创意产业,并于 2008 年被联合国教科文组织认定为"设计之都",这对推动深圳高新技术产业发展起到了重要的促进作用。2018 年,深圳文化创意产业增加值高于全市同期 GDP 增速,达到 2621.77 亿元，占全市 GDP 的比重超过 10%，比全国平均水平要高出 5.8 个百分点。目前，深圳市的文化创意企业已经超过 5 万家，从业人员有近百万人。拥有市级以上文化产业园区 61 家，入驻企业超过 8000 家。特别是文博会、文交所、国家版权交易中心、国家文化创意产业投资基金、数字出版基地等一批国家级产业发展平台纷纷落户深圳，已经成为促进深圳文化产业发展的重要助推器。[①]

总体来看，深圳文化创新产业的快速发展，对于强化创新文化氛围起到了积极的促进作用。浓郁的创新文化与快速推进的文化产业创新交相辉映，体现出深圳城市创新体系的鲜明特色，已经成为深圳这座特区城市一道亮丽的人文风景线。

第二节　支持创新的政策环境和制度环境

2015 年 12 月，中央经济工作会议明确提出，要"营造有利于大众创业、市场主体创新的政策环境和制度环境"。国家和城市创新体系本质上都是一种制度安排，对此，经济学界已有某种程度的共识。美国经济学家尼尔森就认为，"体系应该是一套制度，它们的互动在一定意义上决定了创新的绩效，在上述意义上，也就是一国企业的创新绩效观"[②]。因此，政策环境和制度环境建设实际上是创新生态体系的一项基础性工程。只有降低制度性交易成本，打造好发展软环境，营造出有利于大众创业、市场主体创新的政策环境和制度环境，才能真正激发全社会的创新活力，推动经济高质量发展。这一点，也正是深圳打造城市创新体系最重要、最成功的基本经验。

---

① 深圳市商务局：《深圳文化创意产业高速发展　增加值目标超 3000 亿元》，2020 年 2 月 9 日，http://www. sz. gov. cn/stztgs/sztztgs/xxgk/qt/zszx/201905/t20190516_17569691. htm。

② 吴金希：《创新生态体系论》，清华大学出版社 2015 年版，第 68 页。

一　深圳形成了有利于创新的政策环境和制度环境

深圳曾是一个经济极为落后、创新资源十分匮乏的城市，短短的 40 年间之所以能够迅速崛起，成为一座举世瞩目的创新型城市，其根本原因就在于这里形成了一个适宜于创新的政策环境和制度环境。而这种环境的形成，离不开深圳市政府的主动作为，也离不开中国科技体制改革的大环境。

（一）营造好的政策、制度环境是政府的首要职责

所谓政策环境，是指影响公共政策产生、存在和发展的一切因素的总和，具有复杂性、多样性、差异性、动态性的特征。而制度环境，则是指一系列与政治、经济和文化有关的法律、法规和习俗。因此，政策环境与制度环境是一个既相互联系，又有一定区别的两个概念。政策环境构成了制度环境的主体框架，但制度环境的内涵显然又比政策环境更为丰富、深刻。有利于大众创业、市场主体创新的政策环境和制度环境的形成，离不开政策创新和制度创新。"制度必须经过政策创新并逐步累积才能最终确立，因此政策创新是制度创新的基础和先导。"① 政府管理本身就是一个政策制定、政策执行、政策评价与调整的过程。所谓政策创新，就是政府以支持、鼓励创新的理念为指导，出台一些新的政策，或是对过往的某些政策进行改革和完善。它涉及政策制定程序的改革、政策执行的改革、政策评价的改革等诸多方面。只有通过不断的政策创新，才能推动政府的管理创新，才能逐步形成好的政策环境和制度环境。

从科技创新方面来讲，有利于创新的政策得到制定并实施就意味着原有的制度环境被改变，而这种制度环境的改变会对创新活动产生极大的影响。因此，政府作为创新体系的特殊主体，制定正确的政策并加以实施是首要职责。在建设国家创新体系的过程中，美国、日本、德国、英国、法国等发达国家的政府都扮演着主导角色，是创新政策环境和制度环境的制定者、执行者、监督者和协调

---

① 卞苏徽：《政策创新：深圳优势与竞争力原因分析》，《经济社会体制比较》2001 年第 2 期。

者。这些国家的中央政府通过制定优惠政策、提供财政资助等方式，调动并整合高校、科研机构、企业、金融机构等多方资源，共同参与创新体系建设，从而有效地推动了创新体系的建设与完善。例如20世纪70年代，美国针对不少高校因受到法律和政策约束，致使一些科技成果出现闲置的问题，美国国会制定了《专利和商标修正法令》（《拜杜法案》），明确了高校、科研机构那些由政府经费支持的科研项目所形成的专利其归属和管理责任划分，建立起合理的收益分享机制，从而较好地激发了大学、科研院所和科技人员的科技创新和创业的热情，有效地增加了科技供给，促进了包括信息技术和生物科技在内的新兴产业的发展，提升了新型产业的国际竞争力，使美国在新一轮科技产业革命中抢占了先机。① 由此可见，政府提供的政策环境和制度环境的好坏与否，往往能够决定科技创新的成败。

对于中国来说，改革开放以来40余年的科技创新实践，也不是由市场自发组织的，而一直是在政府的主导下进行的，是通过政府的政策创新、制度创新而加以推进的。许多重大的科技创新成果，其背后都能找到相应的政策创新背景。不了解中国的创新政策，就不可能了解中国的创新历史。正是中国政府通过不断的政策创新、制度创新这样的主动作为，才迎来今天中国科技创新蓬勃发展的崭新局面。

这一点，同样也是深圳建设城市创新体系经验的深刻总结。

早在20世纪70年代末，针对深圳（原宝安县）和香港两地由于经济发展悬殊而导致的严重"逃港"问题，邓小平对当时广东省委一针见血地指出："看来最大的问题就是政策问题。政策对不对头，是个关键。"② 正因为如此，所以中央决定建立深圳经济特区，赋予深圳以前所未有的广泛权力（包括地方立法权），其本意也就是要深圳解放思想、转变观念，在政策法规制定方面大胆创新，在

---

① 刘刚、王宁：《突破创新的"达尔文海"——基于深圳创新型城市建设的经验》，《南开学报》（哲学社会科学版）2018年第6期。

② 冷溶、汪作玲：《邓小平年谱（1975—1997）》上，中央文献出版社2004年版，第238页。

建设社会主义市场经济新体制的道路上大胆地先行先试。在此背景下，历届深圳市委、市政府不辱使命，不管是经济体制改革还是科技管理体制改革、社会管理体制改革，深圳都一马当先，始终走在全国的先进行列，制定和实施了一系列具有开创性、符合中国国情的地方性政策举措，为中国的改革开放和经济发展、科技创新提供了可以借鉴的示范样本，也为自身的城市创新体系建设创造了良好的政策环境和制度环境。

（二）深圳支持创新的政策、制度环境形成的历史背景

作为改革开放的"试验田"，深圳的科技创新政策环境的形成离不开中国改革开放的大环境。40年来，正是在党中央、国务院一系列宏观政策指引下，深圳才得以以最快的速度，初步建立起有利于创新的政策环境和制度环境，不断完善社会主义市场经济体制。

在20世纪80年代中期，《中共中央关于科学技术体制改革的决定》颁布和一些配套改革措施的逐步实施，从根本上改变了高度集中的旧科技管理体制，开始调动起科技人员的积极性和创新精神，较好地解决了科学研究、技术开发与生产之间的"两张皮"现象。随后的几年，国家先后制定了《1978—1985年全国科学技术发展规划纲要》等3个科学技术发展规划，为当时的科技产业协同发展指明方向，同时又实施了"863"计划、星火计划等十几个专项科技计划。这些举措对推广科技成果、改造传统产业和发展高新技术产业都起到了重要作用。到20世纪90年代，国家开始确立科教兴国战略。1995年，中央下发《关于加速科学技术进步的决定》，随后又颁布了《"九五"全国技术创新纲要》，提出以企业为创新主体的重大原则，从而彻底改变了新中国成立以来以科研机构为创新主体的苏联模式，企业逐渐成为创新的主体。为了落实科教兴国发展战略、发挥企业在创新中的主体作用，国家有关部门在1996—2005年这十年间先后出台了国家重点基础研究发展计划（"973"计划）、西部开发科技专项行动、国家大学科技园、知识创新工程、国家科技创新工程、社会发展科技计划等十几项重大专项计划。为了支持企业创新，尤其是加大技术引进的力度，从1996年起，国家开始实施针对企业的"技术创新计划"，同时首次提出了促进民

营科技企业技术创新的政策。① 与此同时，中央和地方政府还出台了一大批财政、金融、税收政策，以推动企业技术创新的广泛开展。

进入 21 世纪后，党的十六大提出了全面建设小康社会、加快推进社会主义现代化建设的战略目标。为实现这一目标，党的十六大还提出了制定国家科学和技术长远发展规划的要求。2006 年 2 月，国务院出台《国家中长期科学和技术发展规划纲要（2006—2020）》，这标志着中国支持创新的政策力度提升到一个新的高度。与此同时，国务院又颁布了《实施〈国家中长期科学和技术发展规划纲要（2006—2020）〉的若干配套政策》，在科技投入、金融支持、税收激励、政府采购、科技人才队伍建设、教育与科普、引进消化吸收再创新、创造和保护知识产权、科技创新基地与平台、统筹协调 10 个方面一共提出了 60 条相关的政策。随后，为了有效解决过去创新政策不配套、不衔接、不落实的问题，在国务院的统一领导下，科技部、国家发改委、教育部等部门通力合作，进一步研究制定了 99 条《配套政策》实施方案，从而形成了较为完整的支持创新的政策体系。②

2012 年 7 月，党中央召开改革开放以来第四次全国性的科技创新大会，大会再次强调要积极实施科教兴国战略和人才强国战略，要通过进一步的科技体制改革来解决制约科技创新的突出问题，以促进科技与经济社会的协同发展，更好地发挥科技在转变经济发展方式和调整经济结构中的支撑引领作用，加快建设国家创新体系。同时，大会还强调要着力强化企业技术创新主体地位，提高科研院所和高等学校服务经济社会发展能力，推动创新体系协调发展。这次会议拉开了新一轮科技体制改革的大幕。

党的十八大之后，科技管理政策创新和制度创新的重要性提升到一个新的高度。2014 年 6 月 9 日，习近平总书记在中国科学院和

---

① 邓练兵：《中国创新政策变迁的历史逻辑》，博士学位论文，华中科技大学，2013 年。

② 邓练兵：《中国创新政策变迁的历史逻辑》，博士学位论文，华中科技大学，2013 年。

中国工程院两院院士大会上的讲话中指出，我国长期存在着科技成果向现实生产力转化不力、不顺、不畅的痼疾，其中一个重要原因就是在科技创新链条上还存在着诸多体制机制关卡。为此，他强调要通过深化科技体制改革"破除一切制约科技创新的思想障碍和制度藩篱"①。2016 年 5 月 20 日，习近平总书记又着力阐述了科技制度创新的问题，指出，"要以推动科技创新为核心，引领科技体制及其相关体制深刻变革"，要求：加快建立科技咨询支撑行政决策的机制，加快推进重大科技决策制度化，完善符合科技创新规律的资源配置方式，建立以科技创新质量、贡献、绩效为导向的分类评价体系，制定和落实鼓励企业技术创新的各项政策，优化科研院所和研究型大学的科研布局，加强知识产权保护、积极实行以增加知识价值为导向的分配政策，等等。② 习近平的这些重要讲话，既提出了制度创新的紧迫性，又明确了制度创新的攻坚方向。

由此可见，40 年来，正是在党中央、国务院这一系列重大决策指引下，深圳市委市政府迎难而上、抢抓机遇，充分发挥先行先试的带头作用，以政策创新为手段，以体制机制转变为目标，全力加强科技创新的制度建设，从而为城市创新体系的建设提供了有力的政策支撑和制度保障。

二　深圳以政策创新助推科技创新的重要举措

应该说，深圳早期的发展离不开当时中央的优惠政策。但是，到20 世纪 90 年代后，随着全国改革开放的步伐加快，中央对深圳单独的优惠政策越来越少，深圳也开始由承接"三来一补"的传统产业向推进产业升级转变。在新的历史条件下，如何继续保持和充分发挥深圳的竞争优势，就成为摆在深圳市委、市政府面前的严峻挑战。为此，深圳坚持以政策创新促进科技产业创新，毫不动摇地把转变经济增长方式、推进产业转型升级、大力发展战略新兴产业和先进制造业作为政策创新的主攻方向。为了实现这一目标，深圳将

①《习近平：在中国科学院第十七次院士大会、中国工程院第十二次院士大会上的讲话》，《人民日报》2014 年 6 月 10 日。

②《习近平谈治国理政》第 2 卷，外文出版社 2017 年版，第 273—276 页。

传统优势产业、支柱产业、战略性新兴产业、未来产业进行了合理的区分和有序推进。同时，坚持以市场为主导、以企业为主体，出台了一系列综合配套的政策，积极鼓励"大众创业、万众创新"，不断改善营商环境和加大对知识产权的保护力度，坚持以高端重大项目来带动产业转型升级和强化产业集群发展，千方百计提高企业的自主创新能力，较好地把握了既"不越位"又"不缺位"、既"有所不为"又"大有所为"两者之间的度。

深圳构建城市创新体系的历史，就是一部鼓励科技创新的地方政策法规发展演变史。前面我们所提到的深圳在打造城市创新体系方面所取得的所有成绩，比如人才队伍建设、科技创新平台建设、产业集群集聚，等等，都离不开深圳市委、市政府所精心设计、稳步推进的政策创新。因此，为了避免重复叙述，这里只能简要地介绍另外一些重要的政策创新和制度创新的举措。

（一）改革商事登记制度，激发创业、创新活力

创新必须先创业。国务院总理李克强指出，简政放权是供给侧结构性改革的重要内容，有利于实施创新驱动发展战略，推进"大众创业、万众创新"，推动增加就业和经济发展。深圳在全国率先强力推进的商事登记制度改革，是一项以政府简政放权来推动企业创业创新发展的制度改革，也是一项重要的供给侧结构性改革。

过去要注册一家公司，需要经过：查名（确定公司名字）→开验资户→验资（完成公司注册资金验资手续）→签字（客户前往工商所核实签字）→申请营业执照→申请组织机构代码证→申请税务登记证→办理基本账户和纳税账户→办理税种登记→办理税种核定→办理印花税业务→办理纳税人认定→办理办税员认定→办理发票认购等手续，不但手续烦琐，而且还要费不少时间。为激发社会创业、创新活力，2013年3月，深圳在全国率先开启商事登记制度改革大幕，进行一系列政策创新：首先是将商事登记制度从前置审批改为主要是后置审批（仅保留12项前置审批），建立注册资本认缴制、场地申报制、企业年报制、经营异常名录等制度。同时，依靠信息化手段建立起全市统一的商事主体登记及许可审批信用信息公示平台，从业者完全可以做到在网上进行商事登记，实现了商事

登记全业务、全流程的无纸化。此外，深圳还将过去工商、税务分别发放管理的证照实行"四证合一""五证合一"，并最终实现了"多证合一、一照一码"的登记模式。这些大胆的政策改革创新举措，为商事主体带来极大便利，其成效十分显著，得到了国家、广东省的高度肯定，多项改革措施在全国得以推广和复制。

商事登记制度改革后，深圳全市的市场活力被进一步激发。2013年3月11日，深圳商事主体总量突破100万户大关；2014年12月31日，深圳商事主体总量跃居全国第一；2015年8月25日突破200万户；2015年8月是此项改革的第30个月，新增了100万户商事主体，相当于改革前累计所有商事主体的总户数。同时，到2015年9月，全市外商投资企业注册资本总额也突破了1000亿美元。①深圳商事主体的大量增加，为万众创新增添更加持久、更加迅猛的动能。

（二）以政策创新助推中小企业发展

中小企业是实施"大众创业、万众创新"的重要载体，在增加就业、促进经济增长、维护社会和谐稳定等方面具有不可替代的作用，在城市创新体系中也具有举足轻重的地位。但是，由于资金、技术、人才等多方面的原因，中小企业尽管同为科技创新的主体，其潜力却远未发挥出来。因此，大力扶持中小企业的发展，对于整个国民经济和社会发展都具有重要的战略意义。

为了改善和优化创业、创新环境，深圳于2010年10月开始实施《深圳经济特区中小企业发展促进条例》（以下简称《条例》），以加快中小企业的发展步伐，提升发展之路。《条例》决定设立以市长为组长的深圳中小企业发展工作领导小组，统一领导全市中小企业工作，协调各部门涉及中小企业的政策措施，研究解决中小企业发展的重大问题。同时，市政府还要在每年上半年向市人大常委会报告中小企业发展情况，包括"扶持中小企业发展的政策实施情况""扶持中小企业发展的资金使用情况""中小企业发展存在的问题及对策"等事项，市人大常委会还可根据具体情况要求市政府就

---

① 《深圳商事登记制度改革　最大限度释放市场活力》，《深圳商报》2016年5月27日。

中小企业有关问题做专项报告。为了鼓励中小企业大力开展创新活动，《条例》提倡机构或者组织举办全行业或者分行业的创业创新大赛，而政府则可以对创业创新大赛的组织实施给予适当补贴。《条例》还要求主管部门要会同有关部门积极向社会推荐中小企业的创新成果，并建立技术转移或者推广机制，负责向中小企业推广新技术和新工艺。在促进中小企业发展的资金保障方面，《条例》也明确规定，"市、区财政年度预算应当安排扶持中小企业发展的专项资金，并根据年度财政收入增长情况适度增长"，而且"市政府可以根据需要依法设立中小企业发展基金"。①

　　深圳促进中小企业发展的举措，得到了国家的认可和大力支持。2015年9月1日，国务院决定成立国家中小企业发展基金，由中央财政先行出资150亿元，引导民营和国有企业、金融机构、地方政府等共同参与，实现基金总规模600亿元，通过设立母基金、直投基金等，采用市场化模式运作，重点支持种子期、初创期成长型中小企业发展。为了缓解中小企业"融资难""融资贵"的问题，打造"大众创业、万众创新"经济增长新引擎，2016年1月，首只国家中小企业发展基金实体基金落户深圳，该基金由中央财政作为合伙人出资15亿元，深圳市政府和其他社会出资人合计出资45亿元，总规模为60亿元。财政部有关领导在成立大会上表示，成立国家中小企业发展基金是推进供给侧改革的重要举措，是促进全社会创业创新的重要内容，是为经济发展注入新活力的有效措施。国家中小企业发展基金首只实体基金通过公开竞争选拔，之所以确定深圳市创新投资集团为基金管理机构，这是因为近年来，深圳始终保持较好的经济增长态势，具有较强的创新优势，孕育发展了一大批创新型的企业，深圳的创业投资活跃，聚集了大量优质的股权投资企业，具备更高水平开展中小企业股权投资的基础。可以相信，全国首只实体基金在深圳这片创业创新的沃土上一定能够开花结果。② 事

----

① 转引自2020年2月15日，法律图书馆网（http://www.law-lib.com/law/law_view.asp? id=345846）。

② 《首只国家中小企业发展基金实体基金落户深圳》，《中国证券报》2016年2月1日。

实也的确如此，深圳市 40 年的经济发展，民营企业是主力军，中小企业是原动力。尤其近十多年以科技创新为主导的产业转型升级，使深圳成为中国科技创新最有代表性的城市。华为、中兴、比亚迪、大疆这些知名的创新型企业，都是由中小企业一步一步发展壮大起来的。特别是像大族激光、欣旺达这样的企业，更是借助资本平台的助力，在中小型民营企业的基础上，其规模快速增长达数十倍之多，从而迅速成长为行业的龙头企业。由此可见，深圳为中小企业的创新发展提供了良好的制度环境，而中小企业的迅猛发展，也为深圳建设创新型城市做出了巨大的贡献。

（三）为保护知识产权营造良好的政策法治环境

作为创新与市场之间的桥梁和纽带，知识产权制度是保障创新创业成功的重要制度，是激发创新主体的创新创业热情、保护创新创业成果的有效支撑。美国是最早在世界上实行知识产权制度的国家之一，已基本建立起一套较为完善的知识产权法律体系，它通过在全球范围内对知识产权实施的保护，为企业和个人营造了良好的创新环境，也切实维护了自身的国家利益。美国在科技创新方面之所以能够领先于世界，专家们分析其原因是基本上达成了如下共识，即美国人口中有许多雄心勃勃的移民，有良好的保护知识产权的专利制度和宽容的破产制度，以及资金充足的私人实验室和充满生机的风险投资领域。[1] 美国学者斯蒂芬·哈伯甚至认为，专利在促进经济增长方面发挥着基础性作用，贯穿着从发明到商业化产品转化的全过程，并支撑着整个契约网络。[2] 既然保护知识产权的专利制度在激励创新方面有着如此重要的作用，知识产权也就日益成为国家发展的战略资源与国际竞争的核心要素。

企业的创新活动对制度环境十分敏感，有时候阻碍创新的最大绊脚石，并不是缺乏创新能力和资本投入，而是缺乏对知识产权的有效保护。只有在良好的制度和法治环境下，创新者能够获得合理

---

① ［美］史蒂夫·C. 科拉尔等：《有组织的创新——美国繁荣复兴之蓝图》，清华大学出版社 2017 年版，第 8 页。

② 《知识产权保护越有力　创新之火烧得越旺》，《深圳特区报》2016 年 11 月 19 日。

的市场回报，创新才能成为企业进行良性竞争的主要方式。当企业更多的是依靠产品技术创新来进行竞争，而不是单纯拼成本、拼价格，经济就有了活力。但如果产权和知识产权得不到有效保护，不创新也能获得高额利润，原创不如山寨赚钱，侵权之风便会刮起，社会信用与市场秩序便会遭到破坏，创新的火种可能熄灭。正因为如此，深圳特区成立不久，政府就意识到了如果容忍假冒伪劣产品横行市场，就会给整个市场秩序带来灾难性的影响，更不要说发展自主创新的高新技术产业。于是，深圳很早便开始着手实施知识产权的保护工作。1993 年，深圳市人大常委会审议并通过《深圳市经济特区严厉打击生产、销售假冒伪劣商品违法行为条例》，就此拉开了保护知识产权的序幕。

充分利用国家授予的地方立法权，运用法治手段来强化城市产权保护工作，是深圳着力建立和完善城市创新制度体系的重要举措。2008 年 7 月 1 日，深圳正式实施《深圳经济特区加强知识产权保护工作若干规定》，积极完善保护知识产权的立法、司法、执法等方面的工作，对深圳的创新发展起到了积极的促进作用。随后，深圳又制定了《深圳经济特区技术秘密保护条例》《深圳市互联网软件知识产权保护若干规定》等条例，进一步加大对知识产权的全方位保护力度。数年之后，到 2013 年，深圳两级法院审理的知识产权案已占全省的三分之一，一些典型的案件审理，如华为公司诉全球通信标准专利巨头美国 IDC 公司垄断的知识产权案件，还得到了最高人民法院的高度评价，它代表中国知识产权审判的水平，同时还对中国企业"走出去"的司法保护提供了成功的经验。为了进一步加强知识产权案件的审理工作，此时的深圳中级人民法院还向广东省高级人民法院报告，申请在深圳辖区范围内成立一家知识产权的基层法院。

经过不懈的探索，2016 年，深圳已基本构建起保护知识产权的法律服务体系，使支持创业创新的法治环境越来越规范、完善。这一年4月，深圳又对《深圳经济特区加强知识产权保护工作若干规定》进行重新修订，以更好地发挥为科技创新保驾护航的作用。修订后的规定对如何建立惩罚性赔偿机制以重罚恶意侵权行为进行了新的探索，新增了 5 项知识产权的具体保护措施。同年 8 月，深圳成立知识产权调解仲裁中心，为企业及个人快速解决知识产权争议提供方便快捷的法律服务。同时在高交会上还专门设立知识产权巡回法庭，到现场处理知识产权纠纷问题。为加大知识产权保护的执法力度，深圳市场监管委和发改委联合发布了《深圳市知识产权"十三五"规划》，将严格知识产权保护作为重点工作，完善市、区、街道三级联动的大知识产权行政执法体系，加强知识产权行政执法、司法、海关等部门的工作协调，建立打击知识产权违法行为常态化工作机制，切实维护知识产权权益人利益，营造激励创新的公平竞争环境。①

2017 年 8 月，深圳市政府下发《关于新形势下进一步加强知识产权保护的工作方案》，提出力争到 2020 年，深圳在全国率先建立起最严格的知识产权保护制度。年底，深圳中院在前海合作区设立深圳知识产权法庭的报告经最高人民法院批准同意，这对深圳加快发展高新技术产业、建设具有世界影响力的创新创意之都具有重要的意义，它能为粤港澳大湾区建设国际科技创新中心提供一流的知识产权法律保护基础。2018 年 8 月，针对深圳互联网、新能源等战略性新兴产业专利密集度高，对专利申请、专利确权和维权需求强烈的特点，国家知识产权局正式批复同意深圳建设中国（深圳）知识产权保护中心，面向新能源和互联网产业开展知识产权快速协同保护工作，并根据深圳产业发展和需求适时扩大到其他产业，打造"一体化"知识产权保护维权服务平台。此外，针对知识产权审理过程中容易出现的如侵犯知识产权行为的违法经营额如何计算等一些难点问题，于 2019 年 3 月 1 日正式施行的《深圳经济特区知识产权保护条例》也做出了较为明确的规定，该条例还要求从知识产权信用监管、加大行政处罚力度等方面进一步加大知识产权侵权成本。这些重要法规条文的公布和实施，为深圳加快高新技术产业发展、建设具有世界影响力的创新创意之都提供了一流的保护知识产权的法治环境。

---

① 《深圳为知识产权保护营造良好法制环境》，2020 年 2 月 18 日，中国质量新闻网（http：//www.cqn.com.cn/zgzlb/content/2016 - 12/19/content_ 3733802. htm）。

三　深圳打造良好政策环境的基本经验

在中国的创新提升构建过程中，地方政府一直都承担着十分重要的主导作用。我们从不少地方的科技产业创新的发展经历中可以观察到，一个完善的城市创新体系，既需要有人才优势、资源优势、资金优势，还要有政策优势和制度优势。对于深圳来说，正是在人才优势、资源优势相对不足的情况下，依靠观念的创新带动政策的创新，再通过政策的创新和政府效能提升来营造一流的创业创新制度和法治环境，建设起较为完善的城市创新体系，从而后来居上、成为一座举世瞩目的创新型城市。总结深圳的经验，可以归纳为以下几个方面。

（一）必须坚持科技创新和制度创新"双轮驱动"

前面已经提到，习近平总书记曾明确指出，"科技领域是最需要不断改革的领域"，因此，"要坚持科技创新和制度创新'双轮驱动'，以问题为导向，以需求为牵引，在实践载体、制度安排、政策保障、环境营造上下功夫"，以提升国家创新体系的整体效能。[①]没有创新，就没有人类的进步，就没有人类的未来。而人类社会创新的两大基本形式，就是科技创新和制度创新。当代世界科技进步日新月异、科技革命浪潮迭起，不但极大地促进着社会生产力的发展，而且还深刻地改变着人类社会的生产方式、生活方式和思维方式，促使人类社会产生了极为深刻的变革。

在这种变革的过程中，原有的比较固化的制度体系或者说生产关系往往会同蓬勃发展的生产力出现不相适应的矛盾。只有通过制度创新来建立新的经济、政治和文化制度，才能使社会生产力获得解放，为社会发展不断注入强大的活力。科技创新呼唤着政策创新和制度创新，而政策创新、制度创新则保护和支撑着科技创新，而这也恰恰是深圳40年坚持实施创新驱动发展战略给人们的最重要的启示。因此，在新时代坚持创新驱动战略、实现跨越式发展，就必须充分发挥科技创新的支撑引领作用，要围绕着产业链来部署创新

---

① 新华社：《建设世界科技强国 习近平提出这样干》，2020年2月21日，搜狐网（https：//www.sohu.com/a/233249662_395108）。

链，围绕着创新链来完善资金链，从而"实现产业链、创新链、资金链的耦合协同，实现科技创新、制度创新、开放创新的有机统一和协同发展"①。

为了发挥政策创新对科技创新的保障和支撑功能，深圳注重创新的顶层设计，积极打造有利于创新驱动发展的政策"新格局"。比如，深圳于2018年2月获国务院批准成为全国首批可持续发展议程创新示范区之后，便很快出台可持续发展规划和示范区建设方案，颁布了《深圳经济特区国家自主创新示范区条例》，使科技创新发展的法律保障体系日益完善。同时，深圳市委还制定了《关于深入贯彻落实习近平总书记重要讲话精神 加快高新技术产业高质量发展 更好发挥示范带动作用的决定》，把创新作为主题和主体内容，突出了深圳特色和优势，提出要加快高新技术产业发展、实施科技体制机制改革攻坚等七大工程，要求分三阶段实现打造科技体制改革先行区等七大目标，要求到2035年跻身世界创新型城市先进行列，从而在政策规划上为深圳建设创新示范区提供总体思路、规划了明确的路径，使科技创新在产业提质增效中的支撑引领作用得到显著增强。

在着力解决好创新政策的顶层设计的同时，深圳还十分敏锐地关注创新发展中所面临的新情况、新问题，力图在政策创新方面不断有新的突破，以适应创新发展的新需要。例如，2019年3月9日，全国政协委员、深圳市政协主席戴北方参加全国政协十三届二次会议第二次全体会议并做大会发言时就指出，深圳实践表明，与高新技术蓬勃发展势头相比，当前的制度供给还不相适应。例如无人机、无人驾驶、人工智能、生物技术等领域的发展，对制度监管乃至伦理提出新的挑战，一些政策法规也互相缺少协调，等等。因此，他建议加快政策链与创新链的无缝对接，对现有政策实施情况及时评估、动态调整；对有悖于激励创新的陈规旧制，抓紧修改废止；对国际通行的贸易规则、产业标准和契约精神，要认真加以借

---

① 《中共深圳市委 深圳市人民政府〈关于促进科技创新的若干措施〉政策解读》，2020年2月25日，深圳市科技创新委员会网站（http://stic.sz.gov.cn/xxgk/zcfg/zcjd/content/post_2907684.html）。

鉴和遵循，让政策更好地引导创新、服务创新。① 这些都充分表明，深圳在坚持科教创新和制度创新"双轮"驱动方面有着不懈探索与深层思考。

（二）政策创新的关键着眼点是转变政府的职能

不断深化"放管服"综合改革，营造充满活力的综合创新生态环境，这是深圳坚持政策创新、制度创新的根本出发点。深圳在推进科技创新方面的一个重要经验，就是要充分发挥市场主导和企业主体作用，政府则坚持"底线监管"原则：在听取各方意见、制定宏观的政策规划之后，对企业采取多服务、少干预的办法，将政策、法律底线之上的活动空间留给市场主体。在监管过程中，对发展方向正确、潜力巨大的产业领域，政府应该加紧集中优质资源，厚植创新沃土，积极培育"基础研究＋技术攻关＋成果产业化＋科技金融"的创新生态体系；对一时看不准的领域则采取边创新、边试点、边完善的动态监管模式，尽力做到有为政府与有效市场的相互协调配合、相得益彰。②

依靠政策创新推进科技创新、营造良好的创新创业政策环境，实质上就是一个如何正确处理好政府与企业、政府与市场的关系问题。因此，深圳在推进政策创新时十分注重在规范政府行为、推进政府管理职能上发力。从1998年到2000年间，深圳就在全国率先进行了两轮审批制度改革，将原先1091项审批事项大幅削减到395项。2005年，深圳连续出台了《关于健全行政责任体系　加强行政执行力建设的实施意见》《关于推进行政管理创新　加强政府自身建设的实施意见》等文件，并对《市政府工作规则》进行重大修订，初步形成了包括加快政府的行政职能转变、推行首长问责制和行政问责追究制在内的一整套科学、严密、可操作的行政责任体系。2006年1月，深圳在国内率先实现对所有行政审批事项实施电子监控，并将197项非行政许可其他审批事项也首次纳入监控范围。与此同时，深圳还在全市掀起"责任风暴"和实施"治庸计

① 《全国政协委员戴北方：全面营造科技创新良好环境　大力实施创新驱动发展战略》，《深圳特区报》2019年3月10日。

② 《深圳创新有五大经验》，《深圳商报》2019年3月10日。

划"，努力提高政府的整体行政执行力。后来大力推行的商事登记制度改革，实质上也就是为了更好地提升政府的服务能力和服务效率。

党的十八大之后，深圳积极推进供给侧结构性改革。为降低企业经营成本，努力营造良好的营商环境，深圳陆续出台了一系列政策"组合拳"，为"大众创业、万众创新"增添新的活力。例如，为了切实降低企业的负担、增强企业的活力，2017年年底，深圳出台《关于印发进一步降低实体经济企业成本的若干措施的通知》，从降低制度性交易成本、降低企业税赋负担、降低企业融资成本、降低企业物流成本、降低企业人工成本、降低企业用能用地成本六个方面提出共计28项工作举措，要求在实施期内每年为企业减负1000亿元以上，以全力打造国际一流的营商环境。同时，为了加快企业的技术改造步伐，深圳还出台《关于实施技术改造倍增计划扩大工业有效投资的行动方案（2017—2020年）》及配套政策措施，要求企业朝着绿色制造、智能制造、服务制造、安全制造、时尚制造方向着力，加快推进深圳制造业的转型升级，全面提高发展质量和核心竞争力，鼓励企业向更高层次、更新技术、更高水平的技术改造梯次提升。力争到2020年年末，实现技术改造投资规模总量倍增，全市工业技改投资规模达到600亿元，工业投资规模达到1200亿元以上。这些政策的出台，虽然减少了政府的财政收入、增加了政府的财政开支，但对于企业能够用更多的资源来提升技术创新能力来说，却是非常大的利好。由此可见，在城市创新体系的构建过程中，政府如何通过积极的政策创新来切实转变自身职能，为企业做好引导、服务和保障工作，应该成为政策创新的主要关注点。

（三）政策创新、制度创新必须统筹协调、精准施策

如同城市体系建设是一个系统工程一样，政策环境的构建涉及政策的顶层设计、政策的配套、政策的执行、政策的评估等诸多环节，同样也是一个系统工程。因此，坚持统筹协调、精准施策、全面推进，这是深圳在实施政策创新、制度创新中所坚持的一条重要原则。

　　第一，必须坚持问题导向，加强政策的针对性、可执行性。政策创新的基本原则，就是要在中央的大政方针指导下，紧密联系本地的实际情况，抓住急需解决的重大课题，制定出具有强烈针对性并能得到有效执行的政策。2014年6月，国务院批复同意支持深圳建设国家自主创新示范区。为此，深圳根据中央关于实施创新驱动发展的战略决策和国务院批复文件精神，很快就围绕着建设创新驱动发展示范区、科技体制改革先行区、战略性新兴产业聚集区、开放创新引领区、创新创业生态区五个战略目标，针对当时深圳必须着重解决的一些重要问题，形成了"创新科技管理机制，打造科技体制改革先行区；提升产业创新能力，打造新兴产业聚集区；强化对外合作，打造开放创新引领区；优化综合创新生态体系，打造创新创业生态区"① 这样一种针对性强又便于执行的政策框架。同时，为了将中央和广东省关于推进科技创新的有关政策落到实处，深圳还出台了《关于促进科技创新的若干措施》，对上级的文件规定进行细化处理，以便于执行。比如，中央有关文件所提出的关于放宽科技计划项目资助资金使用限制，关于可以以科技创新券的方式来支持发展众创空间、服务实体经济；广东省政府文件关于建立研发准备金制度、试行创新产品与服务远期约定政府购买制度、完善科技企业孵化器建设用地政策等政策，该措施对此都一项一项地做出了详尽、细致的布置和安排，使国务院和省政府的决策在深圳能够通过政策的具体化而得到很好的落实。

　　第二，必须统筹协调，不断优化完善政策体系。政策创新并不是对原有的政策全盘否定、推倒重来，而应该根据形势发展的需要对明显不适应的原有政策加以修订，同时又要注重前后政策之间的有效衔接。因此，政策创新必须统筹协调，建立政策的调整机制和退出机制，要根据主要问题的变化不断修订和调整相关政策，以确保政策的持续效果。在落实创新发展的实践过程中，对重大设施的审定、重大项目的引进、重大工程的推进，始终是近些年来深圳市

① 《中共深圳市委　深圳市人民政府〈关于促进科技创新的若干措施〉政策解读》，2020年2月26日，深圳市科技创新委员会网站（http://stic.sz.gov.cn/xxgk/zcfg/zcjd/content/post_ 2907684. html）。

委市政府所着力关注的主题，并且在政策上保持了较好的连贯性。但是，在其他方面，深圳所采取的新政策、新举措，其侧重点又会根据具体情况的变化而适时加以调整。具体来说，从大力培育创新主体到更加注重创造有利条件让创新主体分享创新成果收益，从而更好地激发各类创新主体的创新活力和积极性；从积极引进各种创新资源到更加注重国家、省、境外创新资源的衔接、整合和互动，这些都是深圳创新政策不断完善、不断优化的写照。同时，为适应国家政策调整的需要，深圳还善于通过政策梳理，对在实践过程中已经证明效果良好的政策，采取出台微调过的新政策来加以代替的方式进行完善。例如，在《关于促进科技创新的若干措施》中，就用研发加计扣除补助和高新技术企业培育计划代替了原有的对高新技术企业研发直接给予补助的政策。而针对深圳科技创新存在的短板和不足，该文件一方面保留了原有政策对创新载体、重大科技项目、众创空间和创客的支持力度；另一方面则把政策创新的着力点放在推进创新引领、优化产业结构、做强做大企业和产业集群、打造人才高地、加快创新公共平台建设等关键环节上，积极引导生产要素向重点产业薄弱环节、高端环节集聚，着力解决企业在品牌塑造培育、质量提升、渠道建设、新产品新业态培育等方面的难题，提高重点产业产品和服务供给质量，以全力保持高新技术产业持续、健康发展。

第三，必须注重调查研究，努力增强在政策制定、执行、评价全过程的科学性和可控性。首先，在新政策出台前，深圳市政府十分注重对实际情况的深入调查和科学研判，注重把握政策所适应的对象所处的发展阶段、所面临的突出矛盾和主要问题，科学论证具体政策工具的适用性和有效性，确定政策出台需要解决的关键矛盾和预期效果以及具体举措，从而能够有针对性地选择不同政策工具，来解决创新发展各个阶段中所面临的不同问题。其次，在政策制定阶段，深圳市政府尽力做到所制定的政策有明确的实施客体、有精准的实施手段、有恰到好处的政策激励措施，减少市场主体对政策的寻租空间，以达到最佳的执行效果。同时，深圳还建立了较为完善的科学决策体系，注重增强决策的透明度，职能部门的沟通机制和社会公众的参与机制都比较健全，这样也能够较好地做到政策决策的科学化、民主化，把有限的政策资源用到最需要的地方。再次，在政策实施阶段，深圳每一项重要政策都分别出台了具体实施细则，形成较为完善的"1 + N"的政策体系，从而明确了实施主体之间的责任和分工，并对政策实施过程进行强有力的检查和监管，发现问题也能够及时加以纠正。最后，在政策的评估阶段，深圳也十分重视对相关政策的绩效进行科学的评估，一方面积极、主动地征求社会各界的意见，另一方面又通过引入相对独立的第三方评估机构，及时做出公正客观的评估分析，并把评估结果作为政策调整优化的依据。

第三节　多方互动、协同创新的大湾区区域环境

在城市创新体系的构建过程中，地理环境是一个不容忽视的因素。当今世界一些著名城市如纽约、东京，在其附近一定地域范围内都分布着相当数量的规模等级不同、格局各异而又相互联系密切的大城市，它们构成了一个网络体系或集合体，形成了壮观的大城市群。作为发达国家城市化步入高级阶段的空间集聚形式，这些大城市群有利于强化科技创新的协同效应。因为在这些大城市群中，由于各种各样的社会和经济活动在城市空间里集聚，大大降低了信息交换和技术扩散的成本，这就不但有利于新技术的发明，同时也有利于新技术的采用和推广。尤其是各种创新要素的快速流动，可以产生"1 + 1 > 2"的协同创新效应。因此，位居经济相对发达的大都市圈中，可以为城市创新体系的构建提供优良的区域地理环境。

一　建设好粤港澳大湾区是新时代的历史使命

从地理环境来看，深圳居于珠三角的核心地带，北面是广州、东莞，南面是香港，西面是澳门、中山，东面是惠州。这些城市共同

组成了粤港澳大湾区。2017年，粤港澳大湾区人口达6956.93万，GDP生产总值突破10万亿元，约占全国经济总量的12.17%，其规模在世界国家排行中名列第11位，与韩国不相上下，是全国经济最活跃的地区和重要增长极。作为大湾区的中心城市之一，深圳既借助香港、广州的科技资源优势提升城市的创新能力，又依靠惠州、东莞等城市的土地、人力等资源，积极拓展自己的高新技术产业链。把握历史的大好机遇，充分利用好得天独厚的地理环境因素，发挥粤港澳大湾区的协同创新效应，加快建设和完善城市创新体系，这是深圳打造国际一流的科创中心的首选之策。

（一）从深港合作到建设粤港澳大湾区

深圳早期的快速发展，与毗邻香港有很大的关系。后来随着产业的转型升级，深圳与邻近的东莞、惠州、中山等城市的联系也越发密切。因此，从深港合作到实现粤港澳大湾区的协同创新，这既是历史的现实选择，又是深圳迈向未来的必然途径。

改革开放之初，随着深圳特区的成立，不少港澳企业纷纷到深圳投资建厂，形成了香港与深圳"前店后厂"的生产经营模式，凸显了深、港两地的密切联系，深圳并由此开始吸收到港澳的先进技术和管理理念。1998年，为深化粤、港、澳三地的跨境合作，粤港之间建立起合作联席会议制度，商讨共同加强基础硬件建设，以解决口岸通关和交通通行等的问题，粤港澳的经济合作关系也从早期的单向转为双向，深圳企业在香港的投资开始逐渐增加。2003年6月，中央政府与香港、澳门两个特区政府签署了《关于建立更紧密经贸关系的安排》，成为内地与港澳经贸交流与合作新的里程碑，深圳也提升了与香港的经贸合作模式，港资开始大量流入房地产、租赁和商务服务和信息传输等服务业。2004年港资合同投资金额达8.17亿美元，约占同期深圳第三产业吸引的外来合同投资的一半。深圳有关部门还成功与香港投资推广署及香港贸发局共同开展海外招商。同时，深港两地的转口贸易也大幅增长。2004年深圳口岸外贸进出口中经香港转口货值合计905亿美元，增长20%，其中深圳对香港市场出口增幅高达29.6%，居深圳十大出口市场之首。从1979年至2006年年底，累计香港资本投资深圳项目数为3.33万个，合同金额 394.22 亿美元，实际使用金额为 290.73 亿美元。其中，2006 年这一年，香港资本投资深圳项目就达 2282 个，合同金额为 38.46 亿美元，实际使用金额为 24.28 亿美元。① 在经济联系日益密切的基础上，深圳与香港又深化了在教育、科研等方面的合作与交流。例如，2006 年 11 月，香港中文大学工程学院与清华大学深圳研究生院联合创办的媒体科学、技术与系统联合研究中心宣布成立。该研究中心结合清华大学和香港中文大学在媒体处理相关领域的优势，着力发展多媒体技术、人机通信技术、计算机网络技术、视听媒体合成、嵌入式系统和信息安全技术等信息领域相关技术的研究。后来，经教育部批准，香港中文大学又正式在深圳创办了香港中文大学（深圳），并成为广东省高水平大学重点学科建设高校。这对于全面提升深圳的教育、科研水平起到了很好的促进作用。

2008 年 12 月，国务院批准《珠江三角洲地区改革发展规划纲要（2008—2020）》（下简称《纲要》），这标志着珠三角地区的统筹发展纳入了国家的总体发展战略范畴。该《纲要》认为，珠江三角洲地区作为改革开放的先行地区，是我国重要的区域经济中心，在全国经济社会发展和改革开放大局中具有举足轻重的战略地位和突出的带动作用。为了实现珠三角地区作为探索科学发展模式的试验区、深化改革的先行区、扩大开放的重要门户、世界先进制造业和现代服务业基地等战略定位，就必须优化珠江三角洲地区空间布局，要以广州、深圳为中心，形成资源要素优化配置、地区优势充分发挥的协调发展新格局。该《纲要》突出了广州和深圳的中心城市定位，也为后来深圳建设粤港澳大湾区国家科技创新中心奠定了基础。

在推进珠三角地区经济一体化的进程中，深圳开始以更广阔的眼光审视自身的经济发展和科技创新战略。湾区经济具有经济结构开放、资源配置高效、集聚外溢功能强大、国际交往网络发达等特征，因此，发达的湾区经济是世界一流滨海城市的重要特征。2014 年 1 月，深圳在政府工作报告中首次提出"湾区经济"的概念，指

---

① 《经济与社会发展（深港经济合作）》，2020 年 2 月 27 日，深圳政府在线（http://www.sz.gov.cn/cn/zjsz/nj/content/mpost_ 1358371. html）。

出，深圳应该发挥毗邻香港、背靠珠三角、地处亚太主航道优势，重点打造深圳湾、前海湾、大鹏湾、大亚湾等湾区产业集群，构建"湾区经济"。为此，深圳要优化湾区经济发展布局，紧紧围绕陆海资源统筹、产业集群发展等主题，高标准加快前海深港现代服务业合作区、深圳湾总部经济、大鹏湾国际生态旅游区等建设，不断强化福田、罗湖、南山的商务中心功能，打造盐田、宝安、大空港等新的经济增长极，形成片区协调互动的湾区经济发展形态。同时，深圳还要依托亚洲最大陆路口岸和海港、空港、信息港三港联动优势，着力增强航运、贸易金融集聚辐射功能。要加强与港、澳、台的合作，推动资源高效配置、市场深度融合，以开拓更广阔的经济腹地。

2015 年 3 月，国家发改委等部委联合发布《推动共建丝绸之路经济带和 21 世纪海上丝绸之路的愿景与行动》，首次提出要充分发挥深圳前海、广州南沙等开放合作区的作用，深化与港澳台合作，打造粤港澳大湾区。2016 年，"粤港澳大湾区"被正式纳入国家"十三五"规划纲要，优化内地与港澳合作，支持港澳在泛珠三角区域合作中发挥重要作用，推动粤港澳大湾区和跨省区重大合作平台建设成为国家发展战略。2017 年 3 月，"粤港澳大湾区"首度被写入政府工作报告，国务院总理李克强指出：要推动内地与港澳深化合作，研究制定粤港澳大湾区城市群发展规划，发挥港澳独特优势，提升在国家经济发展和对外开放中的地位与功能。2017 年，习近平总书记在党的十九大报告中提出，"要支持香港、澳门融入国家发展大局，以粤港澳大湾区建设、粤港澳合作、泛珠三角区域合作等为重点，全面推进内地同香港、澳门互利合作，制定完善便利香港、澳门居民在内地发展的政策措施"。这一年 11 月 10 日，他在亚太经合组织工商领导人峰会开幕式上演讲时又强调，要把粤港澳大湾区建设成为世界级城市群，打造成新的经济增长极。[1] 2018 年，"粤港澳大湾区"又一次出现在中国政府工作报告中。与 2017 年政府工作报告不同的是，2018 年关于粤港澳大湾区发展规划已不再是

---

[1]　龙建辉：《粤港澳大湾区协同创新的合作机制及其政策建议》，《广东经济》2018 年第 2 期。

"研究制定"，而是要"出台实施"。同时，政府工作报告还将粤港澳大湾区发展规划纳入"区域协调发展战略"，与京津冀协同发展、长江经济带发展一起，作为国家的重要发展战略。2018 年 8 月，中央成立了粤港澳大湾区建设领导小组，中共中央政治局常委、国务院副总理韩正担任组长，小组成员包括中央有关部门负责人、广东省领导同志和香港、澳门两个特别行政区行政长官。同年 10 月，习近平总书记在视察广东时强调，要把粤港澳大湾区建设作为广东改革开放的大机遇、大文章，抓紧抓实办好。① 11 月，中共中央、国务院颁布《关于建立更加有效的区域协调发展新机制的意见》，再次强调指出，要"推动国家重大区域战略融合发展，以香港、澳门、广州、深圳为中心引领粤港澳大湾区建设，带动珠江—西江经济带创新绿色发展"。

至此，建设粤港澳大湾区的宏图大业可以说是已成定局了。2019 年 2 月，中共中央、国务院正式下发《粤港澳大湾区发展规划纲要》，指出，粤港澳大湾区已具备建成国际一流湾区和世界级城市群的基础条件，其战略定位是建设充满活力的世界级城市群、具有全球影响力的国际科技创新中心、"一带一路"建设的重要支撑、内地与港澳深度合作示范区、宜居宜业宜游的优质生活圈。深圳要发挥作为经济特区、全国性经济中心城市和国家创新型城市的引领作用，加快建成现代化国际化城市，努力成为具有世界影响力的创新创意之都。由此可见，自 2014 年深圳市政府报告首次提出"湾区经济"起，到 2019 年《粤港澳大湾区发展规划纲要》的正式出台，粤港澳大湾区的建设大体经历了由"地方推动，中央支持"到"中央主导，地方协同"的这样一个发展历程。从经济特区成立之初的深港合作起步，到大珠三角、泛珠三角的经济协作，再到珠江—西江经济带的协调发展，最后促成粤港澳大湾区的建立，这些都充分体现了粤港澳大湾区建设层层递进、环环相扣、逐步展开的历史发展大趋势。而随着《粤港澳大湾区发展规划纲要》的实施，深圳只有加大与周边城市的协同互动，相互学习、相互合作、相互促进，

---

① 《粤港澳大湾区规划正式出炉　这一规划什么来头?》，《新京报》2019 年 2 月18 日。

才能真正建成具有世界影响力的创新创意之都。为此，深圳市委书记王伟中表示，广州是大湾区中心城市之一和省会城市，是深圳学习的标杆，深圳将坚持学习广州的好经验好做法，围绕"发挥特大城市辐射引领作用、带动大湾区城市群共同发展"这个主题，开展更加紧密、更富成效的合作交流，实现双核驱动、功能互补、协同发展。同时，深圳还要深入实施"东进、西协、南联、北拓、中优"发展战略，以深中通道、深茂铁路等战略通道建设为抓手，加强与周边城市合作，加快"深莞惠＋河源、汕尾"经济圈建设，助推粤东粤西两翼与珠三角城市串珠成链建设沿海经济带，共同为大湾区建设做出积极贡献。①

（二）粤港澳大湾区的地位和作用

区域协调创新和持续发展是一个世界级的命题，而那些世界著名的大湾区，都是带动全球经济发展的重要增长极和引领技术变革的领头羊。正因为湾区经济发展具有如此重要的意义，所以，《粤港澳大湾区发展规划纲要》就要求，将粤港澳大湾区建设成富有活力和国际竞争力的一流湾区和世界级城市群。粤港澳大湾区包括香港、广州和深圳三个在世界城市排名中位于前50名的城市，有5.6万平方公里的总面积，是我国经济活力最强、对外开放程度最高的地区区域之一。根据中央的规划，粤港澳大湾区应该更积极主动地实施好创新驱动发展战略，要在发展规模、跨境合作、区域协调和协同创新方面打造高质量发展的典范，建设世界一流的创新经济湾区，这是一个极具挑战性的宏伟目标。

当今世界上有著名的有三大湾区。其一是纽约湾区即所谓的"金融湾区"。这是世界金融的核心中枢，汇聚了最多的世界排名靠前的银行、保险业巨头，也是世界上市值最大的纽约证券交易所和排名第三的纳斯达克证券交易所的所在地。其二是旧金山湾区即所谓的"科技湾区"。旧金山湾区是世界上最著名的高科技产业开发区，这里有雄厚的科研力量、丰富的创新人才资源和活跃的创投资本，聚集着一批富有创新精神和创新活力的企业集群，特别是"硅谷"

① 《省委副书记、深圳市委书记王伟中：举全市之力推进粤港澳大湾区建设》，《南方日报》2019年3月18日。

孕育出了苹果、谷歌、脸书等世界著名的科创型企业巨头。其三是东京湾区即所谓的"产业湾区"。东京湾区既是日本最大的国际金融中心、交通中心、商贸中心和消费中心，又是日本的产业中心。依托着东京强大的教育、科研实力和雄厚的金融资源，东京湾区拥有许多具有先进技术研发能力的大企业，实现了"产学研"体系的协调运转，建立起具有世界级规模的产业中心。

粤港澳大湾区虽然还在形成的过程，但目前已经具备经济规模较大、产业体系比较完备、创新主体不断集聚的显著特点，这是建设世界一流科创中心的优势和基础。从经济总量来说，2017 年，粤港澳大湾区以 0.6% 的全国土地面积创造了约占全国 12.4% 的经济总量。从产业体系来讲，这里既有香港这个国际金融中心，又有号称中国"硅谷"的科创型城市深圳，还有制造业的重镇广州、东莞、佛山等城市，这里聚焦了完备的产业链条，可以快速完成从原始研发、技术创新到新产品开发乃至实现商品化的全过程。从创新资源来讲，粤港澳大湾区拥有 170 多所高校，其中有 5 所高校进入了全球百强大学排名榜。这里还集聚了一大批高水平的实验室和科研院所，拥有一批高层次国际化科研领军人才。丰富的教育与科研资源为大湾区提供了充满活力的创新创业环境，也产生了大量的科技产业创新成果。发明专利是衡量一个国家或地区创新能力的重要指标。数据显示，从 2014 年到 2018 年，粤港澳大湾区的发明专利由 103610 件增加至 330832 件，增长 219.31%，年均增幅为 33.68%，整体呈稳步上升趋势。近五年来，粤港澳大湾区发明专利总量已超纽约湾区、旧金山湾区和东京湾区，位列世界四大湾区之首。东京湾区依靠其发达的工业基础不断推进科技创新，发明专利总量位居第二，但年均增长率出现下降趋势。纽约湾区和旧金山湾区发明专利数量均呈现持续下降趋势，2015 年下降幅度最大。而粤港澳大湾区 2015 年的增长率近 50%，成为增长幅度最大的一年。①

但是，同纽约湾区等世界著名的三大湾区相比，粤港澳大湾区

---

① 《新鲜出炉！粤港澳大湾区协同创新发展报告（2019）》，《广州日报》2019 年 11 月 24 日。

虽然具有自身的特点和优势，但总的来说其发展历史较短，科研资源和金融实力较为薄弱。特别是香港、澳门和广州、深圳等城市还处于"一国两制"的特殊历史条件下，人流、物流、资金流、信息流等创新要素的流动还受到许多制约，因此，建设世界一流创新湾区的任务还十分艰巨。比如，从区域内城市之间协同创新的情况来看，数据显示，旧金山湾区协同创新程度最高，"跨城市专利合作比例"占比为 10.33%，其次是东京湾区占比为 3.28%，纽约湾区占比为 1.57%，而粤港澳大湾区仅为 0.95%。[①] 这就表明，粤港澳大湾区在城市协同创新方面确实具有巨大的提升空间。因此，粤港澳大湾区还要进一步加大城市之间的高校、科研机构、企业等创新主体的合作，优化城市产业布局，打造更大规模的先进产业集群。

总体来说，粤港澳大湾区作为湾区中的新军，已经开始成为世界经济版图中的一个亮点，具备未来全球经济第四增长极的潜力。作为习近平总书记亲自谋划、亲自部署、亲自推动的国家战略，粤港澳大湾区建设必将对中国经济的创新发展产生巨大的影响力和推动力。而乘着粤港澳大湾区建设的东风，完善城市创新体系，打造具有世界影响力的创新创意之都，这既是深圳的巨大机遇和挑战，也是深圳的历史使命。

二　面向世界级大湾区前景的深圳城市创新体系建设

粤港澳大湾区建设给深圳发展提出了更高要求的同时又提供了新的机遇。不过需要指出的是，尽管深圳的发展目标在提法上出现了明显的变化，但不断完善城市创新体系，仍然是实现其发展目标必须解决好的首要问题。因为不管历史背景和周边环境发生多大的变化，深圳创新能力提升的好坏、快慢，永远都是制约城市发展成败的关键之所在。可以说，如今的深圳需要构建的是一个依托粤港澳大湾区，能够面向世界、面向未来的城市创新体系。

（一）"双区"驱动是深圳创新发展的新动力

《粤港澳大湾区发展规划纲要》颁布后不久，2019 年 8 月，中

---

① 《新鲜出炉！粤港澳大湾区协同创新发展报告（2019）》，《广州日报》2019 年 11 月 24 日。

央又下发《关于支持深圳建设中国特色社会主义先行示范区的意见》（以下简称《意见》），《意见》要求深圳必须深入实施创新驱动的发展战略，紧紧抓住粤港澳大湾区建设的重要机遇，积极增强自身的核心引擎功能，朝着建设中国特色社会主义先行示范区的方向前行，努力创建社会主义现代化强国的城市范例。同时，《意见》还指出，支持深圳强化产学研深度融合的创新优势，以深圳为主阵地点设综合性国家科技中心，在粤港澳大湾区国际科技创新中心建设中发挥关键作用。从《粤港澳大湾区发展规划纲要》提出深圳要努力成为具有世界影响力的创新创意之都，到《意见》要求深圳要在粤港澳大湾区国际科技创新中心建设中发挥关键作用，深圳的战略定位、发展目标、重点任务都发生新的变化，这对于深圳加快创新发展步伐来说，既是很大的压力，又是巨大的动力。

建设中国特色社会主义先行示范区是一项具有开创性的伟大事业，对于深圳而言，如何把建设先行示范区落到实处，见到成效，是一项前所未有的艰巨任务。2019 年 9 月 17 日，中共深圳市委召开六届十二次全会，围绕深圳建设中国特色社会主义先行示范区进行学习和部署。深圳市委书记王伟中代表市委常委会做工作报告，报告中提出，要以改革开放的眼光看待，以改革开放的办法推进。以思想"破冰"引领行动"突围"，以"杀出一条血路"的气魄，勇于"走出一条新路"。报告提出，建设先行示范区，要求深圳从过去主要在经济领域先行探索，转向围绕统筹推进"五位一体"总体布局和协同推进"四个全面"战略布局，践行新发展理念，在各领域各方面先行示范、走在前列；从过去主要致力于提升自身综合实力，转向全方位全过程先行示范，辐射带动全省全国发展。毫无疑问，深圳要完成自身所肩负的历史使命，其根本途径仍然是全面创新、协调发展，从而能够全方位、全领域、全过程为建设中国特色社会主义当好标杆。①

建设粤港澳大湾区、建设社会主义先行示范区都是国家制定的重大战略，"双区"建设强化了深圳在大湾区中的关键作用。中央

---

① 《"双区驱动"下的深圳如何"杀出血路"且"走出新路"》，《南方都市报》2019 年 9 月 19 日。

提出，深圳到 21 世纪中叶，要成为竞争力、创新力、影响力卓著的全球标杆城市。而在当今世界，能称之为标杆城市就不仅是人口、GDP 数据靠前，更必须具有强大的核心竞争力和一流的创新能力，能够引领世界经济社会发展的新潮流、新趋势。由此可见，完善的城市创新体系仍然是提升竞争力、创新力、影响力的核心要素。只不过是在"双区"建设的新时期，深圳城市创新体系的构建面临着从内容、形式到动力结构等一系列新剧变。

首先，从内容上讲，中央要求深圳建成法治城市示范、城市文明典范、民生幸福标杆、可持续发展先锋这样的一座城市，那么对于城市创新体系建设来说，如何为深圳的科技产业创新提供更加完善的法治环境、如何更好地发挥社会主义核心价值观对科技产业创新的精神引领作用、如何通过科技产业创新促进可持续发展，这些都是在完善城市创新体系过程中必须高度关注并着力解决的重要课题。同时，中央对深圳还提了许多具体要求，如：强化产学研深度融合的创新优势，建设综合性国家科学中心，建设 5G、人工智能、网络空间科学与技术、生命信息与生物医药实验室等重大创新载体，探索知识产权证券化，推动建立全球创新领先城市科技合作组织和平台，在未来通信高端器件、高性能医疗器械等领域创建制造业创新中心，打造数字经济创新发展试验区，等等。这一系列具体要求，都是对深圳城市创新体系建设提出的新任务、新目标。这些任务的完成、目标的实现，都将极大地丰富深圳城市创新体系的内涵。

其次，从形式上看，区域内城市的协同创新在创新体系建设中将具有更加突出的意义。所谓协同创新，本意是指为了实现重大科技创新目标，在政府的引导下，企业、大学、研究机构和中介机构发挥各自的优势、整合资源实现优势互补，协作开展产业技术创新和科技成果产业化活动。协同创新是当今科技创新的新范式，它能够更有效汇聚创新资源，突破创新主体间的壁垒，充分释放各种创新要素的活力，从而实现最佳的创新成果。对于粤港澳大湾区建设来说，协同创新不光是指城市内部各种创新要素更快、更便捷地流动和聚合，而且还包括了城市政府之间合作所产生的协同效应、城市之间各种创新跨地域的流动和组合要素。因此，深圳如何发挥创新要素集聚力强、创新资源较为丰富、创新能力具有引领性的优势，积极参与整合粤港澳大湾区内的各种创新要素，加快推进粤港澳大湾区协同创新全面合作机制的形成，将赋予深圳城市创新体系以新的组织形式。

（二）积极拓展深圳高新技术产业的发展空间

城市创新体系建设既要有强大的动力，有要有足够的发展空间。因此，在"双区"建设驱动下，深圳要构建面向未来、面向世界的城市创新体系，还必须着力解决深圳经济发展中日益严峻的人力、土地等资源要素的瓶颈制约，以拓展高新技术产业的发展空间。要有效拓展深圳的发展空间，就需要在区域经济一体化的过程中，积极完善深圳的高新技术产业布局，主动向周边市、县转移先进制造业，培育壮大先进产业集群。先进产业集群是创新发展的主体力量。作为世界著名的高新技术产业聚集地，东京湾区拥有全国一半以上、年销售额超过 100 亿日元的大型企业。在 2017 年《财富》杂志 500强名单中，粤港澳大湾区有 17 家企业上榜，而东京湾区则有上榜企业 60 家，可见差距还是相当大的。

从整个珠江三角洲来看，用地总量还是相当有限的，人力资本、土地资本、交易资本、资源耗费成本也都在持续上升，因此，列入粤港澳大湾区的几乎所有城市都面临着产业转型升级的问题。在这个过程中，深圳应该充分利用珠三角地区历来存在的良好协作基础和文化根基，借助华为、中兴、腾讯、比亚迪等大型骨干企业的力量，发挥在互联网、电子信息、新能源新材料、生物医药等高新技术产业方面的优势，助推周边城市产业的转型升级，培育跨地域的高新技术产业集群，在辐射、带动其他城市发展的过程中，壮大自己的高新技术产业实力。

应该说，近些年来深圳在推动周边高新技术产业发展上，还是做了不少工作，比如华为将研发中心设在东莞，比亚迪的电子产品基地建在惠州，这些都对华为和比亚迪的发展产生了积极影响。现在，深圳与培育出美的、碧桂园两家世界 500 强企业制造业重镇——顺德的合作也在积极深化。2016 年年底，顺德曾在深圳成功举办城市路演活动。此后，顺德主动出击承接深圳产业溢出取得明显成效，大疆创新、天劲新能源等深圳高新技术企业纷纷入驻顺德，以"深圳创新＋顺德智造"为标志的高新技术产品开始进军全球市场。可以相信，随着深中通道、广深港高铁等交通建设项目的快速推进，深圳的创新资本和创新人才必将从珠江东岸不断跨向西岸，进而深入珠三角的制造业腹地，从而有力地壮大深圳的高新技术产业集群。

2019 年 11 月 21 日，广东省推动制造业高质量发展大会召开，深圳向大会提交了一份书面典型发言材料。该材料透露了未来深圳率先构建具有世界级竞争力的现代产业体系的思路和举措：全力推动大湾区制造业融合发展，利用大湾区完整产业链配套，联合大湾区城市开展先进制造业合作试点，推动大湾区电子信息、汽车、电气、机械设备等优势制造业集聚发展，打造具有全球影响力和竞争力的电子信息等世界级先进制造业产业集群。同时，该书面发言材料重点介绍了未来深圳的三大举措。一是率先实施新一轮创新驱动发展战略。联手港澳打造全球科技创新中心，积极推动"广州—深圳—香港—澳门"科技创新走廊建设，加快完善"基础研究＋技术攻关＋成果产业化＋科技金融"全过程创新生态链，努力在粤港澳大湾区国际科技创新中心建设中发挥关键作用。二是打好产业基础高级化、产业链现代化的攻坚战。聚焦"卡脖子"的关键核心技术，集中力量支持重大攻关项目，积极承接国家重点研发计划和重大专项，"一技一策"突破一批关键核心技术，补齐制造业上游产业链短板。加快创建制造业创新中心，培育国际领先的先进制造业集群，促进集群内要素集聚，深化集群开放合作，加快构建集群协同创新体系。三是有效推进大湾区制造业的融合发展。发挥深圳战略性新兴产业优势作用，全面加强与大湾区其他城市产业深度合作，促进产业紧密协作、优势互补、联动发展、梯度布局。要充分利用大湾区产业链配套比较完整的优势，联合东莞、惠州、中山等城市开展先进制造业的协作试点工作，打造具有全球影响力和竞争力、以深圳和东莞为核心的电子信息等世界级的先进制造业产业链。①

---

① 《深圳全力推动大湾区制造业融合发展》，《深圳特区报》2019 年 11 月 22 日。

这就表明，积极推进粤港澳大湾区高新技术产业的协调发展，在区域产业的融合过程中实现优势互补，打造具有全球影响力、竞争力的先进产业集群，已经成为深圳扩展和完善城市创新体系的一个战略性选择。

（三）不断深化深港经济科技合作机制

"硅谷"是世界上最成功的城市创新体系发展模式，其显著特点就是以大学或科研机构为中心，实现科研与生产相结合，使科研成果能够迅速转化为生产力或商品，从而形成高技术综合体。由于香港有香港科技大学、香港中文大学等多所国际一流的科研型大学，深圳则有一批像华为、中兴、比亚迪、大疆那样一批充满创新活力的有国际影响的民营科技企业，两者的优势互补，正好能够借鉴和复制"硅谷"的发展模式。从这个意义上讲，建立和完善深港经济科技合作机制，这是21世纪初深圳提出建设"深港创新圈"设想的重要原因，也是深圳建设具有世界影响力的创新创意之都的必然要求。

从历史上看，深圳特区成立伊始，便与香港在经济层面存在着极为紧密的联系，不过在科技方面的合作则经历了一个逐步的发展过程。利用毗邻香港的区位优势，积极参与国际产业分工，承接国际技术产业转移，开发国际市场，这是深圳高新技术产业起步较早、发展步伐稳健的重要原因。1999年8月，由深圳市政府和北京大学、香港科技大学三方共同筹建起深港产学研基地，这是建立区域协同创新体系的大胆尝试，是促进深港合作、强化产学研融合发展的重要举措。该基地立足粤港澳大湾区，综合了深圳市、北京大学、香港科技大学三方各自的优势，力争成为区域创新体系中高层次、综合性、开放式的官、产、学、研、资相结合的公共平台。在此基础上，深圳市政府于2005年首先提出建立"深港创新圈"的设想，这一设想也得到了香港特区政府的支持。2007年5月21日，深港在香港签署了《"深港创新圈"合作协议》，共谋双方共同长远持续发展。5月23日，第三届"深港创新圈"高层论坛在深圳举行，会议透露，深港将成立跨境"督导会议"推进"深港创新圈"建设。在对科技合作项目支持方面，深圳市科信局与市财政局在市科技研发资金中已设立"深港创新圈"专项资金，2007 年预算为 3000 万元，专门用于资助香港各大学或科研院所在深圳设立的分支机构或香港各大学或科研院所与深圳企业的合作开发项目，旨在促进深港之间创新资源的交流与合作。同时，深圳大力推进香港重点实验室、研究中心与深圳高新技术产业形成创新链上下游互动关系，而香港科研机构和大学也积极推动双方科研力量的合作，据统计，2007 年香港院校在深注册企业有 22 家，注册资金近 2 亿人民币、3500 多万港币；设立研发中心 10 家，总投资港币 1800 多万元。①

　　由于特殊的地理位置和历史原因，香港一直在国际产业格局中扮演着内地与国际接轨的产业中介角色。其发达的金融业、物流业和高端服务业都呈现这一特色。因此，香港科技产业界对直接参与建设"深港创新圈"的活动并没有展现整体的积极性。2008 年爆发的国际金融危机，对缺乏实体经济的香港造成了极大冲击。在此情景下，香港要寻找摆脱经济危机的脱困之策，就应该积极参与建设"深港创新圈"。因为只有这样，香港才可以充分发挥全面对接国际科技教育领域、能够吸引世界优秀科技人才和在基础科研领域及法治环境方面的独特优势，才能有效解决制造业薄弱和科研成果转化不足的问题。而对于深圳来说，则可以利用香港的国际资本、高端人才和科技理论成果，提高自身的经济和科技创新水平，进一步巩固自身在制造业、产业链、供应链和资金链方面的优势，提升产品的全球竞争力。为此，2009 年 1 月，《珠江三角洲地区改革发展规划纲要》提出了未来珠三角的发展定位，即扩大开放的重要国际门户、世界先进制造业和现代服务业基地和全国重要的经济中心，并强调要推进与港澳紧密合作、融合发展，率先建立更加开放的经济体系，共同打造亚太地区最具活力和国际竞争力的城市群。在这样的背景下，加快建设"深港创新圈"就具有更加突出的意义，因为深圳与香港的合作实际上是珠三角与港澳合作的重头戏。

　　2009 年 2 月，《深圳国家创新型城市总体规划实施方案》正式公布，该实施方案对"深港创新圈"做出了明确定位：一是建设深

---

　　① 《深港将成立跨境"督导会议"　推进"深港创新圈"建设》，2020 年 3 月 2 日，人民网（http://hm. people. com. cn/GB/42273/5774802. html）。

港高水平公共技术平台和创新型产业项目；二是建设深港技术创新合作基地；三是建设香港各大学的深圳产学研基地。其具体工作任务一是依托深港两地高校、科研机构和企业，建设知识、人才与共性技术的一站式服务平台和核心技术的支援平台；同时，该方案还提出要制订《深港创新圈2008—2010年行动计划》，加快建设香港中文大学、香港理工大学、香港科技大学、香港城市大学在深圳的产学研基地，建立深港高等教育合作与交流的长效机制。此后，深港双方经济科技合作的步伐开始加快。香港城市大学等几所著名高校在深圳产学研基地陆续建成并投入使用；香港大学、香港浸会大学的深圳研究院也正式挂牌运作。随后，为了推动深港青年创业创新，深港双方还于2013年1月签署了《关于共同推进深港青年创新创业基地建设合作协议》，从基地推介、平台建设、设施共享、资金支持、服务创新等方面开展密切合作，努力给两地青年创业创新提供优质服务。不到半年，首个深港青年创新创业基地即在"南山云谷"创新科技产业园正式挂牌运行。同年的11月，香港科技园公司与深圳前海管理局共同签署合作协议，推出"国家现代服务业产业化（伙伴）基地"建设规划。至此，深港科技合作已呈现出了常态化的发展趋势，双方合作的空间和领域不断拓展，在教育办学等领域相互融合发展的基础上，逐步形成了高等院校、科研机构和创新型高科技企业相互交流融合的国际科技合作模式，[①] 这一系列举措的出台，对深圳创新人才的培养、科技项目研发、创新中介服务提升、创新平台资源的共享等方面的工作都开始产生积极的影响。

　　2015年，香港特区政府新设立创新及科技局，其重要职责就是推进与深圳的科技创新合作。2017年年初，深圳、香港两地正式签署《关于港深推进落马洲河套地区共同发展的合作备忘录》，同意合作发展河套地区为"港深创新及科技园"。尽管该地块只有不到一平方公里，深港两地政经界人士均将其作为湾区科技创新合作的重要抓手而寄予厚望。因为河套地区与深圳仅一河之隔，在该处发

---

　　① 《让创新驱动发展的新引擎高速高效运转——深圳科技创新委主任陆健谈深圳国家自主创新示范区建设》，《科技日报》2014年10月27日。

展创新及科技，意义重大和独特，能够较好地体现香港"一国两制"的双重优势和两地在科技创新上的互利共赢。落马洲河套地区将建立重点科技创新研究合作基地，吸引国内外顶尖企业、研发机构和高等院校进驻。2018年，深圳深港科技创新合作区发展有限公司组建成立，成为深方园区规划设计、开发建设、资源导入和运营管理的实施主体。

2019年，《中共中央　国务院关于支持深圳建设中国特色社会主义先行示范区的意见》专门提出，要加快深港科技创新合作区建设。深圳将合作区建设作为贯彻落实中央意见的重要抓手和履行历史使命的战略平台，大力推动合作区开发建设全面提质增效，使之步入新的发展"快车道"，积极打造世界一流的科创空间。深港科技创新合作区作为粤港澳大湾区唯一以科技创新为主题的特色平台，肩负着建设国际科技创新中心和综合性国家科学中心的光荣使命，是实施粤港澳大湾区国家发展战略的重要组成部分，是中央支持深圳建设中国特色社会主义先行示范区的重要举措，同时也标志着深港经济科技合作迈入一个香港知识创新体系和深圳技术创新体系深度融合的新阶段。为此，2019年3月，中共广东省委副书记、深圳市委书记王伟中在接受《南方日报》专访时就表示，深圳过去40年的改革开放和创新发展，在很大程度上都是得益于独特的毗邻香港的区位优势，得益于在人才、资金、技术、管理等方面香港所给予的大力支持。现在，深圳在科技创新、金融发展、城市管理等方面与香港相比还有不少差距，仍然要继续依托香港、学习香港、服务香港。因此，深圳要全面准确贯彻"一国两制"方针，严格按照宪法和基本法的规定去想事、办事、行事，以规则相互衔接为重点，以跨境基础设施建设为抓手，以科技创新、民生领域等合作为突破口，在粤港澳大湾区的建设中做强、做实"香港—深圳"这一极，巩固深港"亲如兄弟"般的友好合作关系，为保持香港的长期繁荣稳定做出应有的贡献。① 很显然，全面推进深港在科技创新方面的深度合作，这是深圳建设具有世界影响力的创新创业之都的一项值

---

① 《省委副书记、深圳市委书记王伟中：举全市之力推进粤港澳大湾区建设》，《南方日报》2019年3月18日。

得长期关注的重要工作。

（四）积极推动"广深港澳"科技创新走廊建设

《粤港澳大湾区发展规划纲要》提出，要积极推进"广州—深圳—香港—澳门"这一条科技创新走廊的建设。建设国际科技创新中心，是适应当今世界发展潮流、打造国际一流湾区的重要支撑，也是全面推进粤港澳大湾区建设的首要任务。只有建设好了大湾区国际科技创新中心，才能够更好地推动香港、澳门融入国家创新体系，有利于充分发挥香港、澳门在科技研发、服务经济和对外开放等方面的优势，也能够有效地推动广东产业转型升级和高新技术产业集群的发展。因此，在深港科技合作的基础上，积极推动、全面参与"广深港澳"科技创新走廊建设，这既是进一步改善深圳外部创新环境的必然要求，也是深圳积极完善自身创新体系的重要举措。深圳只有牢牢抓住建设广深港澳科技创新走廊的重要契机，把自身的产业体系较为完备、市场化程度比较高、企业创新能力比较强的特点与港澳、广州优质丰富的科技创新资源结合起来，强强联合、优势互补，才能全面提升、有效完善自身的创新生态体系，为建设国际科技创新中心提供有力的支撑。

"广深港澳"科技创新走廊，是粤港澳国际科技创新中心建设的核心平台和关键支撑，深圳在这一科技创新走廊的建设中，完全可以做到"扬长补短"、积极参与、主动作为。所谓"扬长"，就是发挥自身产业链比较完整的优势，继续打好产业基础高级化、产业链现代化的攻坚战；所谓"补短"，就是做大做优做强科学城、高新技术产业研发基地等创新发展平台的建设，加快完善"基础研究＋技术攻关＋成果产业化＋科技金融"全过程创新生态链，力争在"广深港澳"科技创新走廊建设中发挥关键作用。为此，深圳的当务之急就是做好以下工作。

1. 加快推进重大科技资源和高端科研平台建设

缺乏重大科技资源和高端科研平台，一直是深圳创新体系建设中的一个短板。因此，不管是深圳建设粤港澳大湾区国际科技创新中心，还是建设具有世界影响力的创新创业之都，都需要深圳加快建设具有世界领先水平的高端科研平台，补齐缺乏重大科技资源的短板。而在这方面，建设光明科学城就是深圳采取的一项重大举措。

2018 年 4 月，深圳决定在光明区集中布局大科学装置群，建设光明科学城。光明科学城位于深圳市光明区，与东莞接壤，处于深港莞惠 1 小时生活圈内，是粤港澳大湾区和广深港澳科技创新走廊的战略节点，是深圳综合性国家科学中心的核心承载区。科学城的规划面积为 99 平方公里，分为中、南、北三个区域。北部为装置集聚区，营造嵌山拥湖、绿荫环绕的"科学山林"；中部为光明中心区，形成中央公园、光明小镇与垂直城市错落有致的"乐活城区"；南部为产业转化区，塑造富有生态内涵和科技文化氛围的"共享智谷"。装置集聚区是科学城的核心区域，将重点布局科学设施集群、科教融合集群、科技创新集群"三大集群"。2020 年 4 月，也就是深圳做出建设光明科学城决定两周年之际，深圳市人民政府又公布了《关于支持光明科学城打造世界一流科学城的若干意见》，该意见具体包括总体要求、构建综合科研体系、集聚优秀人才和创新团队、培育新兴产业、加大资金保障力度、加强规划管理、深化科技体制创新、完善组织保障等 10 部分内容。该意见提出了按照高质量、高标准、高水平的要求，将光明科学城打造为世界一流科学城的远景目标，同时还制定了 31 条支持光明科学城建设的具体措施。按照规划，到 2035 年，光明科学城将基本建成国家综合性科学中心的核心承载区，培育出一批引领未来发展的新兴产业集群，形成全球领先的重大科技基础设施集群。到 2050 年，科学城要能够持续产出大量前瞻性的基础研究和引领性原创成果，全面建成具有全球影响力的科学中心，成为我国建设世界科技强国的重要引擎和新一轮科技产业革命的策源地。目前，光明科学城重大项目库已形成从项目储备、前期准备再到开工这样一个滚动推进的机制，已入库的政府投资项目约 50 个，总投资约 1700 亿元。主要包括面向重大产业需求的科技基础设施集群、前沿交叉研究平台、规划建设创新载体等项目。① 可以断言，光明科学城项目的积极推进，可以极大

---

① 《深圳加速建设综合性国家科学中心》，《深圳特区报》2020 年 4 月 15 日。

地弥补深圳原创性科研成果不足的短板，为深圳建设具有世界影响力的创新创意之都打下坚实的基础。

　　在全力推进光明科学城建设的同时，其他一些重要的科研平台和科研载体项目也在有序地启动或加速推进。其中最具代表性的就是西丽湖国际科教城。西丽湖国际科教城主要坐落在深圳南山区北部，地处粤港澳大湾区黄金出海口，是广深港澳科技创新走廊的一个战略节点，规划建设面积69.8平方公里。作为落实国家科技创新发展战略的重要载体和推动粤港澳大湾区建设的重要战略平台，西丽湖国际科教城的建设，同样得到了深圳市委、市政府的高度重视。2019年1月，深圳市市长陈如桂在市六届人大七次会议做2019年政府工作报告时指出，要"高起点规划建设西丽湖国际科教城"；2月27日，深圳市委书记王伟中在广东省推进粤港澳大湾区建设工作会议电视电话会议上明确表示，"要加快建设西丽湖国际科教城，发挥科教优势，重点是基础研究和应用基础研究"。9月，深圳市委六届十二次全会提出要建设现代化经济体系，打造高质量发展高地，加快建设综合性国家科学中心，西丽湖国际科教城就是其中一项重要内容。按照"基础研究＋技术攻关＋成果产业化＋科技金融"的总体思路，西丽湖国际科教城将力争建设成为国际化开放式研究型大学创新发展高地、国家原始性创新示范区和粤港澳大湾区协同创新区。目前，西丽湖国际科教城已建有深圳大学、南方科技大学、哈尔滨工业大学（深圳）、深圳职业技术学院、清华大学深圳国际研究生院、北京大学深圳研究生院6所高等院校，成为全市高校资源最为密集的区域。片区里现有国家和省、市各类创新载体383家，其中包括鹏城实验室、深圳湾实验室两家省级实验室，联合国教科文组织高等教育创新中心、国家超算深圳中心、中科院先进院和7所诺奖科学家实验室等一批高层次研究机构。片区内有"两院"院士78人，全职院士28人，占全市的68％。产学研深度融合，已成为西丽湖国际科教城未来发展的重要方向。同时，科学城还将在科研体制机制改革与政策创新方面先行先试，探索有利于科技创新的体制机制，出台系统创新政策，推进科技创新全链条式改革试验，打通科技向现实生产力转化的通道，构建人才链、创新链、产业链、资金链、政策链"五链统筹"的原始创新生态。总之，西丽湖国际科教城的建设，也将有效缓解深圳创新领军人才不足、基础研究和源头创新成果不多、国际化创新资源网络连接不畅等突出问题，聚合国家级创新资源和创新平台来对全市科技创新的支撑合力。

2. 培育具有世界领先水平的先进制造业集群

目前，粤港澳大湾区已聚集了强大的产业体系，构建了包括电子信息、生物医药、互联网、新能源和文化创意等战略新兴产业和未来产业，聚集了符合创新要求的高水平研究型大学和研究机构，吸引了海内外高端移民人才，这些因素正在汇聚成大湾区的创新体系。[①]深圳应该借助这一契机，充分利用经济实力雄厚、创新创业蓬勃发展、资本市场活跃、产业体系相对完整、拥有优秀的领军型企业等优势和特点，加快培养具有世界先进水平的先进制造业集群，为把大湾区建设成为具有强大引导力和辐射力的世界经济中心做出应有的贡献。

第一，打好产业基础高级化、产业链现代化的攻坚战。产业基础包括农业、能源、原材料、交通运输和教育、医疗等；产业链是指从原材料到终端产品的所有具体生产制造环节。前者的低级和后者的落后肯定不能适应今天经济的高质量发展。改革开放以来，我国的产业基础不断壮大，产业链迅速健全。但是，在日益激烈的世界经济竞争态势中，我国产业基础相对落后和产业链不完整的弊端不断显现出来，特别是美国搞经济霸凌主义实行对中兴、华为等企业的制裁，更使人们清醒地认识到推进产业基础高级化、产业链现代化的紧迫性。为此，2019 年 7 月 30 日，中共中央政治局会议首次提出：提升产业基础能力和产业链水平；8 月 26 日，中央财经委员会第五次会议要求：打好产业基础高级化、产业链现代化的攻坚战。

在打好产业基础高级化、产业链现代化的攻坚战方面，深圳具有一定的基础和优势，能够聚焦一些"卡脖子"的关键领域，积极

---

① 魏达志、张显未、裴茜：《未来之路——粤港澳大湾区发展研究》，中国社会科学出版社 2018 年版，第 159—160 页。

承接国家重点研发计划和重大专项，集中力量支持重大攻关项目，通过采取"一技一策"的措施来突破高端装备、基础软件和一些关键核心元器件等一批核心技术，补齐制造业上游产业链短板。例如，集成电路是支撑经济社会发展和保障国家安全的战略性、基础性和先导性产业。深圳作为全国新兴科技产业发展的重要阵地，其集成电路产业不论是在水平，还是在规模上一直走在全国前列。中国半导体协会数据显示，2018 年深圳集成电路行业实现销售收入 897.94 亿元，其中 IC 设计业销售额为 758.7 亿元，已连续 6 年位居全国芯片设计行业第一。但即便如此，在集成电路产业链的一些关键环节受制于人，仍然是中国云计算、大数据、5G、人工智能、工业互联网等新型产业发展的最大隐患。为此，深圳决心首先从完善集成电路产业链上发力。2019 年 5 月，深圳市政府正式下发了《进一步推动集成电路产业发展五年行动计划（2019—2023 年）》以及配套的《关于加快集成电路产业发展的若干措施》两份重要文件，计划到 2023 年做大产业规模，建成具有国际竞争力的集成电路产业集群。该行动计划以补短板、扬长板、抢未来、强生态的思路为引领，以产业链协同创新为动力，以整机和系统应用为牵引，积极布局第三代半导体，着力补齐芯片制造业和先进封测业产业链缺失环节，大力提升芯片设计业能级和技术水平。同时，努力优化产业生态系统，加快关键核心技术攻关，培育龙头骨干企业和集成电路产业集群，将深圳建设成为国内重要的集成电路产业增长极和国际知名的集成电路产业集聚区，力争到 2023 年全市集成电路行业销售收入突破 2000 亿元。为此，在 2019 年 12 月的全球招商大会上，在签约的总投资超 5600 亿元、共 128 个项目中，一个重点签约项目就是市属国企——深圳市重大产业投资集团有限公司联合各相关优势资源方，在深圳携手打造国家级第三代半导体产业集群的战略合作框架协议，这是深圳争夺未来产业制高点的重要部署之一。项目通过引入国内第三代半导体优势企业作为技术依托方，借助国家大基金等科技金融资本，着力打造第三代半导体产业从源头创新，加快解决我国电子信息产业"缺芯少魂"问题，共同打造深圳集成电路产业发展创新高地。[①]

第二,抢抓5G产业历史性机遇,率先建成全球领先的高质量、全覆盖5G通信网络。5G时代的到来,将给大众和各行各业都带来重要影响,可以形成一个极为庞大的相关产业集群,为企业提供足够大的发展空间。据有关研究机构初步测算,我国5G商用前五年直接带动经济总产出将超过10万亿元,经济增加值将超3万亿元,直接新增就业岗位将超300万个。[②] 2019年年初,工信部表示,将加快5G商用步伐,在若干个城市发放5G临时牌照,大规模组网能在部分城市和热点地区率先实现。深圳作为5G建设的试点城市,5G技术也理所当然地成为推动新一轮创新发展最重要的引擎之一。作为引领未来的高科技产业,5G技术对世界经济、军事、政治等诸多领域的发展都具有重大影响,这也是美国要千方百计打压华为的原因之所在。根据Netscribes的统计,2015年后中国凭借华为和中兴的高频研发投入,在5G专利库中的专利占比一举成为全球首位,占比达到32%,主导5G技术与专利。[③] 电子信息制造是深圳的支柱性产业。2018年,全市电子信息制造业完成规模以上工业总产值2.13万亿元,约占全国行业规模的六分之一,实现规模以上工业增加值5585.8亿元,占全市规模以上工业增加值超过六成。作为电子信息产业的重要组成部分,深圳在5G技术方面也优势明显,除了拥有华为、中兴这些5G技术龙头企业之外,同时在网络建设、终端产业化进程、业务应用测试等方面也都居于全国甚至世界前列。而国内三家电信运营商也都把深圳作为发展5G技术的先行基地。为全面调动各方力量推动5G大发展、大应用,让深圳走在5G时代的最前列,2019年9月,深圳制定《关于率先实现5G基础设施全覆盖及促进5G产业高质量发展的若干措施》,确定按照统筹规

---

① 《2019深圳全球招商大会多家市属国企开启合作签约模式》,2020年3月5日,深圳政府在线(http://www.sz.gov.cn/gzw/qt/gzdt/201912/t20191220_18943985.htm)。

② 《中国加快推出5G商用牌照　五年带动总产出或超10万亿》,《人民日报》2019年1月29日。

③ 《从中国5G正式商用聊聊美国围堵打压中国5G的原因》,2020年3月5日,搜狐网(https://www.sohu.com/a/319025810_472901)。

划、开放共享的原则，通过应用牵引、重点突破，在深圳率先建成全球领先的全覆盖、高质量的 5G 通信网络，加快打造 5G 应用示范标杆城市。到 2019 年年底，在城市管理、交通、警务、健康医疗、教育、旅游、电力、安防等十大领域，至少分别确定 1 个 5G 政务应用重点项目；到 2020 年年底，围绕工业互联网、智能网联汽车、远程医疗、智慧安防、智慧工厂、智慧园区等十大典型应用场景，打造一批 5G 应用的行业示范项目。同时，深圳还要通过强化政府引导、企业主导、产学研用协同创新模式，组建高水平研发平台，打造 5G 全球专利和标准创新策源地。① 随着这些政策措施的落地，深圳将有力促成大数据、云计算、物联网、智能机器人等未来产业的大集聚、大发展，助推深圳加快建设具有世界影响力的创新创意城市。

第三，加快创建制造业创新中心。制造业是一切经济生产的基础，是人们生活的重要保障，是国家经济发展和民族复兴的支柱性产业。我国虽然是世界上的制造业大国，但并不是制造业强国，许多技术还是依赖于进口，容易遭遇技术壁垒、受制于人。例如，从 2018 年汤森路透全球百强创新企业排名来看，深圳乃至整个粤港澳大湾区仅入选华为、比亚迪两家企业，而同期的东京湾区、旧金山湾区和纽约湾区，却分别有 25 家、11 家和 5 家企业入选。② 很明显，缺少创新型龙头企业，这是制约大湾区经济的高质量发展入选的重要原因。

党中央、国务院高度重视制造业的高质量发展，并将其视为立国之本、强国之基。为此，"中国制造 2025" 把创建国家制造业创新中心列入五大工程之一，要求围绕重点行业转型升级和新一代信息技术、智能制造、新材料、生物医药等领域创新发展的共性需求，打造一批工业技术研究基地和制造业创新中心。自 2016 年工信部发布《关于完善制造业创新体系　推进制造业创新中心建设的

---

① 《深圳市关于率先实现 5G 基础设施全覆盖及促进 5G 产业高质量发展的若干措施》，2020 年 3 月 10 日，深圳政府在线（http://www.sz.gov.cn/szzt2010/zdlyzl/jjshzc/content/mpost_ 1381094. html）。

② 王洪章：《补齐湾区协同创新发展短板》，《经济日报》2019 年 11 月 29 日。

指导意见》以来，已先后在北京、上海、武汉、西安等地建成13个国家级制造业创新中心，涉及动力电池、信息光电子技术、集成电路、机器人、智能传感器、先进计算产业等领域。

国家制造业创新中心是一个城市在国家先进制造业中地位的象征。要建设国家创新型城市、完善城市创新体系，特别是要建设具有世界影响力的创新创业之都，就不可能没有一定数量的制造业创新中心。为此，2017年5月，深圳市政府印发《加快深圳国际科技产业创新中心建设总体方案》和《深圳市十大制造业创新中心建设实施方案》等文件，提出要围绕重点领域建设深圳市制造业创新中心，以关键技术的研发供给、转移扩散和商业化为重点，按照"官助民营"的原则，以市场驱动为导向，构建能够承担从技术开发、转移扩散到商业化的新型载体。对创新中心的建设，深圳市政府将给予很大的资金支持。文件规定，授牌的创新中心可以申报专项资金资助，对一般建设项目，市级财政给予不超过项目建设总投资的50%资助资金；对获得国家、省级相关资助支持的项目，则按照1∶1的比例给予配套支持。此时，深圳首个启动的制造业创新中心——太赫兹①制造业创新中心正式成立，这也是全国首家将太赫兹技术与电子信息制造业相融合的创新中心。该创新中心将以建设太赫兹制造业创新体系为核心，力图打破国外的技术垄断和封锁，强化太赫兹技术的产业化应用，推动深圳电子信息产业向更高的层次发展。随后，石墨烯、智能海洋工程、微纳米制造、3D打印制造等多个创新中心也先后挂牌成立，预计到2020年，深圳将完成10家制造业创新中心的创建任务。

第四，重点发展战略性新型产业集聚区。

《中共中央 国务院关于支持深圳建设中国特色社会主义先行示范区的意见》公布之后，深圳更加积极地布局发展战略性新兴产业，对新兴产业集聚区建设进行了科学的论证和认真的规划，选址进

---

① 太赫兹（Tera Hertz，THz）是波动频率单位之一，又称为太赫，或太拉赫兹。等于1000000000000 Hz，通常用于表示电磁波频率。太赫兹是一种新的、有很多独特优点的辐射源，对太赫兹技术的深度研究是一个非常重要的交叉前沿领域，可以给技术创新、国民经济发展和国家安全提供许多新的机遇。

行认真研究，要求重点引进人工智能、第三代半导体、集成电路、石墨烯、海洋、航空航天、生物与生命健康等与深圳新兴产业空间布局规划相衔接的产业，先后两批数十个新兴产业集聚区正在建设中。按照规划，到2020年，深圳新一批8个新兴产业集聚区预计总投资超1800亿元，产业规模超千亿元目标的集聚区3个，超百亿元目标2个，为深圳打造高质量发展示范区提供有力支撑。其中一个重要规划项目就是前面已经提到的5G产业，深圳要打造5G全球专利和标准创新策源地，力争获批1家国家级制造业创新中心。同时，要充分发挥深圳电子信息产业发展优势和龙头企业带动效应，积极引进技术含量高、带动效应强的5G产业重大项目，要求到2022年年底，打造2个超千亿元的5G产业集聚区，成为全国5G产业规模领先、企业竞争力最强的城市。

值得关注的还有深圳的生物医药产业。2005年，深圳曾被国家发展改革委认定为第一批国家生物产业基地。此后，深圳便加大政策扶持力度，推动产业要素集聚，建设了坪山国家生物产业基地、国际生物谷两大生物医药产业集聚区，培育了华大基因、迈瑞医疗等一批我国生物医药领域细分专业自主创新的龙头企业，建成了各类创新载体319家，促使全市的生物医药产业以年均20%的增速快速发展。目前，深圳已拥有较为完整的生物医药产业链，高端生物医学工程、基因测序和生物信息分析、细胞治疗等技术跻身世界前沿行列，生物医药产业正在成为深圳市经济增长的新动力。2013年，深圳的生物产业规模在首次超千亿元，达1055亿元；2018年，深圳战略性新兴产业增加值达9155.2亿元，同比增长9.1%，其中，生物医药产业增加值298.58亿元，同比增长22.3%，增速居七大战略性新兴产业之首。2020年4月，广东省出台《关于促进生物医药创新发展的若干政策措施的通知》，首次提出要把生物医药产业打造成为广东具有国际竞争力的新型支柱产业的发展目标。具体举措是以广州、深圳两市为核心，打造布局合理、错位发展、协同联动、资源集聚的广深港、广珠澳生物医药科技创新集聚区。同时，支持深圳做深、做精高性能医疗器械、基因测序和生物信息分析、细胞治疗等产业，培育具有世界标杆意义的生物医药企业和研究机构，将深圳努力打造成全球生物医药创新发展策源地。[①] 可以相信，深圳生物医药产业发展的良好态势，必将早日实现深圳在高性能医疗器械领域创建国家制造业创新中心，力争成为世界级中心的愿景。而一个又一个战略性新型产业集聚区的建成与完善，也必将推动深圳城市创新体系建设大步跨上一个新的台阶。

[①] 广东省工业和信息化厅：《关于促进生物医药创新发展的若干政策措施的通知》，2020 年 3 月 10 日，广东省工业和信息化厅网站（http：//gdii. gd. gov. cn/ywfl/cyfzl/content/post_ 2967541. html）。

附　录

深圳创新发展比较
研究成果简介

深圳坚持创新驱动战略、在建设创新型城市的过程中不断完善城市创新体系，这是在中央的顶层设计下和广东省的统一部署中进行的。在这一实践过程中，深圳和其他城市尤其是北京、上海、广州等一线城市密切互动，彼此之间既相互比拼、相互竞争，又相互学习、相互借鉴、相互激励。因此，要全面认识和把握深圳打造城市创新体系、建设国家创新型城市的时代特征和历史意义，就应该与其他几个主要城市创新发展的实践进行比较研究，从而得出更为科学的结论。

实际上，由于北京、上海、广州和深圳在整个国民经济中具有特殊重要的地位，特别是在创新发展方面对全国有着极大的示范和引领作用，因此，从 21 世纪初开始，人们就开始对这四个城市在创新发展方面进行比较研究，现将部分研究成果简介如下。

一　关于北京、上海、深圳三地科技创新模式的比较

2001 年，蒋铁柱、杨亚琴①对北京、上海、深圳三地科技创新模式进行了比较，指出了这三个城市在科技创新模式选择上的不同特点。一是北京。他们认为，作为我国的政治、文化中心，北京集聚了众多的科研机构、高科技人才、高新技术和高精尖设备，是各类科技创新资源云集的高知识密度地区。据统计，当时的北京已经

---

① 蒋铁柱、杨亚琴：《构建完善的科技创新政策支持体系——北京、上海、深圳三地科技创新模式比较》，《上海社会科学院学术季刊》2001 年第 3 期。

拥有国家级科研机构 400 多所，高等院校 68 所，国家级工程技术研究中心占全国的 39% 达 32 个，科研人员有 23.7 万人占全国的 10%，其中科学家和工程师占全国的 11.5% 达 17.5 万人。同时，建立了以中关村为核心的高科技试验区，其自主开发研制的高新技术产品已在我国市场上占有相当份额，因而成为北京实施科技创新的重要载体。正是由于具备这些得天独厚的条件，因此，北京选择了以自主开发为主的主动型科技创新模式。二是上海。他们认为，上海选择的是偏向于引进技术为主的二次科技创新模式。从 20 世纪 90 年代开始，上海加大引进国外先进技术的力度，并将引进外资和技术同改造传统产业结合起来，建立了一批包括上海贝尔、华虹、NEC 在内的具有国内领先技术的大型合资企业，从而在一些领域迅速缩短了与世界先进水平的差距。这种引进先进技术为主的科技创新模式，使上海成为向全国传播发达国家创新成果的基地。三是深圳。他们认为深圳选择的是自主开发与引进技术并重的混合型科技创新模式。虽然深圳在科技创新方面起点很低，但在科技创新中却闯出了一条以自主开发为主、引进为开发服务的新路。一方面，深圳积极引进了 IBM、微软、朗讯等一批世界 500 强的高科技企业，为高科技产业发展做出了重要贡献；另一方面，深圳又着力培养出华为等一批具有自主知识产权的高科技开发型企业。

同时，蒋铁柱、杨亚琴还对北京、上海、深圳这三个城市在科技创新资源配置、科技创新融资体系、科技创新人才发展战略、科技创新主体的构建等方面的情况进行了比较。在科技创新主体的构建方面，他们认为，北京的创新资源主要集中于创新源头，并向科技园区倾斜；上海的创新资源主要集中于对传统产业进行技术改造，并向国有企业倾斜；深圳的创新资源则集中在科技成果的产业化阶段，并向市场主体倾斜。在科技创新融资体系方面，北京是以政府拨款投入基础研究为主，但民间风险投资发展也相当活跃；上海主要是以政府基金的方式为科技创新提供资金支持；深圳则是利用政府的政策杠杆来引导民间投资，建设科技风险投资体系。在科技创新人才发展战略方面，北京主要是推进人才流动机制创新，上海是努力完善人才政策法规体系、培育人才开放的大市场，深圳则是逐步构建符合市场经济规律的人才发展机制。

二　北京与上海、深圳的创新体系比较研究

2007 年，王立、张士运①等人对北京、上海、深圳三地的创新基本情况、创新活动、创新体系、创新体制、创新政策等方面进行了比较研究。

在创新体系比较方面，他们认为，深圳是由市场来主导和选择的自主创新之路，真正形成了以企业为主体的自主创新，研发成果直接面向企业，有较强的产学研结合创新能力，建立和完善了开放型的区域创新体系。上海市是由市场和政府共同主导的自主创新模式，建立了较为完善的创新公共平台，其区域创新能力处于全国领先地位。北京的自主创新是政府主导型，在一定程度上政府承担了科研开发的主体，形成了与市场经济体制相适应的区域性科技中介服务机制，初步建立起以中关村科技园区为核心的首都区域创新体系。他们还指出，深圳产学研结合创新较好，但北京的产学研合作大部分不在本地。其原因之一，就是作为我国的科技文化中心，北京主要是以科技创新带动周边地区以至全国的产业发展，因此创新成果的产业化并不一定要在北京实现。这也带动了北京庞大的技术交易数额，2005 年，北京实现技术交易 489.6 亿元，远高于上海市的 231.7 亿元，同比增长 15.2%。同时，在北京的技术交易中，流向本市的技术合同成交额占比为 40.4%，流向外省市的占比为 41.9%，技术出口占比为 17.7%，明显呈现出"四四二"的技术交易格局。这也表明北京的科技中介服务体系建设已经走在了上海、深圳的前列。北京已建成首都创业孵化体系和首都经济创新服务体系，搭建起 6 个科技创新服务平台以整合各类科技资源，科技企业孵化器也逐渐成为创新体系框架中的重要力量。同时，通过建立各种专业协会和创新资源数据库，搭建网上技术交易系统，创建多种形式的创业投资资金和咨询、评估、投资、法律、设计、培训等创新中介服务机构，形成了较为完善的首都经济创新服务体系。

---

①　王立、张士运、李功越、刘好：《北京与上海、深圳的创新比较研究》，《中国科技论坛》2007 年第 8 期。

在创新政策制定方面，他们认为上海和深圳有关推进创新的政策更具有市场意识，而北京相对来说其计划性的味道较浓。上海、深圳出台的创新方面的政策，逐渐从财政补贴、税收减免等优惠政策为主，向体制创新、机制创新和营造综合创新环境等方面转变。中国加入 WTO 之后，上海便开始针对企业在技术、人才、资金、管理等方面的需求，为企业提供更全面的"链式服务"。近 10 年来，深圳围绕着分配制度改革、人才政策的完善、推动本土创新企业发展、建立和完善区域创新体系等重要议题，共制定和颁布了 50 多部科技方面的重要文件、地方性法规和规范性文件，初步形成了推动科技进步和自主创新的政策法规体系，为深圳走自主创新之路提供了一个良好的政策法规环境。在知识产权方面，北京侧重原始创新、深圳则更注重品牌建设。"十五"期间，北京的发明专利以及实用新型专利申请量比上海、深圳的数量都多，只是在外观设计申请量上比上海、深圳相差很多，使授权总量低于上海，高于深圳。就品牌建设的实际效果看，目前深圳的"驰名商标"已有 16 件，著名商标 69 件，居全国前列；在国家开展的"中国名牌"评选活动中，深圳有 58 个产品获得"中国名牌"称号，数量位居全国大中城市第一。

三 关于北京、上海、深圳、广州四地科技创新能力的比较

2017 年，童爱香、张红[①]等人对北京、上海、深圳、广州四个城市的科技创新能力进行了比较研究。他们同样发现，在科技人力资源拥有量方面，北京占据很大的优势，2009—2014 年，北京市的 R&D 人员数量遥遥领先其他城市，占全国总量的近 10% 左右，并且还保持年均 6.2% 的增长率。上海市的 R&D 人员数量则仅次于北京，2014 年达 23.68 万人，约为北京 R&D 人员数量的 70%，约占全国总量的 6.5%，年均增长 5.9%。深圳的 R&D 人员数量增速较快，这五年间年均增长率约为 9.3%，2014 年总量达 17.8 万人，约为北京市 R&D 人员数量的一半。同时，深圳还有一个明显的特点，那就

---

① 童爱香、张红、孙艳艳、徐铭鸿：《北京、上海、深圳、广州科技创新能力比较》，《科技管理研究》2017 年第 3 期。

是规模以上工业企业中的 R&D 人员为 17.6 万人左右，约占总量的
98.9%，也就是说，深圳的研发人员绝大多数都集聚在企业。相比
来讲，广州市虽然 R&D 人员年均增速相对较高，达到 14.06%，但
总量仍然偏少，2014 年 R&D 人员为 9.42 万人，不到北京的 1/3。

　　在 R&D 经费投入比较方面，2009—2014 年，北京远远高于上
海、深圳、广州的水平，其投入总量约占全国的 10%，年均增长
13.67%，但低于同期全国 17.53% 的增速。而在同一时间段内，上
海的 R&D 经费投入实现了翻番，2014 年达 861.95 亿元，约占全国
总量的 6.62%，年均增长 15.28%，其增速显著高于北京。2014
年，深圳的 R&D 经费投入为 588.35 亿元，低于上海，更低于北
京，但其年均增速约为 16.03%，位居四市之首。相比之下，广州的
R&D 经费投入规模和年均增速都排名靠后，2014 年广州市 R&D 经费
投入 192.97 亿元，分别相当于同期北京、上海、深圳的 15%、22%、
33%。占全国 R&D 经费投入总量的 1.5%，年均增长约 13.37%。

　　在专利申请授权情况来看，2009—2014 年，北京的专利申请数
量位居全国首位，占全国专利申请量的 5%—6%，年均增长率为
22.42%，高于全国增长 19.1% 的平均水平。2014 年，北京专利申
请数达 13.81 万件，远高于其他三个城市。同一时间，上海的专利
申请数量约占全国的 3.4%，仅次于北京，其年均增速约为 10%；
深圳的专利申请数量仅约占全国的专利申请量的 3%，略少于上海，
但年均增速为 14.24%，高于上海；广州的专利申请数量约占全国
的 1.1%，2014 年专利申请数为 2.8 万件，分别相当于北京、上
海、深圳同期数量的 1/3、1/2、3/5。

　　在规模以上工业企业新产品产值排名情况来看，北京较落后而
且呈现出波动式增长态势，约占全国新产品产值的 3.31%，占主营
业务收入的比重在 20% 上下波动，其中 2014 年新产品产值为
4265.18 亿元，占主营业务收入中占比 21.57%。上海的新产品产值
约占全国的 6.25%，位列首位，其中 2014 年新产品产值达 7407.99
亿元，是北京的 1.74 倍。深圳市的新产品产值占全国的 5.37%，
仅次于上海，并且呈现出迅猛发展的态势，年均增长近 20%。2014
年，深圳新产品产值达 6941.57 亿元，占主营业务收入的比重高达

29.61%，比上海高出近 9 个百分点。相比之下，广州的新产品产值增长则较为缓慢，年均增长 7% 左右，仅占全国的 2.42%，其中 2014 年新产品产值为 3001.72 亿元，分别相当于北京、上海、深圳新产品产值的 70%、40% 和 43%。

在规模以上高技术产业发展方面，2009—2014 年，北京高技术产业主营业务收入约占全国的 3.7%，低于上海，更远落后于广东。高技术产业研发经费支出占全国的 5.5%，也低于上海和广东的水平。但是高技术产业研发经费支出占主营业务收入的比重约为 2.2%，略高于广东省，但远高于全国平均水平和上海的 1.3%。2009—2014 年，上海市高技术产业主营业务收入约占全国的 7.2%，高技术产业研发经费支出占全国的 6.3%；广东省高技术产业主营业务收入约占全国的 25.42%，高技术产业研发经费支出占全国的 36.6%，但高技术产业研发经费支出占主营业务收入的比重约为 2.15%。可见，广东省高技术产业基数较大，总体实力较强，企业对高技术产业研发投入的重视程度也较高。

四　上海与深圳的科技创新能力和创新模式的比较研究

2017 年，张永凯、薛波①对上海与深圳的科技创新能力和创新模式进行了比较研究，他们认为上海和深圳已成为长三角和珠三角地区科技创新的高地，也是我国区域科技创新的"排头兵"，它们的成功经验对提升我国区域创新能力和建设区域创新系统都具有重大的意义。从两地的创新基础条件来看，深圳在用地规模和人口规模这两项条件上与上海相比差距甚远。从经济发展水平来看，2000—2014 年，上海和深圳两地经济都呈现快速增长的势头，但上海历年地区生产总值均明显高于深圳，差距近几年都保持在 7000 亿元左右的水平。在科研资源方面，2015 年，上海有 67 所高校（其中 9 所重点高校），而深圳仅有几所普通本科院校；上海还拥有多家国家级重点实验室，两院院士高达 234 人，而深圳拥有的两院院士数量屈指可数。尽管深圳采取许多办法来弥补科研资源的短

---

①　张永凯、薛波：《上海与深圳城市科技创新能力差异及创新模式比较分析》，《科技管理研究》2017 年第 11 期。

缺，但仍与上海存在着明显的差距。在研发经费投入方面，上海的研发经费投入由 2009 年的 423.4 亿元增长到 2014 年的 861.95 亿元，同一时期，深圳也由 279.7 亿元增长到 640.07 亿元，但历年上海的研发经费投入都高于深圳，而且其绝对差距还有进一步扩大的趋势。在科技活动的人力投入方面，上海科技活动人员数历年都明显多于深圳，其中 2014 年上海达到了 45.1 万人，而深圳同一时期仅有 25.7 万人。在发明专利的授权量方面，2008 年之前，上海的发明专利授权量一直领先于深圳，但是从 2008 年开始，深圳却一举超越上海并保持领先地位。此外，上海在企业 PCT 国际专利申请量的排名也落后于深圳。2014 年，全国企业 PCT 国际专利申请量排名的前十名中，深圳有华为、中兴、华星光电等 5 家企业，而上海却没有 1 家企业入围。在高新技术产业产值方面，2005 年之前，上海和深圳两地还不相上下；但 2005 年后，深圳高新技术产业产值大幅增长，而上海增长却相对微弱；2014 年，深圳高新技术产业产值达 15560 亿元，是上海的 2 倍多。在创新型企业数量方面，近 10 多年来，深圳涌现出华为、腾讯、中兴通讯、大疆科技、比亚迪等一批具有国际影响力的创新型企业，截至 2014 年年底，深圳科技型企业已超过 3 万家，国家级高新技术企业超过 4700 家，其中销售额超千亿元的企业 3 家、超百亿元的企业 17 家、超十亿元的企业 157 家、超亿元的企业 1203 家；而与深圳相比，上海的差距较大。

从上述情况对比可以看出，深圳虽然在教育科研资源、金融资源总量和经济总量等科技创新基础条件及全社会研发人力和经费投入均明显弱于上海，但在发明专利产出、高新技术产业产值、创新型企业数等科技创新产出指标上却远远优于上海市。是哪些因素导致两地在科技创新产出方面出现巨大差异？其根源在于：一是创新主体的不同。2009—2014 年，深圳企业研发经费投入占到全社会研发经费投入的 85% 以上，而上海只占 50%。企业研发更注重应用研究，其市场导向性更强，因此，深圳企业的研发强度大，也就意味着其科技成果的转化率更高。二是市场化水平的差异。深圳市政府的市场意识强，政府权力与市场边界相对明晰，极少有过度干预市场的情况。而上海在建设创新型城市的过程中，政府的带动作用非常明显。2007—2014 年，上海的财政收入支出明显高于深圳，这就表明上海市政府的主导作用要远大于深圳市政府。三是文化环境的不同。文化环境是培育创新活动的土壤，青壮年时期创新思想最为活跃，也最容易产生创新成果。从人口的平均年龄看，深圳常住人口的平均年龄更低。2013 年，深圳市常住人口的平均年龄仅为 33 岁，60 岁以上人口的比重仅为 1.40%。而上海 60 岁以上人口高达15.10%，已步入严重老龄化社会，导致上海的创新活力不足。同时，深圳是典型的移民城市，2014 年年末，其外来人口为 745.68 万人，占常住人口的比重达 69.18%；相比之下，上海市的外来人口比重仅为 40.69%。由于深圳市常住人口中外来人口占绝大多数，其文化的包容性也催生出各种创新观念和理念。四是经济结构中民营企业的比重不同。相对于国有企业，民营企业的机制更灵活、自主性更强，其经营行为更为激进也更容易引发创新。与上海相比，深圳国有企业的比重较低，民营企业的工业产值占工业总产值的比重一直高于上海，这就使民营企业能够释放出更多的创新活力，从而更容易带动科技创新。

参考文献

一　专著

陈宝明、吴家喜主编：《全面创新——创新驱动的战略路径》，科学技术文献出版社 2016 年版。

陈少雷主编：《新时代新思想与深圳实践》，海天出版社 2019 年版。

《创新之路》主创团队：《创新之路》，东方出版社 2016 年版。

《邓小平文选》第 2 卷，人民出版社 1994 年版。

高山主编：《新时代创新发展与深圳实践》，海天出版社 2019 年版。

江泽民：《论科学技术》，中央文献出版社 2001 年版。

冷溶、汪作玲：《邓小平年谱（1975—1997）》（上），中央文献出版社 2004 年版。

李文军、齐建国：《创新驱动发展——力量、问题与对策》，社会科学文献出版社 2018 年版。

罗掌华、杨志江：《区域创新评价——理论、方法与应用》，经济科学出版社 2011 年版。

《马克思恩格斯全集》第 47 卷，人民出版社 1979 年版。

《马克思恩格斯选集》第 3 卷，人民出版社 1995 年版。

王京生、陶一桃：《"双创"何以深圳强？》，海天出版社 2017 年版。

王苏生、陈博等：《深圳科技创新之路》，中国社会科学出版社 2018 年版。

魏达志、张显未、裴茜：《未来之路——粤港澳大湾区发展研究》，中国社会科学出版社 2018 年版。

吴金希：《创新生态体系论》，清华大学出版社 2015 年版。

《习近平关于科技创新论述摘编》，中央文献出版社 2016 年版。

《习近平谈治国理政》第 2 卷，外文出版社 2017 年版。

张军主编：《深圳奇迹》，东方出版社 2019 年版。

张美涛：《知识溢出、城市集聚与中国区域经济发展》，社会科学文献出版社 2013 年版。

张晓凤、谢辉、魏勃：《创新型国家建设理论与路径研究》，知识产权出版社 2015 年版。

中共中央文献研究室编：《习近平关于全面深化改革论述摘编》，中央文献出版社 2014 年版。

周民良等：《中国区域创新战略研究》，中国言实出版社 2013 年版。

［美］乐文睿等主编：《中国创新的挑战——跨越中等收入陷阱》，北京大学出版社 2016 年版。

［奥］路德维希·冯·米瑟斯：《社会主义：经济与社会的分析》，中国社会科学出版社 2012 年版。

［美］史蒂夫·C. 柯拉尔等：《有组织的创新——美国繁荣复兴之蓝图》，清华大学出版社 2017 年版。

二　期刊与学位论文

卞苏徽：《政策创新：深圳优势与竞争力原因分析》，《经济社会体制比较》2001 年第 2 期。

蔡劲松：《马克思主义的发展观是创新的理论基石》，《北京航空航天大学学报》（社会科学版）2003 年第 2 期。

丁琪、张丽萍：《深圳众创空间发展现状、问题与对策研究》，《特区经济》2017 年第 8 期。

段建国：《论创新理论的形成、发展及重要意义》，《宿州学院学报》2004 年第 4 期。

房汉廷：《关于科技金融理论、实践与政策的思考》，《中国科技论坛》2010 年第 11 期。

冯冠平、王德保：《创新技术平台对深圳科技经济发展的作用》，《中国软科学》2005 年第 7 期。

龚刚、魏熙晔、杨先明等：《建设中国特色国家创新体系跨越中等收入陷阱》，《中国社会科学》2017 年第 8 期。

郭铁成：《创新驱动发展模式的关键支撑要素——学习习近平总书记关于创新发展的重要论述》，《人民论坛·学术前沿》2016 年第 6 期。

洪银兴：《建设和完善国家创新体系》，《中国党政干部论坛》2015 年第 8 期。

黄海洋、陈继祥：《国家技术创新体系建设与创新政策的策略选择》，《毛泽东邓小平理论研究》2012 年第 9 期。

贾根良、束克东：《19 世纪的美国学派：经济思想史所遗忘的学派》，《经济理论与经济管理》2008 年第 5 期。

简兆权、刘荣：《建设创新型城市的深圳模式研究》，《科技管理研究》2009 年第 11 期。

姜彦福：《中国科技企业孵化器的发展及新趋势》，《科学学研究》2002 年第 2 期。

李永华：《坚持自主创新战略的深圳实践》，《行政管理改革》2016 年第 9 期。

林嘉骒：《深圳高交会经验值得借鉴》，《华东科技》2000 年第 1 期。

刘刚、王宁：《突破创新的"达尔文海"——基于深圳创新型城市建设的经验》，《南开学报》（哲学社会科学版）2018 年第 6 期。

刘志春：《国家创新体系概念、构成及我国建设现状和重点研究》，《科技管理研究》2010 年第 15 期。

刘志春：《国家创新体系概念、构成及我国建设现状和重点研究》《科技管理研究》2010 年第 5 期。

龙建辉：《粤港澳大湾区协同创新的合作机制及其政策建议》，《广东经济》2018 年第 2 期。

深圳创新文化研究课题组：《深圳创新文化基本要素与内部循环分析》，《马克思主义研究》2008 年第 3 期。

深圳市政府：《关于进一步扶持高新技术产业发展的若干规定》，《广东科技》1998 年第 4 期。

深圳市政府：《深圳市创业资本投资高新技术产业暂行规定》，《民营科技》2000 年第 6 期。

盛垒：《国外创新型国家创新体系建设的主要经验及其对我国的重要启示》，《世界科技研究与发展》2006年第5期。

唐杰、王东：《深圳创新转型的理论意义》，《深圳社会科学》2018年第1期。

王长仁：《建设我国国家创新体系的原则、目标和对策》，《中国经贸导刊》2005年第24期。

王春法：《关于国家创新体系理论的思考》，《中国软科学》2003年第5期。

王聪、何爱平：《创新驱动发展战略的理论解释：马克思与熊彼特比较的视角》，《当代经济研究》2016年第7期。

王海燕：《国家创新体系建设：经验、思考与启示》，《科技与法律》2010年第2期。

王辉：《论创新驱动发展战略思想的理论渊源》，《齐齐哈尔大学学报》（哲学社会科学版）2013年第3期。

王明杰：《美国城市创新创业生态体系经验借鉴》，《党政视野》2016年第5期。

吴尤可：《以城市群为基础的区域创新体系研究》，《北京工业大学学报》（社会科学版）2013年第4期。

武澎、赵迪：《中国区域创新系统研究状况》，《合作经济与科技》2018年第11期。

袁永、李金惠：《深圳市促进科技金融发展的经验做法及启示》，《广东科技》2015年第19期。

张蕾：《创新驱动：马克思主义社会发展动力理论的新阶段》，《东北大学学报》（社会科学版）2014年第16卷第4期。

《中共中央、国务院关于深化科技体制改革　加快国家创新体系建设的意见》，《中国科技产业》2012年第10期。

中国科学院"国家创新体系"课题组：《建设我国国家创新体系的基本构想》，《世界科技研究与发展》1998年第3期。

钟坚：《关于深圳加快建设国家创新型城市的几点思考》，《管理世界》2009年第3期。

钟荣丙：《国家创新体系的系统构成及建设重心》，《系统科学学报》

2008 年第 3 期。

胡筱舟：《深圳高新技术产业化研究》，博士学位论文，西南财经大学，2002 年。

罗青：《马克思主义创新理论发展研究》，博士学位论文，华南理工大学，2012 年。

三　报纸与网络文献

360 百科《深圳高新技术产业园》，2019 年 11 月 15 日，https：//baike. so. com/doc/7533014 – 7807107. html。

《创新》，2019 年 9 月 15 日，价值中国网（http：//www. chinaval-ue. net/Wiki/% E5% 88% 9B% E6% 96% B0. aspx）。

《创新的概念》，2019 年 9 月 10 日，MBA 智库百科（http：//wiki. mbalib. com/zh – tw/% E5% 88% 9B% E6% 96% B0）。

《创造 1000 多项“全国第一”！深圳改革传奇依然在延续》，《南方日报》2018 年 12 月 20 日。

《江泽民李瑞环同政协科技界委员共商大计》，《光明日报》1998 年 3 月 5 日。

金心异：《深圳发展高新技术产业的主要经验》，2019 年 11 月 5 日，搜狐网（https：//www. sohu. com/a/240037632_ 701468）。

《经济与社会发展（深港经济合作）》，2020 年 2 月 27 日，深圳政府在线（http：//www. sz. gov. cn/cn/zjsz/nj/content/mpost_ 1358371. html）。

《举办经济特区思想的提出与实践》，2019 年 11 月 1 日，中国网（http：//www. china. com. cn/aboutchina/txt/2009 – 09/09/content_ 18495526_ 3. htm）。

《全面营造科技创新良好环境》，《深圳特区报》2019 年 3 月 10 日。

《深圳高新技术产业发展概况》，2019 年 11 月 10 日，国新办网（http：//www. scio. gov. cn/xwfbh/xwbfbh/wqfbh/1999/0128/Docu-ment/328082/328082. htm）。

《深圳建市 40 年：创造一千多项全国第一，培育 7 家全球五百强》，2019 年 10 月 25 日，澎湃新闻（https：//www. thepaper. cn/news-

Detail_ forward_ 3076393）。

《深圳全力推动大湾区制造业融合发展》，《深圳特区报》2019 年 11
　　月 22 日。

《深圳市人民政府工作报告》，2019 年 11 月 26 日，深圳政府在线
　　（http：//www. sz. gov. cn/zfbgt/zfgzbg/201108/t20110817_ 1720473.
　　htm）。

《深圳市人民政府关于印发深圳国家自主创新示范区建设实施方案
　　的通知》，2019 年 12 月 2 日，深圳政府在线（http：//www. sz.
　　gov. cn/zfgb/2015/gb934/201508/t20150826_ 3195568. htm）。

《深圳特区建立的来龙去脉》，2019 年 9 月 20 日，国际在线（ht-
　　tp：//gb. cri. cn/3821/2005/08/24/1245@ 672340. htm）。

《省委副书记、深圳市委书记王伟中：举全市之力推进粤港澳大湾
　　区建设》，《南方日报》2019 年 3 月 18 日。

王洪章：《补齐湾区协同创新发展短板》，《经济日报》2019 年 11
　　月 29 日。

《习近平叮嘱加快科技人才建设：功以才成，业由才广》，2019 年
　　12 月 20 日，人民网（http：//cpc. people. com. cn/xuexi/n1/2016/
　　0611/c385474 – 28425138）。

《习近平：抓创新就是抓发展　谋创新就是谋未来》，2019 年 9 月
　　25 日，中新网（http：//www. chinanews. com/gn/2015/07 – 19/
　　7414237. shtml）。

《新鲜出炉！粤港澳大湾区协同创新发展报告（2019）》，《广州日
　　报》2019 年 11 月 24 日。

《院士大会开幕　胡锦涛引古语谈创新》，《新京报》2006 年 6 月
　　6 日。

《粤港澳大湾区规划正式出炉　这一规划什么来头?》，《新京报》
　　2019 年 2 月 18 日。

《在党的十七大报告中　胡锦涛论科技与创新》，《科技日报》2007
　　年 10 月 16 日。

《在深圳 90% 创新型企业是本土企业》，《深圳商报》2018 年 11 月
　　23 日。

《中共中央 国务院关于实施科技规划纲要 增强自主创新能力的决定》，2019 年 9 月 25 日，中央政府网（http：//www. gov. cn/gongbao/content/2006/content_ 240241. htm）。

《中共中央 国务院印发〈国家创新驱动发展战略纲要〉》，《人民日报》2016 年 5 月 20 日。

《中国发展观察》杂志社、深圳市政府发展研究中心联合调研组：《深圳"不惑"：从"改革之都"到"创新之城"》，2019 年 10 月 28 日，http：//www. chinado. cn/? p = 8074。

后　　记

　　2020 年是深圳经济特区建立 40 周年。40 年来，深圳广大干部群众牢记党中央的嘱托，在市委市政府的领导下，追星赶月、风雨兼程，以磅礴的气势将这座昔日落后的边陲小镇建成了亚洲第五大都市，跨越了西方发达国家花费上百年所走过的路程，创造了世界城市建设史上的奇迹。

　　深圳既是改革开放的窗口和试验田，又是科技创新的一片沃土。40 年的沧桑巨变，其中最引人注目的就是深圳在创新驱动战略引领下，正在以矫健的步伐向具有世界影响的创新创业之都迈进。为了认真总结深圳在打造城市创新体系、建设创新型城市方面实践的经验，我们特撰写了此书。在该书的撰写过程中，我们参阅借鉴了不少专家学者大量的研究成果，在此我们表示最衷心的感谢。由于笔者水平有限，再加上时间仓促，疏漏之处在所难免，敬请诸位同人、读者提出宝贵意见！

笔者

2020 年 10 月 29 日